深化教育改革 优化汉语教学

SHENHUA JIAOYU GAIGE YOUHUA HANYU JIAOXUE

——汉语教学改革的理论与实践

刘楚群 肖九根 吴 慧 等著

· 提出汉语改革的教学模式

· 树立主体意识的教学理念

· 提倡语言理论与社会语言生活相结合的教学思想

图书在版编目（CIP）数据

深化教育改革 优化汉语教学：汉语教学改革的理论与实践 / 刘楚群，肖九根，吴慧著. -- 南昌：江西人民出版社，2019.10

ISBN 978-7-210-11798-8

Ⅰ. ①深… Ⅱ. ①刘… ②肖… ③吴… Ⅲ. ①汉语－语言教学－教学研究 Ⅳ. ① H19

中国版本图书馆 CIP 数据核字 (2019) 第 238524 号

深化教育改革 优化汉语教学：汉语教学改革的理论与实践

刘楚群 肖九根 吴 慧 等著

责任编辑：李陶生
书籍设计：龙创设计工作室
出 版：江西人民出版社
发 行：新华书店
地 址：江西省南昌市三经路 47 号附 1 号
邮 编：330006
编辑部电话：0791-86812172
发行部电话：0791-86893881
网 址：www.jxpph.com
E-mail：644753449@qq.com
2019 年 10 月第 1 版 2019 年 10 月第 1 次印刷
开 本：720 毫米 ×1000 毫米 1/16
印 张：21
字 数：300 千
ISBN 978-7-210-11798-8
赣版权登字—01—2019—669
定 价：58.00 元
承 印 厂：北京虎彩文化传播有限公司

序

中国语言文学宏观上可以分成汉语和文学两大块，相关课程自然可以分成汉语类课程和文学类课程，可见汉语类课程占据了中国语言文学课程的半壁江山。语言是文学的基础，从某种意义上可以说文学是语言的艺术。学好汉语是中国语言文学专业学生的首要任务，教好汉语类课程是中国语言文学专业教师的重要责任。

一段时间以来，中国大学生的汉语功底遭到了普遍质疑。很多人认为，当代大学生的母语能力今不如昔，书面写作能力低下，写作起来往往文不达意，口语表达能力也不强，讲话缺乏条理，标点符号不会灵活使用，“一逗到底”现象比较普遍，总之一句话，语言基本功不扎实。在当代大学生的书面材料中，文理不通、文字粗糙、语法错误、错别字、病句等问题很普遍。大学生母语能力低下的一个很重要的原因是母语教育出现了问题，无论是中学还是大学，母语教育都处于边缘化的地位，这是由于一段时间以来教育功利化所致。在功利化的驱使之下，母语教育处于明显的劣势，因为无论是在决定中学生前途命运的高考上，还是在事关大学生切身利益的升学求职上，母语能力都没有表现出明显的现实效益，所以母语教育最不能引起学子们的重视。在这样一种社会大背景之下，大学语言类课程就处于一种比较尴尬的境况，很多学生对语言类课程缺乏兴趣，加之语言类课程本身知识性较强，不像文学类课程那么有丰富的故事情节和人物形象能引起学生的兴趣，所以语言类课堂往往比较沉闷，学生开小差者相对比较多，能够活跃气氛的往往就是偶尔的几个插科打诨的笑话和典故。对从事语言类课程教学的老师来说，教学改革显得更加迫切，教改的压力也更大。

江西师范大学文学院汉语教研室的老师，十余年来一直在探索语言类课程的教学改革问题，共完成了十多项教学改革项目，公开发表了数十篇教改论文。为了总结教改经验，我们对相关成果进行加工整理提炼升华，公开出版，以为同行参考借鉴。全书分成六章，内容主要分成六部分：一是母语素质和母语教育问题，二是现代汉语和语言学概论教学改革问题，三是古代汉语教学改革问题，四是汉语国际教育人才培养与对外汉语教学问题，五是大学语言类课程对接基础语文教学改革问题，六是本科和硕士论文写作指导问题。

本书的母语素质和母语教育部分主要讨论了当代社会的母语问题、大学生母语素质以及功利化背景下的母语教育等内容。关于现代汉语教学，我们提出了“以人为本”的教学理念、“碎片化”教学模式和“提升语言能力”的教学目标。“以人为本”指去除“教师中心”“知识中心”的观念，树立“对象意识”和“学生主体意识”的教学观念。“碎片化”教学是教师从较小的知识点或专题入手，关注学生对知识点的精准把握或对技能的熟练应用，把表面上看似“零散”“碎片”的现代汉语知识有效地系统化。语言学概论教学，我们提出“理论为纲、生活为目”的教学指导思想，把语言理论知识和社会语言生活的现实状况结合起来，用理论去解释和引导现实语言生活，让学生感受到理论的现实价值，从而增强其学习兴趣。关于古代汉语教学问题，我们提出“六能”教学目标，即能读古书，能认古字，能写古文，能说古语，能吟古诗，能做古人。在古代汉语教学过程中，我们利用对分模式，实现了以学生为中心，以问题为导向，以文化为初心，以学术为旨归，师生共进，教学相长，更好地促进了教学和学术的良性互动与相互促进；同时，我们还利用《说文解字》生活化和学术化兼而有之的特点进行古代汉语教学生活化的改革，大大调动了学生学习古代汉语的兴趣，特别是让学生用小篆给父母写一封五百字的家书，更是调动了学生的热情，甚至在社会上也引起了巨大的反响。在古代汉语具体语法点的教学问题上，提出了准确性和时效性的问题。关于音韵学教学问题，为消除学生的恐惧心理，我们的做法是融知识性和趣味性于一体，通过趣闻轶事激发学习兴趣。关于汉语国际教育人才培养问题，我们调查了汉语国际教育本科人才培养的困境，提出了人才培养的出路，讨论了基于任务型的汉语国际教育硕士培养模式以及基于行动研究的对外汉语教师培养模式。关于汉语国际教育教学问题，我们讨论了汉语国际教育的地域性、教育行动研究在对外汉语教学中的运用、高校商务汉语教学、对外汉语口语教学、对外汉语量词教学以及对外汉语教学现状调查等问题。关于大学语言类课程对接基础语文教学改革问题，我们讨论了语言学理论与语文教学的脱节与对接、语言学理论对语文教学的指导、语文课堂的朗读教学、文言文教学之“读”教法、语文教学中的标点符号等问题。关于论文写作指导，我们讨论了本科课程论文写作、教育论文写作、研究生论文写作、汉硕学位论文选题等具体问题。

2018 年 9 月 17 日，教育部发布《关于加快建设高水平本科教育全面提高人才培养能力的意见》指出，为深入贯彻习近平新时代中国特色社会主义思想和党的十九大精神，全面贯彻落实全国教育大会精神，紧紧围绕全面提高人才培养能力这个核心点，加快形成高水平人才培养体系，应该“围绕激发学生学习兴趣和潜能深化教学改革”，甚至要“推动课堂教学革命”，以“提升学生综合素质”。江西师范大学汉语教研室的老师一直在践行着教学改革的理论与实践,本书记录的就是其中的部分成果。本书的内容有的重在理论探讨，有的强调实证研究，有的注重教学方法，有的建构教学模式，有的介绍教学过程，有的调查教学结果，应该来说都各有可取之处，但肯定也有不足之所。但不管怎么样，本书都记录了我们在教改路上的点点滴滴，也显示了我们一直跟随着国家教育的主流方向在前行。

教学改革永远在路上，本书记录了我们以往教学改革的成果，也是我们往后继续前进的坚实基础。

刘楚群

2019 年 6 月 25 日

目录

·第一章　母语素质与母语教育·

·第二章　现代汉语与语言学概论教学改革·

·第四章 汉语国际教育人才培养与对外汉语教学·

·第六章　本硕论文写作指导·

第一章

母语素质与母语教育

第一节　当代社会的母语问题

何谓母语？《现代汉语词典》解释为：“一个人最初学会的一种语言，在一般情况下是本民族的标准语或某一方言。”李宇明（2003）认为这是传统的解释，用现代社会语言学的观点，“母语是指向民族共同语的，方言不是母语而是母言。”以此看来，对绝大多数中国人而言，母语就是汉语普通话。

随着中国综合国力的不断提高，汉语的国际影响越来越大，外国人学习汉语的热情空前高涨；但是，汉语作为母语在国内却出现了某些不尽人意之处。我们试图从国人的母语水平、母语情怀、母语学习热情等方面探讨目前所出现的问题，并试着提出解决问题的策略。

一、母语使用的问题

70 年来，随着我国大中小学教育的普及化，国人的文化水平得到了大幅度的提升，但是也存在少数人母语水平不如人意的情况，无论是社会精英还是普通话老百姓都存在母语使用遭人诟病之处。

大学生本应是语言水平很高的一个群体，但某些大学生的母语水平却令人不敢恭维。鲁国尧（2007）认为，我国有些本科毕业生连一封信都写得文不达意；而至于理科生写文章“一逗到底”，文秘毕业生不会写公文，医学毕业生写不明白病理……更是司空见惯了。汪国胜（2006）通过问卷调查发现大学生的口语表达能力缺乏严格的训练，特别是普通话的水平不够理想；学生的文字关没有过好，书面语也不怎么理想，在语言方面的基本功不扎实。重庆某大学四年级新闻专业本科生进报社后写的一篇短短 278 个字的新闻，竟然出现 7 类重大的语言错误；江苏一名大三学生写一份不足百字的申请书，竟然写出了 28 个错别字。可见，今天大学生对母语的应用能力现状确实堪忧。

某些出版物的语言使用也没有表现出良好的示范作用，各种错字、别字并不鲜见。从1993年到2003年，新闻出版总署每年都对部分图书质量进行检查，结果令人震惊，前五年的不合格品种超过七成，辞书工具书全部不合格，最严重的差错率超标百倍不止。连语文教材都出现了大量的错误，萧国政（2006）调查了我国最早通过评审的三套小学语文改革实验教材的一二三年级课本，发现明显地存在语音、词汇和语法等方面的问题，有的还相当严重。课本和字典本应该是最具有权威性的书面语言材料，但差错竟是如此之多，传统出版物的语言使用问题由此可见一斑。中国编辑学会会长桂晓风说，报刊错误已经到了“不可容忍的程度”。许嘉璐副委员长曾痛心地指出，语言和文字是一个民族的标记，目前有所谓的现代意识、社会多元化等因素直接或间接地玷污着中华民族的语言和文字，就集中体现在编辑出版物质量的降低。

社会公共场所语言文字使用不规范现象也比比皆是，“旦炒饭”“补胎冲气”“扦座”等各种错别字满天飞。《南昌晚报》2008年3月份开展“揪错字行动”的社会用语公益活动，在胜利路步行街就有32处语言错误；大连市中山区天津街上不到百米的距离上有二十来个错别字；承德避暑山庄内多处文字有错误。

很明显，从莘莘学子到社会各阶层，从新闻传媒到公共场所，都在一定程度上表现出了语言使用的不足，无怪乎王蒙先生曾在“2004文化高峰论坛”上说，我们的母语已经到了“最危险的时候”，他呼吁全球华人展开一场“母语保卫战”。

二、母语认同的问题

法国大文豪罗曼·罗兰说过，语言，是种族的特征，是血肉关系中最密切、最不容易泯灭的部分。对母语的态度，在一定程度上就是对国家的态度，对民族的态度。

改革开放以来，英语作为全球商务语言，受到了越来越多人的重视，某些人对英语学习的热情非常高，而对母语则往往置若罔闻，母语学习的热情似乎远不如英语，母语遇到了空前的“认同危机”（identity crisis）。所谓母语的“认同危机”即不拿自己的语言当回事。母语的认同危机突出地表现在对母语学习漠不关心，而对外语特别是英语则是宠爱有加。

今天，英语的地位在中国被抬高到了无以复加的程度。在某些人中逐渐形成一种崇洋媚洋风尚，街头的外文招牌、商店的英文字号、商品的纯外文品牌，以及经过洋化而变得不知所云的某些诗句歌词，无不显示出某些人母语认同的危机。时任国家语委副主任、教育部语言文字应用管理司司长王登峰认为，街路名称标志牌及道路交通指示牌中滥用英文，是盲目追风、缺乏文化自信心的一种表现。

学习英语在中国也几乎到了走火入魔的地步。有资料显示，中国大学生有 65% 以上的人花了 1/4 以上的学习时间学英语，有的甚至把 3/4 的学习时间用来学英语了。全国各级各类学校约有 3 亿多学生学英语，英语学习的年龄在逐渐降低，城市学英语的平均年龄为 6 岁，不少农村也在 9 岁左右。南开大学马庆株教授还说道：“有的小学为了防止汉语拼音对英语字母学习的干扰，干脆先教英语再教汉语拼音，叫汉语给英语让路。”马教授认为，世界上再也没有像中国人这样不重视自己语言的了。

也难怪大家对英语如此趋之若鹜，因为无论是上大学、读研，还是评定职称等众多“关乎命运”的重要关头都需要英语来开山铺路。英语已经不是单纯的语言交流工具，而是职称、职务、学历的一个部分，一个具有决定作用的前提。王登峰司长说：“英语正逐步渗透到我们生活中，对我们传承好本民族语言提出了挑战，我们急需树立一个科学的英语观。”

三、母语教育的问题

母语水平低下的一个很重要的原因是母语教育存在着很大的问题，从大学到中学都出现了母语教育的某些问题，社会用语的误导也起了推波助澜的作用。

某些大学生汉语水平低下的一个重要的原因是，大学教育中对母语的不重视。今天的大学语文教育在大学教育中完全被边缘化了。学科边缘化的一个最直接的后果就是开课比例太低，课时太少。据调查，20 世纪 80 年代的大学，除中文之外的所有专业基本上都开大学语文课，但是到了 90 年代中期以后，开大学语文课的院系只有三分之一，现在，全国多数综合大学、师范院校都较少开大学语文课；大学语文的课时也在不断减少，开始是公共必修基础课，有 100 多个课时，后来缩短到 30 多个课时，现在基本沦为一门选修课。

某些人母语水平的低下，中学语文教育具有不可推卸的责任。吕叔湘先生曾感叹说："十年的时间，二千七百多课时，用来学本国语文，却是大多数不过关，岂非咄咄怪事！"确实，很多中学生学了十多年的语文，其母语水平却仍然低下，而且对语文充满了反感，原因何在？最根本的原因是功利化和技术化的教育冲击了中学语文教育。

某些地方的教育已经走上了功利化的轨道，这种功利化的教育，不把教育真正目的放在第一位，而是让教育实现最大利益化，教育的收获就是能够获得多少直接利益。在这种功利化教育制度下，语文最不受重视，因为语文在高考中"效益不明显"，与学生的"前途"关系不密切，所以被人遗忘自然在所难免。语文教育技术化就是把深具人文精神内涵的语文教育异化成纯粹语言文字训练，无视人的精神存在，无视人文积淀。在技术化的教育下，语文教育变成了一种程式化的技术工作，语文教师变成了技术工人，言语作品变成了一架架的用零件装配起来的机器，学生们变成了技术娴熟的拆卸工匠和装配工匠。十几年下来，学生就"钻研"那么几本教科书，怎能奢望他们的语文水平能很高呢？

社会用语的混乱对母语教育也有误导作用。街头巷尾的招牌广告、报刊、书籍、电视等大众传播媒介都出现语言文字的混乱现象。这些滥用的汉语每天都在误导成千上万的"读者"，特别是误导那些对汉语的理解尚在启蒙阶段、还不具备准确辨析词语正误能力的学生和孩子。原本应该作为人们学习语言文字的范本现在却成了传播语言错误的发源地。

四、母语复兴的策略

1. 加强母语国情教育

语言国情包括语言政策和语言生活两个主要方面。我国现在的语言政策可以概括为：推广普通话和规范汉字，推行汉语拼音方案，加快语言文字的规范化和信息化，构建和谐的语言生活。同时，也要重视语言资源的保护与开发，重视公民语言权利的维护。语言生活，是指社会上使用语言文字的情况。我国当前的语言生活既有生机勃勃、健康向上的一面，也有混乱甚至糟糕的一面。陈章太（2006）认为，我国当今社会语言生活发生了很大的变化，首先表现在语言规范化程度越来越高，语言活力进一步增强，语言生活丰富、健康、有序地发展。其次是全国语言生活的主体性与多样化正在变化与发展。三是外语热急剧升温，汉语的对外影响逐渐扩大。四是社会语言生活空前活跃、丰富。另一方面，社会用语不规范现象比比皆是，各种错别字满天飞，从在校学生到社会各阶层似乎汉语水平都在下降，而且汉语的纯洁性正“腹背受敌”。千奇百怪的网络语言和“别出心裁”的广告语言正从内部残酷地解构着汉语，使我们的母语正变得“千疮百孔”甚至稀奇古怪；英语则从外部猛烈地冲击着汉语，无论是在教育领域还是在社会活动领域都经常发生母语为英语让路的情况。

目前多数国人并不了解我们的语言国情，也没有很多机会去了解语言国情。我们认为，应该加强母语国情教育，让国人了解祖国语言文字的基本状况，了解我们的母语正面临着各方面的危险和压力，从而树立起母语的忧患意识。

2. 培养国人母语情怀

近年来国内急剧升温的英语热极大地损害了国人对母语的情感。英语作为全球性的商务语言，确有很大的市场需求，学好英语本也无可厚非，但是英语仅仅是我们了解世界的一种工具，汉语才是我们真正的根，无论如何都不应该轻视、冷落母语。语言不仅仅是一种交际交流的工具，更是一种传统文化的载体，如果仅仅考虑语言的工具性而不考虑语言的人文性，甚至把语言作为一种能够获得经济利益的交际手段而忽视其所蕴涵的民族精神，这是语言文化短视。王登峰认为，语言文字是一个国家主权的象征，是民族自信心的体现，英语作为一种交际的工具，作为信息承载和传递的工具，在我们的工作生活中起着非常重要的作用，但无论它重要到何等程度，都不应该凌驾于母语之上，永远不能取代我们的母语。

北京师范大学教授王宁认为，母语对于培育民族精神、孕育民族情结有极强的凝聚、教化作用，过分强调别人的语言，无意就会淡忘自己的语言之根，影响到民族文化的纯洁性和可持续发展，这种无意的自我贬损确实是对民族文化的不珍惜、轻视，会让下一代学会崇洋媚外，缺乏民族自豪感和优越感，会导致人生观和世界观的倾斜。我们理应把母语教育当作培养我们的民族情结、民族文化乃至民族精神的一种手段和载体；要将母语教育提高到国家前途和民族命运的高度加以认识。政府、文化部门、各媒体等要通过自己的工作自觉维护母语地位，形成以汉语为荣的民族自豪感，培养全社会对汉语的感情，让母语教育与弘扬民族精神和爱国主义教育结合到一起。

3. 优化母语学习环境

解决母语危机的关键当然是教育，即加强对母语的教育。我们认为加强母语教育从宏观来说包括两方面：一是加强学校母语教育，二是优化母语学习的社会环境。关于加强学校母语教育的问题，学界从抬高语文课的地位、转变教育观念、改变目前的教学模式、改革现行教材、提高教师语言素养、扩大语言学习渠道等多方面进行了论证。我们着重讨论优化母语学习的环境，大致涉及三个方面的问题。

第一，建立母语保护机制。就是从国家和政府层面制定一些保护母语的政策法规。我国在 2001 年实施的《中华人民共和国国家通用语言文字法》就为保护母语提供了法律上的依据，但相关政策应该落到实处。时任国家语委副主任李宇明在 2008 年度全国语言文字工作会议上提出国家语委有一项职责，就是保证中国公民在中华人民共和国领土上使用国家通用语言文字和其他中华语言文字来获取信息、表达思想的权利。对困扰无数中国人的英语应该从国家政策上减负，对于升学、就业、晋级、晋职中的英语过关考试不应该一刀切，而应该分专业、分条件区别对待。时任教育部副部长袁贵仁强调，对于重视外语学习和使用而忽略或削弱本国语言文字学习和使用的现象，要予以纠正。只有从国家和政府层面上彻底解开英语这套压在国人脖子上的枷锁才能真正为母语的回归提供制度保障。

第二，净化社会语言环境。随着社会的多元化进程，我们的母语教育经受的考验越来越多,社会的语言环境越来越复杂。诸如“酱紫”（这样子）、“偶系”（我是）、“筒子”（同志）等网络语言严重践踏了我们母语,“衣衣不舍”“闲妻良母”等广告语言极大地干扰了我们的母语，电视、报刊、书籍等大众传媒中的语言错误也大大地污染了我们的母语，这些随处可见的语言错误能将学校老师的努力抵消得一干二净，都潜移默化地误导着大多数国人。如果不能净化社会语言环境，不能营造良好的语言氛围，那么所有加强汉语学习和提高汉语水平的努力都将是徒劳。

为了净化社会语言环境，我们觉得有三点是必须做的：一是广播电视、新闻出版等行政管理部门应分别加强对广播、电视、出版物、网络等用语用字的管理。二是教育行政管理部门对学校以及其他教育机构的教育教学用语用字进行管理监督，将国家通用语言文字的规范化使用列入学校督导、检查、评估和考核的内容。三是工商行政管理部门应加强对注册商标、商店、单位名称以及广告等公共场所用语用字的行政监督。

第三，开展多样化的母语教育活动等。母语教育活动包括官方层面和民间层面两方面，官方层面的母语教育活动主要是借助政府相关机构而展开，如联合国教科文组织确定每年 2 月 21 日是“国际母语日”，我国每年都举行的声势浩大的全国推普周活动。在可能的情况下还可以多组织这样的相关活动。新闻媒体应该从舆论导向上加强母语教育宣传的力度，要通过广造舆论和各种活动，推动国人学习母语的热情和动力。民间层面的母语教育活动主要是一些学术组织依托高校或科研会所举办的语文活动，例如“爱我母语，爱我中华”读书教育活动、“语文规范化知识竞赛”、“有奖征文”、朗诵比赛、演讲比赛、辩论赛等等。这些母语教育活动一方面加强了国人的母语情感，另一方面也提高了国人的母语水平。

总之，母语问题成了当今中国十分严峻的话题，只有营造了一个尊重母语、爱护母语的大环境，国人的母语素质才会真正得到提高。

第二节　大学生母语素质问题

1999 年我国大学开始扩展，自此之后我国的大学教育慢慢地由精英型向大众型转型。这一转变最突出的表现是接受高等教育的学生数量急剧增加，1998 年全国招生 108 万，2008 年全国招生 599 万，2018 年全国招生 791 万。在高校大学生数量急剧增加的今天，高等教育的质量已经成为社会关注的焦点。本节试图讨论在大众教育背景下大学生的母语素质问题。

一、大学生母语素质的相关调查

我们对大学生的母语素质问题也进行了相关调查，主要进行了两方面的调查：一是关于大学“课桌文化”的语言文字应用调查，二是关于大学生母语水平的问卷调查。

“课桌文化”是指学生在公共学习场所的课桌上书写、刻画的各种语言、文字、符号、图画等的总称，往往是学生即兴之作，能比较真实地反映大学生的语言文字应用能力。我们搜集了南昌大学、江西师范大学、江西科技师范学院三所高校的 2000 多张课桌上的语料。通过仔细分析发现，在课桌文化中不乏体现当代大学生才华的精彩文段，但是，在语料分析中我们也发现，课桌文化中存在的语言问题也比较明显，无论是字、词、句、篇章都存在明显的问题，这些从一定程度上反映出当代大学生的基本语言素质令人担忧。

第一，文字差错很常见。课桌文化中的文字差错可谓俯拾皆是，这些文字差错大致包括四大类型：第一类是普通的常用字写成错别字，第二类是古典诗文或成语典故中的某些字写成别字，第三类是稍微难写的字不会写，第四类是滥用网络语言词语。如：

（1）西阳西下（夕）// 蠢蛋、傻瓜、大白志（痴）// 坚抉反对（决）// 生活总是很无耐，慢慢承受吧！（奈）就算跌倒了，也要豪逐的笑。（豪迈）你不在有借口（再）

（2）墨明棋妙（莫名其妙）// 杰骜不训（桀骜不驯）// 明花有主（名）// 莫然回首（蓦）

（3）天生我材必有用，千金散尽还复来。（才）// 曾经沧海难为水，除去巫山不是云。（却）// 水之清则无鱼，人之贱则无敌。（至）// 挽弓射大雕。（弯）

（4）樱花烂漫时，灯花栏木（lanshan）处。（阑珊）

（5）偶滴哥哥。（我的）// 偶不稀饭想念变成怀念。（我不喜欢）

例（1）是一些很常见的字，可以说错得太不应该，这样的例子其实还很多，又如，“真”中间只写了两横，“踪迹”的“踪”字写成了“石”旁，“怀疑”的“疑”右边写成“页”，“鬼”字上边写成了“兔”字头，“垃圾”写成“垃极”，“和谐”写成“和楷”等比比皆是。例（2）（3）是一些常见的成语、经典诗文，从错误情况来看，大学生对这些成语或诗文好像“耳听为多，眼见很少”；例（4）作者把拼音都标出来了，很明显是“阑珊”二字不会写；例（5）这种滥用网络语言的现象非常常见。

第二，用词不当很普遍。课桌文化中经常会发现用词不当的情况，主要体现在三个方面：一是把不能搭配的词组合在一起，二是没有理解某些常用词的意义用法，三是自创一些生造词。如：

（6）带我阅读浩瀚的书海。

（7）一个人，并不是要十分有钱，最重要的是精彩的活，还有轻松舒适。

（8）坐过这位子的人，你的前途会很完好的。

（9）爱你是孤单的心事，不懂你微笑的意思。

（10）看不见你笑，我怎么睡的着。（得）

（11）当我睁开双眼的每一天，都会记得大家的笑脸……（在）

（12）努力爱一个人和幸福并不关联。（无）

（13）我心慢慢给你却把爱半宿醉。

（14）原来最痛苦的表情是没有表情，原来最惨忍的画面可以甜言蜜语。（残忍）

（15）无管生活多么粗糙，我也要活得骄傲。（不管）

上例（6）到（9）中的画线部分都是不能搭配的，例（10）到（12）是没有弄清楚“的”“当”“不”等常见虚词的意义和用法，例（13）到（15）中画线的都是生造词。

第三，句子不通。句子不通主要体现在两种情况：一是因为不懂语法规则而导致句不成句，二是句子结构杂糅。如：

（16）因毕业生，本人愿将一副网球拍和英语初级听力、磁带和书贱卖。

（17）我梦见你的死去，而我是你的陪葬。

（18）人生是没有意义的？世界是荒谬的？道德是脆弱的？我们只是一群生物叫做人？

（19）有了“面包”就爱情顺理成章。

（20）不论我们相距千里，都只离彼此转身的距离，转身后已千万年。

（21）如果老天让我活一百岁，我会对你说，我爱你80年，因为把剩下的岁月全部献给你。

（22）不管你爱的多深多恨来结束这场灾难。

例（16）把连词“因”误用为介词；例（17）第一个“的”字多余，该用主谓短语却用了偏正短语，“陪葬”是动词，应改为名词“陪葬品”；例（18）（19）语序都有问题，应改成“我们是一群叫作人的生物”“爱情就顺理成章”；例（20）（21）都是关联词语用错，应改为“尽管”“因此”；例（22）句式杂糅难以成文。

第四，文理不通，逻辑混乱。从篇章段落来看，经常会看到文理不通、逻辑混乱现象。如：

（23）四年时光一晃而过，我将何去何从，珍惜时光，好好把握每一天，我不愿作时间的匆匆过客，缘起缘灭，随风消逝，是个优择的地方，常常看看。

（24）妈妈说：要好好学习，以后就要靠自己，妈妈老了，不再那么年轻，在心灵，我深深地知道，是时候独挡一面，泪水不再肆意流淌，苦难过要坚强，很多事放在心里，不说，也不需要给别人分享。

上述两段话逻辑非常混乱，难以准确理解具体的意思。

有时候一段简短的话语甚至会出现几类语言错误。如：

（25）在断交多年之后，中和美利坚和众国两国领导人对于诸多的问题上发表了各自的意见，这次会晤有着积极的意义，他们回顾了国际形势的重大变化和剧变，阐明了他们各自的观点和态度。

上边文段只有 77 个字，但却出现了五类错误：第一，错别字，“美利坚和众国”的“和”应为“合”；第二，没有注意语言的音节和谐，“中和美利坚合众国”应为“中国和美利坚合众国”；第三，介词用错，“对于诸多问题上”应为“在诸多问题上”；第四，语言累赘，“重大变化和剧变”应为“重大变化”；第五，句子的逻辑顺序混乱，应该把“这次会晤有着积极的意义”放到最后面起总结作用。

课桌文化是大学生的即兴之作，比较真实地体现了大学生的汉语水平，从我们对大学课桌文化的调查结果来看，确实有少数大学生汉语素质令人担忧。

我们还就大学生的母语水平问题进行了问卷调查。我们从近年来全国各地高考语文试题中的语言知识题中抽取了一些题目给学生做，问卷涉及了四类题目：改错别字，辨认汉字读音，判断成语的使用，围绕某话题写一段话。我们的调查对象是江西师范大学科技学院和南昌大学科技学院的中文系的学生共 157 人，要求他们在规定时间做完。客观题调查结果如下：

题型	改错别字	辨认汉字读音	判断成语使用正误
平均得分	54.4	78.2	64.9

三种题型的总平均分 65.8 分，这个分数是不太理想的，特别是如果考虑到调查过程中学生的相互抄袭现象以及通过手机查询汉字读音的现象，那么平均得分还会降低。

再看看主观题的情况。我们要求学生围绕“夕阳下的校园”随意写一段 50—100 字的话，结果发现问题很多。第一，错别字很常见，如“蓝球，林阴小道，姹紫烟红，脆绿色的树叶，澄黄，交相挥映，媳笑，谈笑风声”，等等，另外，“的、地、得”的混用非常常见，完全写错了的字也很多。第二，生造词很多，如“柔棉的情丝，慢调的节奏，橘黄的余晖晕开天边的云霞与校园，白天的浮躁减削了”等等。第三，搭配不当的情况非常普遍，如：“蓬勃的青春，淡淡地怀念，伴随着微风，迎来新的憧憬，湖边稀稀朗朗的有同学在散步，酣畅着背影的华丽，沉静的余晖，微微酣睡着，使夕阳下更添加了一层淡淡的雾气，午后时分艳阳高照的毒热，脚步放下来，夕阳下的校园显得格外地生机，使校园里显得更加生气，一下子就退去了刚刚的噪（嘈）杂，校园里充满了各种各样的场面。”另外，逻辑不通、言之无物的现象也非常常见，甚至还出现很多低俗化的主题。

从我们的两次调查来看，今天部分大学生在汉语基本素质方面确实存在很多问题，连中文专业的学生也不例外。

二、大学生母语素质存在问题的原因

部分大学生母语素质低下的原因是多方面的，其中比较重要的至少有三方面。

1. 功利主义影响了大学生的母语认同

华夏儿女历来珍视母语的学习和使用，但是，近年来国内语言学习中功利主义观点极大地损害了部分大学生对母语的情感，使母语在大学校园成了失宠的弃儿，遇到了空前的“认同危机”（identity crisis），即不拿自己的语言当回事。

受社会世俗观点的影响，部分大学生的语言学习充满了功利主义的意识。能够带来最直接、最快捷的经济利益的语言——主要是英语及其他小语种——往往成为大学生追逐的对象，而提高自身的文化修养和综合素质的母语汉语则无人问津。在目前的评估体制之下，大学生的毕业、深造、就业等都和英语息息相关，但汉语水平如何则无关紧要，所以大学生把主要的精力都放在英语上。有资料显示，中国大学生有 65% 以上的人花了 1/4 以上的学习时间学英语，有的甚至把 3/4 的学习时间用来学英语了。漫步于清晨的大学校园林荫小道，我们听到的琅琅读书声都是英语，而很难再听到“关关雎鸠，在河之洲”这样的传统经典诵读。在功利主义的影响下，我们的母语汉语只好躲在无人的地方向隅而泣。

2. 大学母语教育的缺失

大学生汉语水平低下的一个重要的原因是，大学教育中对母语教育的忽视。在大学实施母语教育的主要课程是大学语文，而今天的大学语文教育完全被边缘化了。作为公共基础课，大学语文没有学科支撑，连二级、三级学科都不是，更没有相应的硕士点、博士点，学科完全被边缘化。学科边缘化的一个最直接的后果就是开课比例太低，课时太少。从 20 世纪 80 年代开始至今，大学语文越来越不受重视，据江西师范大学从事大学语文教学的资深教师王德友教授反映，大学语文在 80 年代中后期是非中文专业的必选课，师大 1982 年开设大学语文教研室，1987 年教研室撤掉，90 年代初成了选修课，其中文科任选，理科必选，到了 90 年代后期全部变成任选，到了今天基本上没人选，每年最多一个班。中国人民大学中文系的贺阳教授说，人民大学在外语上面的学分比较多，可能达到 16 到 20 个学分，但母语教育，特别是非中文专业的学生，在必修课里面基本上没有学分要求，这样造成的结果就是，学生在外语上面投入的时间和精力很多，但是在母语学习上投入的精力就很少。（新华网 2005.3.4）

我们在对一些大学生进行母语能力的问卷调查中还发现，大一的学生比大三的学生整体水平要高，这从某种程度上就说明了我们的大学在母语教育方面的“无作为”。

3. 大众教育下生源质量降低

大学生的母语水平在中学就已经确定了雏形，中学生的母语水平决定了大学生的母语水平。而大量的新闻报道显示，今天部分中学生课外阅读非常贫乏，写作能力欠缺，汉语基本素质差，汉语运用水平低下。2005 年高考，广东考生在作文中得到 50 分（满分 60 分）以上的不足 7%，而在古文翻译题中有 1 万多人得零分，在一道采用比喻手法仿写句子的试题中，有 10 万多考生得零分。2007 年 8 月的“第六届全球华人少年美文写作征文大赛”竟然遴选不出一篇令人满意的文章，高中组金奖只好再度空缺。这样的中学生进入大学我们也就没有办法企求他们有较高的母语水平了，特别是在大众教育背景下，大学的入学门槛降低了，所以大学生整体的生源质量无疑比以前要有所降低。中国农业大学校长柯炳生就认为随着大学生数量的增加，大学生的质量在下降。（新京报 2009.4.17）

三、提高大学生母语素质的策略

提高大学生母语素质的策略必须多方面进行，无论是学生自身，还是学校、社会都必须行动起来。就大学特别是大学的管理者来说，我们认为有三方面是必须加强的。

1. 加强母语人文性教育

高校教育中应该加强对大学生进行语言的工具性和人文性关系的教育，工具性是语言的现实作用，而人文性则是其内在的底蕴。如果仅仅从工具性的角度来看，世界上所有的语言其实没有本质的差别；而人文性才是不同语言的核心价值，是不同语言的特征所在。法国大文豪罗曼·罗兰说过“语言，是种族的特征，是血肉关系中最密切、最不容易泯灭的部分”。

英语作为全球性的商务语言，的确有很大的市场需求，学好英语无可厚非，但无论如何都不应该轻视、冷落母语。毕竟，外语仅仅是一种交际的工具，而母语不仅是交际工具，更是一种传统文化的载体。时任国家语委副主任、教育部语言文字应用管理司司长王登峰认为：语言文字是一个国家主权的象征，是民族自信心的体现，英语作为一种交际的工具，作为信息承载和传递的工具，在我们的工作生活中起着非常重要的作用，但无论它重要到何等程度，都不应该凌驾于母语之上，永远不能取代我们的母语。诗人余光中说：英文充其量是我们了解世界的一种工具而已，而汉语才是我们真正的根。“求木之长者必先固其根本，欲流之远者必先浚其泉源。”确实，语言不仅仅是一种交际交流的工具，更是一种传统文化的载体，如果仅仅考虑语言的工具性而不考虑语言的人文性，甚至把语言作为一种能够获得经济利益的交际手段而忽视其所蕴涵的民族精神，这是语言文化短视。

高校应该把母语教育当作培养大学生的民族情结、民族文化乃至民族精神的一种手段和载体，要将母语教育提高到国家前途和民族命运的高度加以认识，要形成大学生以母语为荣的民族自豪感，要把母语教育与弘扬民族精神和爱国主义教育结合到一起，要让大学生明白，对母语的态度，在一定程度上就是对国家的态度，对民族的态度。北京师范大学王宁教授认为：母语对于培育民族精神、孕育民族情结有极强的凝聚、教化作用，过分强调别人的语言，无意就会淡忘自己的语言之根，影响到民族文化的纯洁性和可持续发展，这种无意的自我贬损确实是对民族文化的不珍惜、轻视，会让下一代学会崇洋媚外，缺乏民族自豪感和优越感，会导致人生观和世界观的倾斜。

2. 强化母语教育的课程开设

提高大学生母语素质的关键当然是教育，大学的管理者应该从制度上保证在大学开设大学语文、写作、文史知识等用于提高大学生母语素质的课程。尽管目前没有办法使大学语文等课程具备和英语、政治一样高的地位，但至少也应该保证其必修课的地位，如果条件具备的情况下还可以对大学生进行毕业前的汉语水平考试，甚至可以考虑汉语水平和毕业证挂钩。时任北京大学中文系主任温儒敏教授就希望能对大学生甚至研究生搞一个相对的、标准的汉语基本水平的测试，这样对防止大学生的汉语水平继续下滑可以起到一定的作用。（新华网 2005.3.4）2009 年两会期间有委员就提议，应该重视大学语文课的地位和作用，应该开设大学普通话口语、文学欣赏、演讲艺术等课程，提高大学生语言文字能力和文学修养水平。大学语文教育应拓展人文精神的传授空间，寻求能够影响大学生人格构成的有效途径，转变既有的教学观念和方式，追求一种人文主义价值观的形成和传播。（大河网－河南商报 2009.1.13）

很明显，英语在大学的强势地位不是大学生们的错，因为面对四六级分数、证书、毕业、就业的种种压力，他们别无选择。关键是管理者要树立一种正确的语言观，作为培育人才基地的大学，要从制度上保证大学语文课程的开设，要保证经验丰富的资深教师和优秀教师从事大学语文教学，创造良好的母语学习条件。

3. 营造母语学习的校园氛围

大学除了要在课程设置上创造良好的母语学习条件外，还应该开展丰富多彩的校园母语教育活动，扩大语言学习渠道，营造一种母语学习的氛围。

学校应该引导学生开展各种形式的母语活动，组织各种文学社团和较高艺术品位的文艺活动，开展各类人文社科的知识讲座，引导学生进行人文名著的赏析与讨论，积极主动地采用多种活动形式强化学校的母语学习氛围。例如"'爱我母语，爱我中华'读书教育活动""语文规范化知识竞赛""有奖征文""古代诗文知识比赛""朗诵比赛""演讲比赛""辩论赛"等等。这些母语教育活动一方面加强了大学生的母语情感，另一方面也提高了大学生的母语水平。

总之，部分大学生母语素质低下的问题已经成了当今大学教育中极其严峻的话题，我们在这方面任重道远。每一个大学生都应该积极主动地提高自身母语素质，每一个大学教育者都应该为提高大学生的母语素质献计献策，全社会应该营造了一个尊重母语、爱护母语的大环境，只有这样，大学生母语素质才能得到有效提高。

第三节 母语教育问题

一、功利化藩篱下的母语教育

当今教育受功利化的影响非常大，没有把“实现人的全面发展”这一教育真正目的放在第一位，而是让教育实现最大利益化。《人民日报》（2010.9.20）报道，复旦大学校长杨玉良院士认为，当今社会及教育界某些人存在明显的功利化心态，致使学生急功近利、教师心态浮躁。乌鲁木齐市高级中学校长程明轩（2005）认为，目前普遍存在的狭隘的功利化，使学生、教师、学校、家庭乃至一些官员个体和政府部门都深陷其中而难以自拔，且乐此不疲，往往过于看重结果而淡化过程。总之，无论是中学还是大学，都笼罩在教育功利化的藩篱之下。教育功利化在中学集中表现为：“升学就是一切、上好学校就是硬道理”。在教育功利化藩篱之下，语文教育最不受重视。因为语文是一门积累性较强的课程，要求学生对语文知识进行长时间的累积，而其效益往往不是短时间可以突显出来的。语文投入大、见效慢，语文在高考中基本上拉不开差距，所以无论是学生、家长、各级学校，还是有关教育部门，都不把语文当回事。什么素质教育，什么汉语言基础训练，什么汉赋唐诗宋词，统统得为应试教育、为升学让路。教育功利化在大学表现为对经济利益的过分强调，忽视基础性学科的建设；对实用技能的过分追求，忽视人文素养的提升。在功利化理念的支配之下，大学把有限的教育资源大都投向了应用型、技能型的课程建设，而基础性的人文素质课程往往不受重视，这一点从几十年来大学语文课程的命运变化就可以清楚地看出来。20 世纪 80 年代，大学语文是公共必修基础课，有 100 多个课时，现在基本沦为一门无人问津的选修课，30 多个课时。大学生也不愿意上大学语文课，他们把大部分时间和精力都花在学英语、学电脑、学用人单位需要的各种资格证考试的内容上。总之，这种功利化的教育严重制约了母语教育的有效实施，无论是中学语文教育还是大学母语教育都受到了严重的伤害。

二、功利化藩篱下的语文教育策略

我们一般理解的语文，包括语言和文学两方面。语言是人们交际交流的基本工具，同时也蕴含着丰富的文化内涵，文学是人们体悟世界、领略人生、抒写真情的方式手段。语文既有明显的实用性，是人类最重要的一种交际工具，也能使人们获得独特的心灵享受，人们能从文学作品中寻找到心灵的栖息地。而且语文是学习其他一切学科的基础，语文能力的状况对学习其他学科有很大影响，具备较强的语文能力是21世纪对人才的要求。联合国教科文组织强调，作为21世纪人才的基本素养，“第一是母语能力，第二是外语能力，第三是信息能力”。很明显，语文能力是放在首位的。因此说，语文教育在整个教育体系中应该占据重中之重的位置。但令人遗憾的是，今天的语文教育正处于一种非常尴尬的状况：尽管大家都知道语文很重要，但学生不重视，学校也不重视，教师只能干着急。为什么会这样呢？以笔者看来，都是教育功利化惹的祸。

1. 教育功利化忽视了语文教育的真正目的

语文教育的目的简单地说就两个：一是提高学生听说读写的能力，即提高学生的理解能力和表达能力，这是实现语文的工具性价值；二是提高学生的审美和思索能力，即通过语文学习培养学生的基本美学价值观和分析问题、解决问题的能力，这是实现语文的人文性价值。我们今天的中学语文教育似乎并没有围绕着这两个目的展开，好像只有一个目的：就是考试拿个好的分数。在这种功利化目的驱使之下，语文教育不重视“听”和“说”，因为“听”和“说”的能力不是考试的范围。语文教育虽然很重视“读”，但仅仅是书面阅读理解，或者说精读，因为那是考试的重点，至于其他泛读能力、略读能力、朗读技巧等都没有进入语文教育的视野，因为这些都不会考试。语文教育看起来很重视“写”，但其实并不是培养学生真正的写作能力，而是培养学生的应试能力，或者说是应对高考作文的能力。如果高考考议论文，老师就教议论文的写作模式，如果高考考给材料作文，老师就教给材料作文的写作套路，至于说明文、应用文等高考不考的全不在教学范围之内。在作文的语言表述上，学生往往是使用一种迎合教师爱好甚至近乎谄媚的方式表达，而自己的真实心声则不敢表露，为的就是赢得一个好的分数，所以学生作文大都是华丽辞藻的堆砌，假话套话连篇，而很难看到有纯真的个性和真知灼见。至于提高学生的审美和思索能力，在新课改背景之下，老师们确实一直在认真做，尽量充分发挥学生的主动性和主体地位，课堂上学生们经常讨论得很热闹，但其实热闹是表面现象，事实上并没有真正达到培养学生审美能力和独立思索能力的目的，因为所有的能力都是为了应付考试，所有的讨论都要迎合标准答案，所以我们的教师只好把教参上的“审美”和“思索”很认真地灌输给学生，学生都是“被审美”“被思索”，真正的能力并没有提高。

2. 语文教育有效实施的教学策略

语文教育有效实施的前提是使学生感受到语文学习的乐趣和价值，其乐趣一定是发自内心的，其价值应该是终身受益的而不是短暂的、功利性的，这就需要运用科学合理的教学策略。笔者觉得以下三方面的教学策略是行之有效的。

第一，应鼓励学生“多读”。“读”是提高语文能力行之有效的办法，读得越多，视野越开阔，写作能力越强；读得越熟，理解越深刻，语言运用能力也就越强，古人“熟读唐诗三百首，不会作诗也会吟”说的就是这个理。语文教学应该强调朗读，朗读能培养多种语文能力，最基本的是能培养字词的识辨能力，还能培养调控语音、语调、语速、语感的说话能力。只要熟读了，其文意内涵的理解也就不言自明了，所谓“书读百遍，其义自见”。在琅琅读书声中，“读”者还能实现自我愉悦、自我享受，感受到语文学习的幸福和快乐；听者则一方面锻炼听辨能力，另一方面也能与别人一起分享艺术的美感，实现个人情操的陶冶。“读”有朗读、默读、精读、速读、泛读等等，目前中国学生“读”的能力有所欠缺，据相关调查：“中国学生到国外读书，很明显阅读速度不行……学生不会浏览、不会跳读，眼睛不会扫视，当然也不会很快抓住要点。”只有学生真正具备了“读”的能力，喜欢“读”，也“读”了很多时，我们才可以说，语文教育成功了。

第二，应鼓励学生“写真话”。今天的作文教学已经偏离了写作的主旨，学生写出来的作文大都是八股式的程式文章，大话、假话、套话连篇累牍，编故事、表决心、唱赞歌的现象非常常见，这样作文的结果是泯灭了学生的天性，最终导致学生的厌倦。真正有效的作文教学应该返璞归真，要鼓励学生真正有感而发，作文中要说真话，抒真情；要鼓励学生认真观察生活，体悟生活，作文中要特别注意捕捉身边小事的不寻常之处。清代诗人江堤说：“一切文字皆贵真，真情作诗感得人。”作文要打动人，就必须承托作者的内心世界与情感。情感愈真实，就愈动人，愈是濡染了真实情感的思想，就愈鲜活。作文有了真实的情感，便获取了鲜活的生命。求真实是写好作文的第一步。教师要引导学生从细微小事捕捉生活的真、善、美，揭露假、丑、恶，但千万不要刻意地把政治、道德等观念人为地加入作文中去，也不要把教师的好恶强加给学生。只有这样，学生才真正愿意写，其写作能力才能真正提高。

第三，应鼓励学生独立思考。爱因斯坦认为：“学校的目标应该是培养有独立行动和独立思考的个人。”要是没有能独立思考和独立判断的有创造能力的个人，社会的向上发展也就不可想象。发展独立思考和独立判断的一般能力，应当始终放在首位，而不应当把获得专业知识放在首位。语文教育也不例外，要培养学生独立思考的能力，主要是对文本的审美能力和思索能力，这些能力都是在学生独立面对文本、独立思考的过程中培养出来的，而不是老师强加给学生的。学生从自己的人生经验出发，对文本自有其个人的诠释，老师不应该用教参的框框约束学生，要允许学生充满个性甚至是离经叛道的观点。在独立解读文本的过程中，一方面培养了学生的思索能力，另一方面学生也慢慢地形成了本真的审美观、世界观，同时也学会了怎么文学地表达自己对社会、人生的看法，这样，语文的真正目的就达到了。

总之，要改变今天语文教育的尴尬状况，必须冲破功利化的藩篱，把语文教育的真正目的摆在首位，让学生真正感受到学习语文终生受用，并能在学习语文过程中享受到愉悦和快乐。

三、语文教育冲破功利化藩篱的手段

尽管母语教育领域也进行了很多探索和改革，但其尴尬状况并没有得到实质性的改变，社会上批评之声不绝于耳，原因何在呢？最关键的原因就在于母语教育一直没能突破功利化的藩篱，没有办法改变中学语文在高考中“效益不明显”的现状，大学生母语水平的高低也不影响其找工作的状况。在功利化的桎梏之下，学生感受不到母语学习过程的快乐，教师感受不到母语教育的成就，社会也感受不到母语教育的成效。

1. 冲破功利化的手段：高考语文单独划线

我们认为，在目前条件之下，母语教育要冲破功利化的藩篱，最切实有效的一个办法是在国家政策层面提高母语教育这一学科的地位，在高考中提高语文的地位，对语文进行单独划线，即在高校新生录取时对语文提出单独的要求，要求学生语文成绩达到一定的分数要求时才能被大学录取，就像在硕士研究生考试中对外语（主要是英语）进行单独划线一样。在高考语文单独划线的条件下，语文就成为高考是否成功的很关键因素，语文成绩好不一定考得上大学，但语文成绩不好肯定考不上大学。这就促使学生、学校乃至全社会重视语文的学与教，把语文提高到其应有的地位。在高考中对语文进行单独划线意义非常大，不仅仅是关于母语教育的局部问题，也是关乎国家民族前途的全局性大问题。

首先，目前部分人的母语情怀正变得越来越淡漠，高考语文单独划线能够提升国人对母语的重视和民族自尊自强的情怀。

中华人民共和国成立之初，党和政府就非常重视母语教育问题。《人民日报》于 1951 年 6 月 6 日起开始连载吕叔湘和朱德熙合写的《语法修辞讲话》，并发表《正确地使用祖国的语言，为语言的纯洁和健康而斗争》的社论。社论明确指出：“正确地运用语言来表现思想，在今天，在共产党所领导的各项工作中具有重大的政治意义。”一时之间，全国范围掀起了母语学习、母语教育的高潮。然而，在经济飞速发展的今天，我们的母语却遇到了来自英语的空前的挑战。中国人考大学、考硕士、考博士都要考英语，评定职称要考英语，录用人才要考英语，总之，在众多“关乎命运”的重要关头都需要英语来开山铺路，而母语水平如何则无关紧要。英语的地位在中国被抬高到了无以复加的程度。国家语委副主任、教育部语言文字应用管理司原司长王登峰说：“英语正逐步渗透到我们生活中，对我们传承好本民族语言提出了挑战。”过分强调别人的语言，无意就会淡忘自己的语言之根，影响到民族文化的纯洁性和可持续发展。法国大文豪罗曼·罗兰说过：“语言，是种族的特征，是血肉关系中最密切、最不容易泯灭的部分。”在英语的强烈冲击之下，我们迫切需要提升母语的地位。在高考中对语文进行单独划线，就是从国家政策层面上提升母语的地位。在高考中对语文进行单独划线，其实也是我们对待母语的态度问题，在一定程度上就是对国家的态度，对民族的态度。所以说，高考语文单独划线有利于增强国民的母语自豪感，有利于培育自尊自强的民族精神和民族情结。

其次，高考语文单独划线能促进大中学校重视母语教育，改变中学语文教学和大学母语教育的尴尬现状，有效提升大中学生的母语素质。

众所周知，母语教育是一切学科的基础，不仅仅教授怎么利用母语进行交际交流，更担负着启迪学生心灵，塑造学生灵魂，陶冶学生情操的重要作用。在功利化藩篱之下，中学的语文教育最不受重视，无论是学生、家长、各级学校还是有关教育部门都不把语文当回事，在他们看来，语文就像是可有可无的东西，因为语文与学生的“前途”关系不密切，语文成绩好也不一定考得上大学，而语文水平差的人也可以实现自己的大学梦。全国特级教师于漪老师认为当前语文教学的危机表现为对语文不重视。如果在高考中能对语文进行单独划线的话，把母语水平作为大学录取的一条硬性标准的话，各级教育部门和学生都会把语文当成头等大事来抓，学生的母语水平一定会很快就上一个台阶。在功利化藩篱之下，大学母语教育也完全被边缘化了，无论是学科本身、课程地位，还是授课教师，都处于边缘化的位置。尽管大家都明白大学母语教育对于全面提高学生素质有很大的帮助作用，但母语教育的课程（主要是“大学语文”）在大学中却处于非常尴尬的地位，学科地位不明确，学生选课很少。北京师范大学王宁教授说，不少学校的“大学语文”处于十分尴尬的局面：开成必修课，不受欢迎，大家敷衍了事；开成选修课，门前冷落，只有一些学分实在不够需要填补学分的学生才来选。这也都是功利化教育惹的祸。我们的大学生在毕业的时候，对他们的外语水平有一定的要求，但他们的母语水平如何，就没人管了。在这种功利化环境之下，大学母语教育被边缘化也就成了必然。如果在高考中对语文进行单独划线，大学再顺其自然地延续这一政策，对大学毕业生进行母语水平等级测试，就像大学英语四六级考试一样，如果大学生的母语水平达不到一定的等级标准就不授予学位，这样大学母语教育的现状就会得到根本的改观，大学生母语学习的积极性就会大大提高，大学生的母语水平自然会大大得到改善。

第三，高考语文单独划线能切实提升国民母语素质，是提升国家科技水平的基础，是保证中国在激烈的国际竞争中永远处于不败地位的前提。

母语素质的高低在一定程度上往往能决定一个人的成败。联合国教科文组织强调，作为 21 世纪人才的基本素养，“第一是母语能力，第二是外语能力，第三是信息能力”。高考语文单独划线的最直接效益是迫使学校、学生、家长乃至整个社会都重视母语教育，从而切实提高学生乃至整个国民的母语素质。母语不仅仅是一种交际交流的工具，同时也承载了大量的文化信息和民族的思维特征。母语的状况对学习其他科学有很大的影响。教育部语言文字信息管理司原司长李宇明（2005）认为，一个人的思维只能达到母语思维的高度，如果母语不能够得到完善发展的话，就不能期望他能够进行很高级的学术创造，不能期望他能在科技、艺术上有重大突破。早在 80 年代，著名数学家苏步青就写过文章《理工科学生也要有文科知识》。近年来的中外科学家也有过相关研究，《新疆日报》（2006.6.28）报道，中美两国科学家联合进行的一项研究表明，母语对人们处理数学问题的能力有显著影响；《新浪科技》（2010.7.19）报道，美国科学家的一项新的研究显示，母语与人的音乐天分有着内在的联系。不管从事什么学科的工作，母语水平都必须达到一定的程度。

从实践来看，在自然科学领域卓有成效的科学家其母语水平都很高，钱学森、李四光、杨振宁、丁肇中……他们都有很高的母语水平，他们撰写的选入中学教材的文章《自然科学的基础学科》《人类的出现》《要有格物致知精神》《邓稼先》都是文笔优美、简洁流畅的美文。

然而，今天新生代的科学家其母语功底已经很难与老一辈媲美了。《文汇报》(2004.4.14)发表文章《经典名篇大都年代久远,当代新作难合学生胃口——语文教改难觅科普范文》，文章说上海新编高中教材时竟然找不到反映当代最新科技的优秀科普时文。一些曾经拥有影响力的科学期刊不是文字质量下降，就是成了应试教育的牺牲品。勉强选入教材的文章让学生不是觉得索然寡味就是觉得太难懂。当代新作难敌钱学森、李四光等写过的经典名篇。目前身处科研一线的青年一代中，很少有人抽空撰写科普文章，即使偶有创作，其文学功底也远不及华罗庚、茅以升、谷超豪等老一辈科学家。可以毫不夸张地说，如果再不重视母语教育，切实提升国民的母语水平，我们的民族将会在今后日趋激烈的国际竞争中最终败下阵来。

总之，在目前教育功利化的藩篱之下，高考语文单独划线能够提升国人对母语的重视和民族自尊自强的情怀；能够改变中学语文教学和大学母语教育的尴尬现状，有效提升大中学生的母语素质；能够切实提高国民母语素质，提升国家科技水平的基础，保证中国在激烈的国际竞争中永远处于不败地位。

2. 高考语文单独划线的可行性分析

早在20世纪80年代，著名数学大师苏步青以复旦大学校长的身份就提出了复旦大学招生要先考语文的主张。从某种意义上说，这其实就是要对语文进行单独划线。在今天看来，苏步青校长的思想是有远见的，也是可行的。

高考语文单独划线是实行“一票否决制”，即只要语文不达标就不能被大学所录取，这看起来对高考进行了伤筋动骨的改革，甚至可能会影响高校的招生工作，其实不然。只要我们措施得当，执行科学，基本上不太会影响现行的高招工作。从高招实践来看，目前已有很多高校在录取时对语文成绩就提出了相关要求。《京华时报》(2011.1.27)报道，在2011年招收艺术类专业的高校中，中央美术学院、中央戏剧学院等31所独立设置的本科艺术院校可自行划定本校艺术类本科专业分数线和文化课考试录取控制分数线。部分招生高校还会对语文、外语等单科成绩提出要求。我们也对2012年在江西招生的各层次本科院校进行了统计，发现已经有一些高校的某些专业对高考语文成绩提出了要求，现列表如下：

录取批次	招生院校与专业	对语文分数的要求
提前录取本科高校	中国青年政治学院，汉语言文学专业	不低于90分
	中国青年政治学院，新闻学专业	不低于110分
	国际关系学院，国际政治专业	良好
	国际关系学院，法语专业	良好
第一批本科高校	北京体育大学，新闻学专业	不低于110分
	江西师范大学，汉语言文学专业	不低于90分
第二批本科高校	河北工程学院，汉语言文学专业	不低于105分
	内蒙古科技大学，汉语言文学专业	不低于90分
	内蒙古科技大学包头师范学院，汉语言文学专业	不低于90分
	内蒙古民族大学，汉语言文学专业	不低于90分
	吉林华桥外国语学院，对外汉语专业	不低于100分
第三批本科高校	昆明理工大学津桥学院，对外汉语专业	不低于90分
	江西财经大学经济管理学院，新闻学专业	不低于90分

这些学校的要求可以看作是高考语文单独划线改革的试验点。根据相关数据分析可以发现，这些高校所提出的语文分数要求并不会影响其生源。江

西省 2012 年高考的语文平均分是 93.3 分，三本以上的录取率是 47.8%，所以如果 90 分作为语文的最低分数要求，根本就不会影响高校的生源问题。从这个角度来说，高考语文单独划线的影响更多的是心理上的警示或震撼，让全社会明白，语文在高考中的重要性，如果达不到标准就不能上大学，这就迫使学生、学校、家长等都重视语文问题，从而愿意花更多的时间和精力来对待语文，这就会无形中提高大学入学新生的母语水平。

总之，在目前这种英语强势、母语弱势的状况之下，对高考语文进行单独划线本质上是从国家政策层面提升母语的地位，这不仅仅是关乎母语教育成效的局部问题，而且是关乎提高全体国民语文素养和提升民族自豪感的全局性大问题。当然高考语文单独划线是一个系统、复杂的工程，其具体做法有待深入研究。

第二章

现代汉语与语言学概论教学改革

第一节 “以人为本”理念下的现代汉语教学

现代汉语课是汉语言文学专业的一门基础课，课程的重要性毋庸置疑，然而，现代汉语课的整体教学状况不容乐观，一个突出而又带有普遍性的现象就是学生对这门课缺乏兴趣。现代汉语课堂气氛几乎是“一片萧条”，说悄悄话者、看闲书者、蒙头大睡者、僵坐发呆者比比皆是，能够活跃气氛的往往就是偶尔的几个插科打诨的笑话和典故。

现代汉语的课堂气氛为何会如此呢？我们调查了江西师范大学文学院500多名本科生对现代汉语课的一些看法，调查结果如下：第一，大部分学生认为现代汉语的内容有30%—40%在中学学过；第二，学生希望老师上课时不要总是讲书上枯燥的理论、规则，而要联系生活中丰富多彩的语言现象来讲解；第三，希望有较多的课堂讨论时间；第四，希望适当的拓展课程内容的深度和广度。

分析调查结果，我们似乎可以窥视到现代汉语课堂“萧条”的部分原因了。一是教育观念落后，喜欢满堂灌、填鸭式教学，没有发挥学生的主动性。二是没有认清现代汉语是一门实践性很强的课程，没有把鲜活的语言材料带入课堂，理论脱离实践。三是教学内容陈旧，没有满足学生对新知识的渴求。

学界同行从多方面对现代汉语课程的教学改革有所探讨，如：提高教师素质，改进教学方法，创新教学手段，加强教材建设，改进教学目的，改革考核方式，等等。同行的探讨确实对改进现代汉语教学有很大的帮助作用，但我们认为要使现代汉语的课堂状况有根本性的改变，关键是把“以人为本”的教育理念应用到课堂教学中去。

“以人为本”的核心是以学生为中心，以学生的发展为本，注重学生的全面发展与个性差异相统一。“以人为本”的教学倡导学生主动参与、交流合作等多种学习活动形式，遵循学习规律，改进学习方式，加强自我监控和自我评价，从而形成自我发展的良好学习习惯和有效学习策略。当今世界教育改革的共同趋势是把人的本体的发展置诸首位。人是发展的第一主角，又是发展的终极目标，这一价值取向已成为世界教育的共识。“以人为本”理念运用到现代汉语教学中符合教育改革的方向，符合时代的发展需求。本节从四个方面探讨“以人为本”理念在现代汉语教学中的体现，以及我们在教学过程中的实际操作方式。

一、坚持以人为本，树立学生主体意识

我们的教师长期以来固守“自我中心”和“知识中心”，缺乏“对象意识”和“学生主体”的教学观念，因此在教学过程中重“教”轻“学”，即教师只注重完成自己的教学计划，很少关注学生学习的主动性和探索性。这样教出来的学生只会被动地接受知识，这是低层次的教学，与现代教育理念差距很大。康布斯（Combs）认为，教育的目的决不只限于教学生知识或获得技能，更主要的是要符合学生的情意需求，使他们在知、情、意三方面均衡发展，培养其健全的人格。教育应该是“授人以渔而非鱼”，应该让学生在主动的学习过程中学会已有知识技能，同时掌握学习未来知识的能力。

“以人为本”理念的核心是树立“学生主体”意识，就是要在教学中充分体现学生的主体地位，充分发挥学生学习的主动性和积极性，提高他们独立思考问题，独立发现问题、解决问题甚至在一定程度上独立处理教材的能力；要放开学生手脚，让他们自己去理解和处理教材内容，自己对教材内容进行分析、综合、归纳整理，在教师的指导下自己去发现和总结规律。教师在教学过程中主要起引导作用，把好关、引好路，在关键的地方做好启发引导工作，对难点、重点做必要的讲解，以保证学生的自学有正确的方向和目标。

我们的调查显示，现代汉语中相当一部分知识学生在中学时已有所了解，只是知识不系统、不全面罢了。据李宇明的调查，大学里的现代汉语课的内容同中学里学习的汉语知识重复率为43.94%。因此，某些重复率较高的章节

可以在教师指导下让学生自学，让学生自己总结归纳，明确要点，找出难点，提出问题，甚至可以请学生来讲解教材内容。最后教师再对重点、难点进行解释、强调或补充说明。整个教学过程中学生是主体，教师只是主导，学生的主体性和教师的主导性实现和谐统一。

例如，我们在讲解“短语的结构类型”时，先让学生自学，教师在黑板上设计一些涉及各种类型的短语，然后请一位学生结合黑板上的练习给大家介绍短语的各种结构类型，然后老师再总结，并把比较难以把握的兼语短语、同位短语、助词短语等进行一定的解释说明。在整个教学过程中，学生的“主体意识”很明显，积极性高，整个课堂气氛活跃，效果很好。

二、关注社会语言生活，激发学习兴趣

目前现代汉语课最大的弊病就是学生厌学，走出困境的一个最重要的方面就是要激发学生的学习兴趣。学习兴趣很明显是教学成功的前提。列夫·托尔斯泰曾说:“成功的教学需要的不是强制，而是激发学生兴趣。”美国教育心理学家马斯洛指出，学习应以学习者为本，以兴趣为前提，使学生在感知、认知过程中自我发展。

我们的调查显示，传统的现代汉语课几乎是采用经院式的教学方式，抽象的说教、枯燥的规则、老掉牙的“言语”令学生昏昏欲睡，根本就提不起学习的兴趣，插科打诨的笑话典故也只能激起“死水微澜”。学生最希望教师能将抽象的语言规则尽可能地淡化于对活生生的语言事实的观察分析当中，关注那些鲜活的语言事实，教学中的例句尽可能选用新时代的、学生最熟悉最感兴趣的作家作品，不要老是拿鲁迅、老舍等的语言作为经典来讲述，也应该让“幸福着你的幸福”“非常可乐、非常男女”“永远到底有多远”“帅呆了、酷毙了”等新时代的语言进入现代汉语课堂，这样才能最大限度地激发学生的学习兴趣，使学生能积极主动地探究语言现象，学习汉语知识。

确实，语言是动态发展的，汉语在今天尤其发展得非常之快，这对汉语教师来说是一个很好的机遇，因为这给我们提供了丰富多彩的语言现象、语

言范例。但令人遗憾的是，目前的现代汉语课较之其他课程显得更加远离生活，这应该引起所有现代汉语教研人员的高度重视。现代汉语教师应该紧紧抓住时代的脉搏，让学生从现代汉语课中充分地感受到时代进步的节奏。比如，在语言三要素中，词汇变化最快，最能体现社会前进的步伐，现代汉语教师应该比其他人更快、更敏锐地感知到生活中人们用词用语的变化，并及时把这些变化传递给学生，让学生理性地感悟“蓝牙技术、数字地球、旅游大餐、陶吧、情感陪护、派对、单亲妈妈、丁克家庭、感情走私、减肥综合征、都市病、试婚、速配婚姻、基因型身份证”等这些新词语。其实，学生可能比老师能更敏锐地感受着时代变化所带来的语言词汇变化，只是他们缺少理性的认识，教师可以组织学生有意识地收集社会上出现的新词新语，并引导学生从语言规范化的角度进行讨论，条件成熟时可以撰写相关小论文，这样让学生可以“乐在其中”“学在其中”“用在其中”。我们就组织学生进行过这方面的工作，并形成了一些小论文，如《从新词语看社会文化的变迁》《论新词语的规范问题》《新词语的交际值》等等，这些论文的观点也许不甚成熟，但使学生认识到生活中的语言问题丰富多彩，从而大大地提高了他们学习现代汉语的兴趣，也教会了他们一些思考问题的方法。

现代汉语是一门实践性较强、和社会联系较密切的学科，教材中有不少内容涉及国家新时期语言文字工作的方针、政策、任务以及汉语规范化等与语言运用密切相关的内容。现代汉语教学必须面向社会，面向时代，面向应用，教师应该带领或鼓励学生走出课堂，走出象牙塔，使他们体会到语音、汉字、词汇、语法等各章的知识不是抽象的定义，而是实实在在的和我们的语言生活紧密联系在一起的社会存在和社会需要，应该让学生关注社会语言生活，解决一些语言运用中的实际问题。我们在教学过程中就组织学生利用节假日到街市进行语言问题调查，然后撰写调查报告或小论文。通过自身的社会调查，学生会明白，一方面身边的语言现象丰富多彩，如“衣衣布舍”（时装店）、“非法走丝”（理发店）、“未卜鲜知”（饭店）、“默默无蚊的奉献”（蚊香广告）、“趁早下‘斑’，请勿‘痘’留”（化妆品广告）等各种新意迭出的商铺名称、广告用语比比皆是；另一方面也明白当前社会用字、用语非常混乱，“MM 宫殿”“Hi 吧驿站”等不规范用字随处可见，“另售”“师付”“波萝”等不规则的简化现象到处存在，“愛点”“風味小吃城”“墨寶”等繁体字、异体字乱用现象也充斥眼球。通过实际参与的调查，大大地激发了学生的学习兴趣，让学生一方面学会灵活运用语言，另一方面也增强其为语言健康而奋斗的责任感和使命感。

三、避免因循守旧，训练创新思维

“以人为本”的教育观念呼唤创新教育。创新是一个民族的灵魂，是一个国家兴旺发达的不竭动力。国际上将 21 世纪称为创新教育的世纪，世界各国纷纷意识到创新的重要性，并积极推进创新。

现代汉语课和别的课一样，应该让学生在自由的思想天地里，用其特有的观察力，去思考、去发现、去阐述自己的见解，勇做知识的发现者，逐渐培养学生的求异思维和创新能力。例如，学生在学习过程中常常会产生与书本上结论不相一致的看法，但由于迷信书本和慑于被老师轻易否定，往往不敢大胆提出自己的看法，久而久之，就丧失了创造精神。我们应该鼓励学生用科学的眼光去看教材，一旦发现教材中有问题就及时提出来，并引导学生自己解决问题。例如，在教授语音部分时，经常有学生说到教材有不妥当的地方，我们就干脆发动全班同学都来挑错，大家兴致很高，最后还确实挑出了 22 处不太妥当的地方，后来一位学生以此写成了本科毕业论文。现摘录学生论文的原话如下：

> （1）教材在文字、词汇、语法、修辞等各章开头都给出了他们相应的定义，但在语音一章，却始终未给出语音的定义。这对初学现代汉语的人来说无疑带来了些许不便。
>
> （2）教材上第二章第一节（p28）给音节下了定义，在第五节（p90）中又给音节下了定义，两处并不一致：音节是<u>语音结构的基本单位</u>，也是自然感到的最小的<u>语音片段</u>；音节是<u>语音的基本结构单位</u>，是自

然感到的最小的语音单位。

“语音结构的基本单位”与“语音的基本结构的单位”不同，“语音片段”与“语音单位”也不同，而且，作为教材，对一些重要的概念重复定义也是不可取的。

（3）教材上（p110）认为儿化的作用之一是：表示细小、亲切、轻松或喜爱的感情色彩。可整个句子念起来总感觉有点费劲，看不出“感情色彩”的定语到底是什么。因为不能说“细小的感情色彩”“轻松的感情色彩”。

姑且不说学生的观点是否正确，但这样的学习方式，至少为学生提供一个驰骋想象、畅所欲言的天地，这样能最大限度地培养学生的自主意识和创新意识。

此外，我们还可以通过指导学生发现生活中很有意思的语言问题、学写语言小论文来培养创新思维。生活中有很多精彩的语言现象，教师可以利用这些语言现象来锻炼学生的创新思维。例如，大家都知道“红颜、红粉、红袖、红裙”这些词指美女，但为何这些词都指代美女，为何都有一个“红”字呢？教师应该这样问，并引导学生回答这些问题，学生在回答这些问题的思考过程中就逐渐培养了创新思维能力。

四、拓宽知识领域，培养语言能力

“以人为本”是以学生为中心，以提高学生的语言能力为本，实现学生的全面发展。语言能力指一个人在系统掌握其母语各种语言要素和结构规则的基础上，按一定方式，运用它们生成话语以实现交际目的的能力。这种语言能力应该分解成两个层次：第一层次是语言基本知识的能力，它包括对母语各种语言要素和结构规则的系统掌握，最终体现为能够组成和理解句子的能力；第二层次是实际运用语言的能力，是在一定语境条件下为达到一定交际目的而组织合适话语的能力。传统的现代汉语教学更多的是重视第一层次能力的教学，它在教学上具有可操作性，在检测上具有可控制性。第二层次的能力是语言教学的较高要求，是实现人的全面发展的要求，“以人为本”的现代汉语教学就是要重视培养学生语言运用的能力，要拓宽知识领域，适当引进汉语研究中的一些新的成果，使学生对汉语的认识更深入、更透彻，从而能更好地运用汉语为交际服务。

我们在教学过程中经常会引进学界研究的一些新成果，有意识地加强教学的深度，例如，在讲授名词特点时，不停留在知识点的讲解上，而引进两个特殊格式“NP了”和“比N还N”,如“南昌了”“大学生了”“工人了”“比夫妻还夫妻”“比领导还领导”“比雷锋还雷锋”等等，让学生自己分析、归纳出这些句式中名词的特点，这样大大加强了对名词的了解。同时，我们还有意识地把新的语言学理论运用于现代汉语教学，开拓学生的知识广度，例如，在讲结构助词“的”时，我们先问学生，为什么“红糖、白糖”一般不加“的”变成“红的糖、白的糖”,而“很贵的糖”又不能省略“的”变成“贵糖”，然后运用认知语言学理论的距离相似原则来解释。从调查结果来看，我们的做法是成功的，学生反映这样的教学方法很好，既激发了学习兴趣，又扩大了视野，还提高了语言能力。

总之，“以人为本”理念下的现代汉语教学应该给学生一个自由发挥、自主创造的空间。无论是教学过程还是作业布置都应该体现一种以学生为主体的思想，这样才能真正激发学生的学习兴趣，提高学生的综合素质，实现创新教育的目的。

第二节 “碎片化”背景下的现代汉语教学

一、何为“碎片化”

碎片化，其英文为 fragmentation，原义是指把完整的东西破碎成诸多零散的小块。

近年来随着教学范式、教学方法等与教学有关的改革的不断推进，无论是教材编写内容还是课堂教学方式方法都发生了很大的变化，于是出现了诸多以现代教育技术为载体的“碎片化”现象——碎片化知识、碎片化教学、碎片化学习等。随着“碎片化”的不断扩大使用，“碎片化”一词也向着消极贬义方面发展，一提“碎片化 ××”就认为是快餐式、无营养、支离破碎的代名词，不利于人们系统掌握学科知识。

“碎片化 ××”真的不利于人们系统掌握学科知识吗？我们来还原一下真实的“碎片化”教学：实际教学过程中的所谓碎片化教学（或碎片化学习）主要是教师或主讲人把成系统的知识有意打散而分割成小的知识点或归纳为小的专题（当然包括教材上已经分好了的章节），然后有针对性地再对小知识点或小的专题进行讲授或请学生自主学习或通过其他方式（慕课、微课等）学习的过程。学生的学习过程，也是跟着老师或主讲人的有意“散状”讲解而相应地进行碎片化学习。也就是说，这种课堂教学表面上看似教学内容“零散”了、“碎片化”了，实际情况并非如此，因为任何一门学科教学都是在把握学科系统性的基础上有意“碎片化”的。而如何把表面“碎片化”的教学或学习与隐含的学科系统有机地结合，是需要教师掌握一定的教学方法和教学技巧的。又因为这种教学方法和教学技巧不是每个教师都能有效把握的，或者说每位老师所掌握的教学技巧和教学方法的差异，导致了教学效果的明显不同。

教师如何把表面上看似简单的“零散”“碎片”的学科知识，有效地系统化，换句话说，教师如何在心中存有“整体”、存有“系统”的情况下，根据学科知识的不同而有意碎片化，是需要一定学科背景和教学经验的；当然学生在学习时，所接收到的知识也是零散的、碎片的（包括中小学所学本门学科相关知识）。但是，如何让学生把所学的零散的“碎片化”知识，进行归纳总结，构建成一个学科的系统，进而运用于学科实际的分析研究中，这一问题是教学过程中最关键的，它需要教师掌握一定的教学方法和教学技巧，并且这种方法和技巧的运用也是教师教学能力、教学水平的体现，同时也是教学改革的重点问题。可见，所谓的“碎片化教学”的目的是教师从较小的知识点或专题入手，关注学生对知识点的精准把握或对技能的熟练应用。

二、现代汉语教学的问题

1. 学科本身问题

众所周知，现代汉语课难上，难就难在它知识点多！关键还在于它太“现代”了，好像人人皆知！它既不像语言学概论那样虽然抽象，但有较强的理论性和明显的系统性，而且还排在现代汉语课之后才上。也不像古代汉语课，虽然也不容易上，但是好像没有现代汉语课那样普遍反感！这其中的原因可能与以下几点有关：一是他们有现代汉语的语言知识储备以及中学语文尤其是文言文知识的储备；二是古代汉语的知识点虽然也多，但是人们普遍存在“尊古轻今”思想，导致古代汉语课知识点虽然也多，但学生不反感。

除学科本身导致现代汉语课难上外，还在于学习的主体——学生的主观因素影响：(1) 对于刚刚从紧张的高考解放出来的大一新生来讲，追新求异才是他们的理想，结果一进大学还来学声母、韵母等语音知识，于情于理，尤其是从情感上，很难让他们接受；(2) 报考中文系的学生中，很大一部分人是做着文学梦而来的，几乎与“语言”一点都不沾边，更别说是这些从小学一年级就学过的汉语拼音了。

对于学生的此种心理，我们也可以从语言学大家们对自己从事语言研究过程的回顾中窥见一斑：许多语言学家刚进中文系，如同很多现在的大学生一样，是做着“小说梦”“作家梦”“记者梦”“新闻梦”以及“翻译梦”等各种梦而来的，就是没有做“语言梦”的。但是，他们后来之所以能接受语言学并在语言学领域取得相当高的成就，有一个关键的人物起了关键的作用，那就是他们的所谓“语言启蒙”老师，让他们觉得学习语言、研究语言很有意思；甚至以后还可以“知道古人说的话”（如“能听懂孔子的话”），与各地不同方言区的人对话（就像赵元任先生一样）。就是这“很有意思”外加“好奇心”，从而激发了学生的“求知欲”，成就了许多语言学大家的诞生。所以，如何把课上得“很有意思”，并激发出学生的“好奇心”和“求知欲”，是需要每位现代汉语任课老师用心思考的问题。

我们认为，要解决这些问题，除了教师扎实的专业功底、独特的人格魅力外，一定的教学方法和教学技巧是必不可少的。

2. 学生的质疑

每年新学期，只要开始上语音一章时，学生们几乎都要提出如下类似疑问：“老师，拼音我们小学一年级时就学过了，我们不学也会说，不学也会看、读、写！”“老师，我们来中文系读书是冲着写小说、当作家的，现在让我们来学习小学就学过的拼音，想不通啊！”

3. 老师的追问及分析

作为老师我也会追问他们一些问题：“是的，拼音对于你们来说，肯定是不学也会，它毕竟是我们的母语，但是你们真的了解你的母语吗？如果现在让你去教一名留学生，你打算教什么？怎么教？对于一些常见的语音现象，如何进行分析，如何让他们明白是这样的而不是那样的，其原因你真的知道吗？”

举个小学课本里的例子：“一去二三里”中“一”的读音问题，“展览馆”前两字怎么读，与单字读音一样吗？其中原因你真的知道吗？

还有，“作为中文系学生，每年毕业的学生不计其数，他们中有多少人真正从事文学创作，当了作家，又有多少人到中小学从事了语文教学工作？”

“顺便请大家回忆一下，你在中小学语文学习过程中，你们每学一篇课文，你们的语文老师让你们做的第一件事是什么？每逢考试，试卷的前两到三题都是什么题型？”

“最后，请同学们想想我们专业的名称是什么？尤其是这个问题，对于我们理解中文系开设现代汉语这门课有很大帮助。”

“其他问题，不用我多说，语音、文字、词义等，一样都离不开我们要学现代汉语课的教学内容。而最后的这个问题，大家填报志愿时，写了不止一遍了。即我们专业的名称是汉语言文学，你们仔细想想这个专业名称，看能想出什么来，如果想不出来，请结合你们学习外语的经历，你们先学什么再学什么，然后再来分析汉语言文学专业名称——汉语语言＋汉语文学，能理出点什么东西来吗？”

通过这样一系列追问和提示，让学生从自身学习经历中找到学习“汉语语言”即“现代汉语”的基础性和必要性。同时引出每门学科都有它的存在价值、开设目的，现代汉语课也一样。解决学生质疑学习本课程的必要性之后，就是如何把课上好的问题了。

4. 现代汉语教学改革研究现状

如何上好现代汉语课，前人时贤做出过很多努力，提出各自认为有效的改革方法或改革模式。归纳各家观点主要有：（1）教学实例要紧随时代，如增加网络词语、短信语言、小品语言现象的分析；（2）教学方式、模式的改革，把语言学概论与现代汉语相结合，采用座谈式、沙龙式、专题讨论式等；（3）对教材、教学资源的改革等。总之，在现代信息时代，各种媒体、各种学习方式的增加导致学习方式也多种多样，如精品课、慕课、微课等音视频教学软件的出现为学生多元化学习提供了便利。如何利用便利的科技产品为教学服务，是目前学校教师都在思考的问题。“碎片化”是目前讨论较多的概念，无论是“碎片化学习”还是“碎片化教学”已成为当今时代学习的一种新模式。

三、现代汉语的“碎片化”教学模式

现代汉语一直以知识点多，且十分零散，而为师生共同诟病。不过它虽然知识点多，但是再多也是有系统性的，而且学生还有一定“零散”知识储备。现代汉语这种“知识点多又系统”的特点，非常像“散文”的“形散”而“神不散”的特点，也正是这一特点，使现代汉语非常适合“碎片化”教学。“碎片化”教学，就如同散文一样，做到“形散而神不散”才是关键，而在现代汉语教学中也同样可以做到，“形散”指知识的碎片化，“神不散”是指知识的系统性及用其于指导实践。看似“散、碎”的表面下，其实体现着“不散、不碎”的理念。

大学教师所教授的内容不再是综合性的语文知识，而是与各个专业相匹配的各个学科的系统性知识。大学教师的教学重点除了让学生把学科教材上所要讲授的知识“听、学”进去外，还要让学生把在中小学所学的本学科“零散”的知识系统化，并加以实际运用与分析。也就是说，大学教师的教学重点有两个过程，一个是教师对教材上系统知识的有意分解讲授过程，即碎片化过程；一个是如何让大学生把中小学所积累的、零散的本学科知识（碎片知识）与教师所讲知识（教师碎片化后的碎片知识）联系起来并使之系统化的过程。这两个看似简单的相反过程，其实是相行不悖的，如何处理好这两个过程，非常考验大学教师的教学方法和教学技巧。

我们暂时把这两个过程简单概括为“分＋总＋分”模式。不过这个过程不是简单直线型发展过程，而是概括、提升系统化的实现过程和把系统知识再打“散”，即碎片化的过程。尤其是从“分—总”的实现过程，是需要教师花费时间来思考的问题——也是教学改革的关键问题。下面我们详细分析如下：

1. “分＋总＋分”模式分析

此模式中前一个“分”，我们称为“分 1”，是指分散在中小学语文教学过程中的零散的语言知识。此时的语言知识，对于学习者来讲是零散的、不成系统的，各自相对独立的“知识点”。此时的“分 1”，对学生来讲是无意识的、输入性的、分散的语言知识。

此模式中后一个“分”，我们称为“分 2”（见图示一），是指教师把系统的语言知识有意识分解讲授的过程，我们称为“碎片化”教学过程（称为分 2a）（见图示二）；同时也是让学生有意识地把中小学所积累的零散的语言学知识“分 1'”（为区别前面的“分 1”，这是因为此时的“分 1”对学生来讲是有意识的、输出性的、分散的知识）和“分 2a”的结果即“分 2b”相互融合的过程。也就是说，图示一中的“分 2”不是单一的碎片化过程“分 2a”，还包括碎片化过程的结果“分 2b”和“分 1’”三部分内容。即“分 2”既包括教师有意碎片化的行为——“分 2a”（即如何有效碎片化的过程），及其有意碎片化的结果——“分 2b”，以及学生有意识输出中小学所学的零散语言学知识——“分 1’”三部分内容，即“分 2”包括“分 2a”+“分 2b”+“分 1’”。如图示（一）。不过，此时“分 2b”和“分 1’”虽然是分开的两部分内容（零散的语言学知识和碎片化的语言学知识），但是，教师如何让学生把这两个部分看似分开的语言学知识内容巧妙地融合在一起，这既考验教师的教学方法、教学技巧，也考验学生的学习能力和对知识的转化能力。

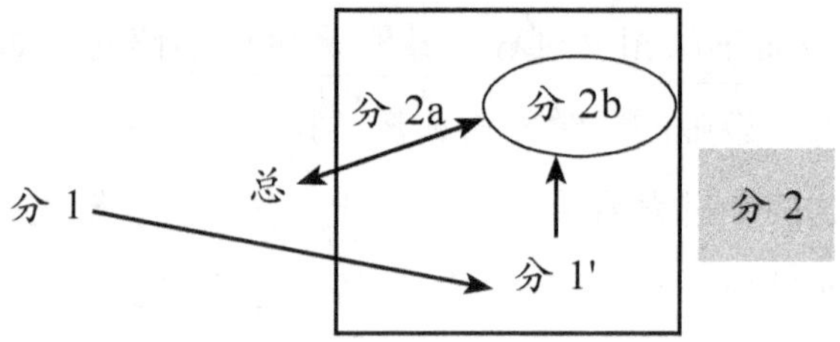

图示（一）

“分＋总＋分”模式中，“总”是指学科知识的系统性，它是相对稳定的因素。这个“总”包括两个过程，一是从“分 1”到“总”的过程，即指教师通过课堂碎片化的语言知识讲授，让学生把之前学过的零散的知识有意识地输出并系统化的过程，确切地说，不是直接地从“分 1”到“总”的过程，而是通过教师碎片化知识教学触动学生主动有意识地联想达到“分 1”与“分 2b”融合的过程，然后才会实现“总”的过程。二是从“分 2”到“总”的过程，也就是说，“分 2”既有教师有意碎片化的过程，又有碎片化的结果，其目的也是为了实现“总”而有意为之的行为，即建立本学科的知识体系过程。通过上述分析可知“分＋总＋分”模式看似两个相反的过程，其实是三个过程，只不过其中一个过程是隐性的，但它却像一支无形的手，指挥着教师与学生把所教和所学的知识系统化和实用化。如图示（二）“分 2a”是个双箭头标示，其中指向“总”的箭头，其实是两个来源，一个是从“分 1”到“分 1’”再到“分 2b”然后再到“总”系统化的过程，另外一个，则是碎片化过程“分 2a”的逆反系统过程，即从结果“分 2b”到返回系统的过程。这个过程其实就是隐含的过程，因为碎片化后突显的是碎片，是结果，而不是逆反的系统过程。所以这个系统化比较隐蔽。

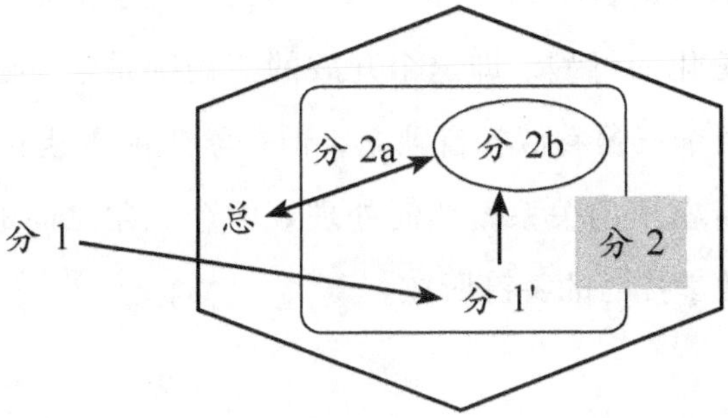

图示（二）

2.“碎片化”教学在“分 + 总 + 分”模式中的实现过程

单从字面上看，我们可以看到“分 + 总 + 分”模式中包括两个直接过程，即一个是“系统化”过程，另一个是“碎片化”过程。而这两个过程也正好是两个相反的过程。不过，通过上述分析，我们发现“分 + 总 + 分”模式不只存在这两个过程，还有一个隐性的系统化过程包含在碎片化过程中。换句话说，上述两个过程中系统化过程是教师教学的主要目标之一，这个过程分了几个阶段才能完成：（1）从中小学的无系统意识的零散语言学知识积累、输入过程，即从“分 1”到“分 1’”过程，如图示（三）①箭头所示；（2）进入大学后有意识地把“分 1’”转化为“分 2b”的有系统意识地输出过程，即图示（三）②箭头所示；（3）从教师碎片化讲解的语言知识“分 2b”（与⑤过程的结果重合），再到“总”的实现系统化过程，即图示（三）③箭头所示。另外一个系统化过程，就是碎片化过程的反过程，即在系统学科的基础上，教师有意识地解构学科系统知识的过程，即图示（三）④箭头所示。通过教师的讲解即碎片化的结果，即图示（三）⑤箭头所指（与②箭头所指的结果重合），当然这个解构的过程和结果也是为了让学生更好地实现系统化的过程，即图示（三）⑥箭头所示，因此这个过程相对别的过程来讲具有隐性特点。于是我们把图示（二）拆分分解为图示（三）所示则能清楚看到各种过程及过程的结果。其中，“④⑤⑥”形成的三角是教师的主导行为，而“①②③”则是学生通过教师对语言学知识碎片化教学，有意识地把中小学所学的零散的知识输出并系统化的过程，即这个开放的三角则是学生建立学科知识系统的关键所在。这两个三角看似各自独立，但是学生能否建立学科知识的系统，与教师的教学有着密切的关系，如何处理好两个三角之间的关系，又是考验教师教学方法和教学技巧的关键所在。

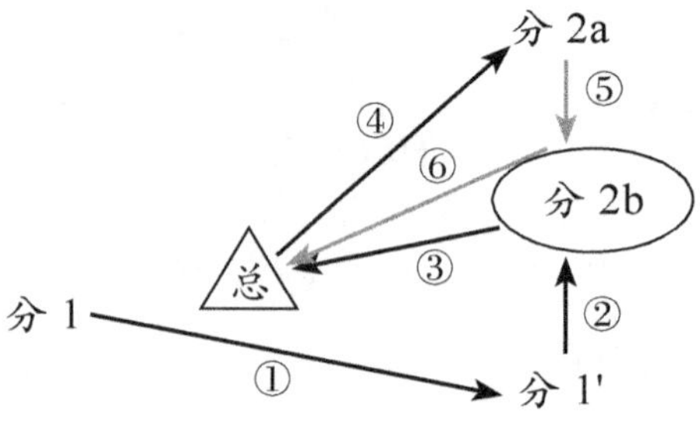

图示（三）

通过上述分析，我们可以看到大学课堂、大学教师的主要任务就在于图示（四）所示的菱形框所圈的范围，这个范围所包括的行为过程也是最复杂的。尤其是如何把①②③开放的三角与④⑤⑥这个相对稳定的三角有机结合起来，这是每一位大学老师应该掌握的最基本的教学方法，关键是如何掌握这种关联的教学技巧。通过多年的教学实践，我们认为其结合的最好方法就是实行“碎片化”教学，碎片化的前提是学科的系统性，碎片化教学的目的则是实现学科知识的系统化。

总之，教师如何在“碎片”中教学，并实现学生在“碎片”中归“总”，是我们应该深思的教学改革问题。我们思考的结果，可用图示（四）所示来直观展示。

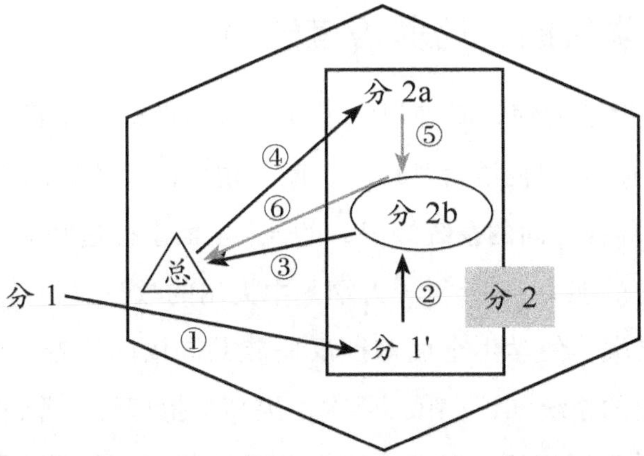

图示（四）

第三节　“语言能力提升”视野下的现代汉语教学

语言是人类重要的交际工具，语言能力指人们在听、说、读、写等方面所具备的能力，语言能力的高低是衡量大学生综合素质的重要尺度。从无数的报道中我们不难发现今天的大学生语言能力普遍偏低，即使是中文专业的大学生，其语言能力也亟待提高。

提高大学生语言能力的途径自然很多，现代汉语课程的教学是其中非常重要的一条。但从目前的情况来看，现代汉语教学并没有发挥应有的作用，甚至遇到了一种令人尴尬的局面：一方面大家都明白现代汉语课程的重要性；另一方面大多数学生对现代汉语都有一种厌学的情绪，现代汉语课堂气氛的沉闷已经到了不堪入目的地步，逃课者也大有人在。据笔者调查，能够活跃气氛的往往就是偶尔的几个插科打诨的笑话和典故，阻止学生逃课主要依靠的是教师的个人魅力和威严。

我们认为，从提高大学生语言能力的角度来说，现代汉语教学至少应该在以下三方面有所改进。

一、明确教学目的，培养语言能力

《现代汉语教学大纲》明确规定了现代汉语课的教学目的："现代汉语这门课的教学目的，是根据语言学理论，阐明现代汉民族共同语的语音、文字、词汇、语法、修辞各方面的系统知识，使学生全面掌握这些知识，以提高理解、分析及运用语言的能力。"分析《大纲》中提出的教学目的，应该可以分成三个层次：第一层次，使学生全面掌握汉民族共同语的语音、文字、词汇、语法、修辞各方面的系统知识；第二层次，提高学生理解、分析语言的能力；第三层次，提高学生运用语言的能力。目前的现代汉语教学主要停留在教学目的的第一阶段，少数老师上升到了第二阶段，但能提升到第三阶段的少之又少。对教学目的认识不足直接导致了两个不良后果：其一是教学内容陈旧，令学生对课堂生厌；其二是语言能力得不到提高，令学生感觉到学习现代汉语没什么用处。

目前，我国高校现代汉语教材版本很多，比较通用的版本主要有胡裕树版，黄伯荣、廖绪东版，邢福义版，以及最近出版的张斌版和邵敬敏版等。这些不同版本的教材尽管各有千秋，但体例和内容都大同小异，大体上分语音、文字、词汇、语法、修辞五大块。其内容基本上都是以中学语法体系为主线编写的，教材中的内容与中学的内容重复甚多，叙述也是粗线条的，只是比中学阶段的知识更系统、更全面一些。据李宇明先生的调查，大学里的现代汉语课的内容同中学里学习的汉语知识重复率为43.94%。有不少中学为追求高分数、升学率，给学生训练或考试的内容已超过中学阶段应掌握的内容，甚至将大学教材里的习题拿去给中学生做。所以学生对现代汉语课的内容都是"似曾相识"，很难激起其强烈的求知欲。所以如果现代汉语的教学停留在系统地掌握汉语知识这个层次上，那么学生厌学的状况是很难改变的。

语言能力指一个人在系统掌握其母语各种语言要素和结构规则的基础上，按一定方式运用它们生成话语以实现交际目的的能力。现代汉语课的最终教学目的应该是提高大学生的语言能力，但从笔者的调查来看，大部分学生感觉到学了现代汉语之后，语言能力并没有得到很明显的提高，当时为了应付考试而背的一些规则原理，过一段时间基本上忘了。正因为现代汉语课不能使学生的语言能力得到提高，加之教学内容陈旧，在如此条件下要想使现代汉语课充满生机和活力恐怕是难上加难。

二、调整教学内容，促进主动学习

就现代汉语课来说，改革的前提是调整教学内容，这包括两方面的情况：一是教材编写内容的改进，二是课堂教学内容的取舍。

我国的教育模式已经从应试教育转为了素质教育，但目前存在的现代汉语教材大都是应试教育的产物，没能很好地体现素质教育的思想。大部分现代汉语教材的编排体例都是按照语音、文字、词汇、语法、修辞五部分排列，各部分之间互不牵连、各自独立。教师讲解时也是分章分节“各个击破”，这样的教学知识点很多，但很凌乱，就像一串散落在地的珍珠，每一颗都是熠熠生辉，但没有统一的美感，其实用价值就大打折扣。语音、文字、词汇、语法、修辞作为一种语言的基本知识确实不可少，但仅有这几部分还不够，应该再加一部分把这五部分统一起来，所以我们认为现代汉语教材应该加一个部分“言语运用”，通过言语运用把现代汉语的五部分知识有机地统一起来，这样才能体现知识的作用和价值。

20多年来，我国语言研究不断深入，取得了丰硕的成果，尽管各家版本的现代汉语教材大都进行了修订，但整体上都没有跟上时代的步伐，严重滞后于社会发展的需要。例如大多数现代汉语教材都说名词不能接受副词的修饰，但现在大量出现的“副名”结构使人们不得不重新认识这条规律。另外，新的语言理论也可以适当地引入到现代汉语教材中来，如配价语言学、转换生成语言学、功能语言学、认知语言学、计算语言学、心理语言学、社会语言学等等，新的理论能大大地开拓学生的视野，让学生认识到语言世界里有一片广阔的天地，增强他们探索语言科学的兴趣。

对教材编写内容的改进是现代汉语教学改革的关键一环，同时教师也应该对已有教材内容进行适当的取舍，对教学方法进行必不可少的反思。素质教育是以学生为中心，发挥其特长和创造性，在这种教学理念下，首先，要打破课堂上老师唱“独角戏”的教学模式，其次教师应学会放弃。我们的教师往往把思维敏捷的学生当成“白痴一个”，以为学生什么都不懂，因此对教材上的内容不厌其烦、从头到尾、一字不落地“灌输”给学生，一节课下来，老师讲得是口干舌燥，学生听得是昏昏入睡，其效果当然是“惨不忍睹”。其实，学生大都有一定的自学能力，作为教师大可不必对教材“和盘托出”，而要学会“放弃”，即在课堂讲授中尽量做到少而精，主要讲学生不懂或很难懂的东西，如语法部分的“语素”是学生没有接触过且难以理解的，老师应该重点讲。对于学生容易理解或中学里有所接触的知识尽量少讲，如“短语结构分析和句子成分分析”是学生在中学时候接触比较多的，完全可以让学生自己去总结、归纳，甚至可以让学生在课堂上讲解这些内容，这样能调动学生的积极性、主动性，进而形成一种师生互相切磋、探讨的学术氛围，使他们由被动的受体变成主动的参与者，让他们用自己的头脑去分析、思考活生生的语言现象，并参与对现代汉语的认识、评价，这种角色转换必然会给课堂注入活力，收到理想的教学效果，使学生的实践能力得到大幅度的提高。

三、联系社会生活，着重语言应用

理论脱离实际就会失去生命力，任何学科研究的终极目的都是应用，不面向应用，就没有出路，现代汉语教学更不能例外。汉语教师必须走出象牙塔，现代汉语教学必须面向社会，面向时代，面向应用才有出路，这是现代汉语教学改革的总的原则。上课时，要尽量使用第一手语料，要关注那些鲜活的语言事实，研究口语。

现代汉语教学应该走出课堂，走向社会，解决一些语言运用中的实际问题。现代汉语教材中，有不少内容都涉及国家新时期语言文字工作的方针、政策、任务及汉语规范化等与社会语言运用密切相关的内容。这些知识的讲解不能只讲一些抽象的定义，而应该联系实实在在的社会语言生活。比如教师可以组织学生利用节假日的时间去调查招牌、广告等社会用字的规范问题，然后撰写调查报告，并进行相关讨论。通过这些活动，不仅能加深对课本知识的理解，而且还锻炼了他们的语言调查、分析、研究能力，在一定程度上还增强了他们的社会责任感。

现代汉语课本来应该是与社会联系最紧密的，但目前的现代汉语课较之其他课程显得更加远离生活，这应该引起所有现代汉语教研人员的高度重视，应该让现代汉语课紧紧抓住时代的脉搏，让学生从现代汉语课中充分地感受到时代进步的节奏。比如，在语言三要素中，词汇变化最快，最能体现社会前进的步伐，现代汉语教师应该比其他人更快、更敏锐地感知到生活中人们用词用语的变化，并及时地把这些变化传递给学生，让学生理性地感悟这种变化。其实，学生可能比老师能更敏锐地感受到时代的变化所带来的语言词汇变化，只是他们缺少理性的认识，教师可以组织学生有意识地收集社会上出现的新词新语，并引导学生从语言规范化的角度进行讨论，条件成熟时可以撰写相关小论文，这样让学生可以“乐在其中”“学在其中”。

第四节 “语言生活”视角下的语言学概论教学改革

“语言学概论”是汉语言文学专业本科学生必修的一门基础理论课程，在整个课程体系中具有不可替代的地位。但从各高校现状来看，“教”和“学”的情况都不乐观，老师讲得很辛苦，但学生觉得无趣，最后教学效果不理想。诸多学者对此展开过相关讨论，中国人民大学贺阳、浙江师大陈青松、湖南师大彭泽润、暨南大学曾毅平、华中师大刘云、湖南科技大学谢奇勇等都就此展开过深入的讨论。《中国大学教学》《中国高教研究》《语言教学与研究》等专业刊物发表过诸多相关文章。学者们大多认为，“语言学概论”目前存在如下几方面问题：一是课程定位不明，很多学校并没有把“语言学概论”作为必修课，或者课时比较少，导致学生不重视；二是“语言学概论”知识陈旧，与“现代汉语”有诸多重叠之处，导致学生感觉无趣；三是“语言学概论”理论性太强，内容太抽象，教师的教学方法和手段陈旧，讲课枯燥；四是理论与实践脱节，导致学生感觉学无所用。对此，学者们也提出了很多有针对性的解决办法，比如，提高课程地位、加快教材建设、改革教学方法、突出理论与实践结合等，这些方法对提高“语言学概论”的教学效果都大有裨益。

我们试图从语言生活的视角来探讨语言学概论教学改革的问题。“语言生活”是新世纪以来中国语言学界提出的一个新的研究理念，即语言研究不仅仅讨论语言本身的结构功能等抽象的理论问题，还要关注日常生活中的语言问题，特别是社会发展过程中遭遇的语言困惑问题。我们试图把语言生活的理念引入“语言学概论”教学中，改革教学内容、教学方法和教学评估，引导学生关注丰富多彩的社会语言生活，这样既能学以致用，又能最大程度激发学生的学习兴趣。

一、“理论为纲、生活为目”的教学内容改革

当前“语言学概论”的教学内容主要是介绍语言学的基础理论，以叶蜚声、徐通锵先生的《语言学纲要》（北京大学出版社）为例，其内容主要包括，“语言的基本功能”“语言的符号性质”“语音的发音特征及其组合和聚合规则”“语法的组合和聚合规则”“词义的组合和聚合规则”“文字的性质、起源、发展和改革”“语言的分化与统一”“语言的接触及其成分的借用和吸收”“语言系统（语音、词汇、语法）的发展演变”等。这些知识都是语言学的入门知识，作为汉语言文学专业的本科生确实有必要对其有个基本的了解。然而这些毕竟都是理论知识，如果整个“语言学概论”这一门课只是介绍这些理论知识则存在明显的问题。“语言学概论”知识体系的建构很明显是结构主义理论指导下的产物。结构主义的经典著作《普通话语言学教程》明确表示“语言研究的唯一的真正的对象是语言和为语言而研究的语言”，就是在这一指导思想之下，当今“语言学概论”课程所介绍的内容基本上都是在语言结构之内讨

论问题，基本没有涉及语言之外的社会和生活。这样的教学内容对一部分大学毕业后想继续深造的学生来说确实非常有用，然而对绝大多数毕业后走向社会各行各业的大学生来说，纯粹的语言结构理论与他们未来的工作关系显得有点疏远，所以大部分学生提不起兴趣也就在所难免了。

如果从语言生活的视角出发来讨论“语言学概论”的教学内容，那么理论知识的介绍就应该高度简洁，要浓缩精华，主要起提纲挈领的作用，应该把理论知识与社会语言生活的现实状况结合起来，用理论去解释和引导现实语言生活。理论是纲，生活是目，在教学中要做到纲举目张，举一反三。

当代语言生活丰富多彩而又矛盾重重。比如，大量出现的新词新语、网络语言以及字母词，有人认为这影响了汉语的纯洁和健康，有人则认为这恰是汉语充满生机和活力的体现；社会上不断有人提出要恢复繁体字，认为我们目前使用的简化字隔断了中华文化，有人则认为汉字的简化符合文字发展的基本规律和趋势，恢复繁体字是逆历史潮流而动；有人认为方言濒危成为很严峻的社会问题，当代的主要任务是要保护方言，也有人认为普通话的普及度仍然不够，推广普通话仍然是国家语言工作的主要任务。类似这样的问题还有很多，英语的强势入侵和母语情感淡漠问题，少数民族语言文字的保护问题，汉语的国际推广和传播问题，语言文字的信息处理问题，等等，这些问题都是当代语言生活中的重要问题，一旦处理不当，就会引发社会矛盾甚至引起社会动荡。略举两例说明。事例一：“字母词风波。”2012 年 6 月出版的《现代汉语词典》（第 6 版）在附注中收录了 239 个“字母词”，这触动了某些人敏感的神经，8 月 28 日，一百多人在北京聚会，声讨《现代汉语词典》收录字母词的行为，中国社会科学院哲学研究所李敏生研究员表示：“从现实的作用和长远的影响来看，这是汉字拉丁化百年以来对汉字最严重的破坏，这是一场历史空前的汉字大动乱。”“这是帝国主义文化侵略的体现。危及中华文化的安全，适应了帝国主义梦寐以求的搞乱中国文化的需要和目的。这是一场自毁长城的文化内乱，是中国文化空前的灾难。”《现代汉语词典》收录字母词，这本是词典学界内部的一件小事，却在文化界酿造了一个大风波，甚至发展成一场“语言官司”。事例二：“撑粤语”事件。2010年，有广州政协代表建议，在广州亚运会期间，广州电视台综合频道或新闻频道改为主要使用普通话广播，或是在两者的主时段使用普通话广播，广州市政协在网上发布了“广州电视台播音情况调查问卷”。有网友就此事造谣说广州市要推广普通话废除粤语，并呼吁大家起来抗议。此事最后竟导致广州、香港多地都发生了所谓“撑粤语”的集会游行。幸亏政府处理得当，才没有造成大的事故。此类事件在当代语言生活中并不是少数，我们应该把这些问题引入“语言学概论”课程，让学生接触真正的社会语言生活。一方面能活跃课堂气氛，现实生活中的语言问题很明显比枯燥的语言理论更能激发学生的兴趣；另一方面把理论应用于解决社会问题，有利于培养学生的思辨能力，很多问题对立双方都有一定的道理，学生要从纷繁复杂的现象背后去发现本质，需要有辩证的、历史的、唯物的观念；再一方面，有利于培养学生正确的语言世界观、正确的语言意识形态，以减少语言领域的诸多争论。当代很多有关语言问题的争执很大程度上是由于一部分民众没有科学的语言世界观，往往是人云亦云，随声附和，我们只有让大学生树立正确的语言世界观，未来他们才会成为国家语言政策的坚定支持者。

二、“教师引导、学生主导”的教学方法改革

传统“语言学概论”以介绍理论知识为主，其教学过程基本都是教师讲解，学生记录，“填鸭式”和“一言堂”是其基本表现形式。这也是没有办法的事，因为语言学的基本理论学生之前基本都没有接触过，没有任何理性认识，连感性认识都谈不上，所以教师不得不费力讲解。但如果把现实社会语言生活中的问题引入“语言学概论”课堂教学，情况就完全不同了，因为这些问题学生都或多或少有所接触，有所耳闻，有些问题学生甚至是直接的参与者或制造者，对某些问题，学生往往有自己的态度和看法。教师的任务不是要告诉学生某些问题的答案是什么，事实上有些问题很难有确定的标准答案，教师的主要任务是搜集现实社会生活中的语言问题，介绍语言学的基本理念和

思辨方法，引导学生查阅资料并展开讨论，学生才是课堂的主导力量，让学生自己在相互讨论争执中寻找正确的答案和解决的办法。比如，“文字”一章的主要内容包括“文字的性质、特点、类型、产生、发展、传播以及文字和语言的适应性”，按照传统上一个一个内容的介绍，虽然条理清楚，而且系统完整，但这种知识性介绍远离生活，枯燥乏味，学生听起来兴趣索然，也不利于培养学生分析问题和解决问题的能力。如果我们换个视角，给学生介绍一下汉字在近百年来遇到过两个重要问题——拼音化和简化，然后引导学生对其进行分析，那效果将会完全不同。近代以来，中国固有的文化自豪感被彻底打掉，一些思想家、革命家认为孔子思想、礼教等阻碍了中国发展，汉字也一样被认为阻碍了中国的现代化。鲁迅、瞿秋白、钱玄同等爱国人士都提出了汉字拉丁化的概念，即以拉丁字母取代汉字。钱玄同在《中国今后之文字问题》中提出：“根本解决之根本解决”之道，即“欲使中国不亡，欲使中国民族为二十世纪文明之民族，必以废孔学，灭道教为根本之解决，而废记载孔门学说及道教妖言之汉文，尤为根本解决之根本解决。”鲁迅在《病中答救亡情报访员》中说：“汉字不灭，中国必亡！”陈独秀、胡适、蔡元培、郭沫若、茅盾、瞿秋白、傅斯年、赵元任、黎锦熙等一批进步的知识分子当时都持有类似的观点，都认为文字改革的方向就是汉字拼音化，消灭汉字的字形，使用罗马字母。实践证明，“汉字拼音化”之路走不通。我们最终走了汉字简化之路，并辅之以汉语拼音给汉字注音。在介绍了这段史实之后，我们可以设置两个问题：第一，汉字能否进行拼音化改革？第二，汉字是否需要简化？让学生进一步查阅资料，就这两个问题展开深入讨论，形成科学的观点。这样的教学能把抽象的文字知识融入感性的语言生活问题中去，既能激发学生的兴趣，培养分析问题、解决问题的能力，还能形成科学的语言文字观。

再比如，“语言的接触及其成分的借用和吸收”一章的主要内容是介绍不同语言在相互接触过程中其语言成分的相互借用和吸收的情况。我们可以设置两个问题：“有人认为外来字母词影响了汉语的纯洁和健康，你认为呢？”“普通话是怎么来的？为什么北方方言能成为汉民族共同语的基础方言？”老师的任务是帮助学生打开查阅资料的视角，并引导学生思考。关于第一个问题，学生需要查阅的资料包括：中国古代从佛经里面借用了多少熟语？中国近代从印欧语系语言以及日语借用了多少词语？改革开放以来我们从西方语言借用了多少词语？字母词有一个什么样的汉化过程？中国古代有哪些语言成分借用给了周边的越南、朝鲜、日本等国家？改革开放以后我们有哪些语言成分借用给了英语等西方语言？英语和法语相互之间有哪些语言成分的借用？要提醒学生在查阅资料时思考某些问题，就是语言成分的借用与社会的接触交流有什么关系，语言成分借用的主要内容、基本流向与文化水平的高低有什么必然联系，语言成分借用的速度与社会发展开放的快慢有什么关系，汉语在借用外来语言成分时有没有快捷高效的民族化方法。关于第二个问题，需要学生去查阅中国历史上王朝兴替以及民族融合的基本情况，提醒学生思考政治、军事、经济、文化、人口等因素在多大程度上影响民族共同语的选择。

三、“轻识记、重能力”的教学评估改革

传统的教学模式重视知识的传授，所以知识点的识记成了教学评估的重要内容，考试内容有近80%是识记性的，最多只有20%左右是考查学生分析问题的能力。这样的教学评估方式不利于培养学生的动手能力和解决问题的能力。教学评估改革的方向应该是“轻识记，重能力”，重点考查学生搜集社会丰富多彩语言现象并探讨这些纷繁复杂语言现象里深层规律的能力；考查学生运用辩证的、历史的、唯物的观点辨析语言生活中某些有争议的问题的能力；以培养正确的语言世界观，考查学生解决语言生活中矛盾冲突的能力。我们设计的教学评估方式主要包括三种：

第一，课堂讨论或辩论。语言生活视野下的教学评估重视培养学生的能力，包括对知识和理论的把握能力、对问题的思辨能力、正式场合的口语表达能力，因此设置课堂讨论或辩论是一种比较好的、行之有效的方法。比如，可以设

置如下一些问题让学生准备之后在课堂上讨论或辩论：①当代中国与其他国家交往非常密切，也借用了很多外来词语，那么汉语词语是否有借出去的现象，如果有，借出去的主要是哪些类型的词语，从中可以发现中国社会发展的哪些特征？②现代汉民族共同语的基础方言为什么是北方方言，而不是南方某方言，原因何在？③如果全世界都使用一种世界语，以后就不再需要学习外语了，这就大大降低了语言学习的成本。你觉得世界语能变成现实吗？④现代汉语的词表现出明显的双音节化倾向，但当代新词语中三音节词数量明显增多，想想为什么？⑤近几十年来，人们逐渐发现，方言似乎离我们渐行渐远，特别是城市青少年能说方言的越来越少，针对这种情况，你觉得应该如何对待方言？保护方言和推广普通话有冲突吗？

第二，调查报告或微论文。当代语言生活丰富多彩，很多现象都可以让学生展开调查研究，标语、广告、店名人名、网络语言、字母词、外来词、新词新语、电影电视报刊语言、小说小品相声语言、教师话语、辞书语言、普通话和方言等等都有很多值得调查研究的内容，如果对这些现象进行深入调查就可以形成调查报告或微论文，以此作为教学评估的重要内容。比如，让学生调查一定范围内不同历史时期人名用字的特点，让学生调查某些商业步行街商店命名的语言特点，让学生调查城市公共空间治理性宣传话语的特点，让学生调查公益广告的语言特点，等等。设置调查报告或微论文作为评估内容有三个好处：一是能把学生从校园引入社会，从课堂引入课外，提高学生的学习兴趣；二是在调查和分析问题的过程中能培养本科生基本的科研能力；三是能提高本科生查阅资料、收集材料、分析问题和解决问题的能力。

第三，随堂考察。随堂考察以开卷的形式进行。考察题目固定，就是“请简明扼要地介绍《语言学纲要》（本校使用的教材）一书的主要内容，字数控制在 2000 以内”。本题的目的既要考查学生对教材内容的整体把握情况，也要考察学生对具体知识的概括能力，同时也是督促学生对教材进行自主学习，因为我们在教学过程中只会教授主要的知识框架，很多内容需要学生自习来完成。

上述三种方式作为教学评估的重要方法不是单独使用的，而是综合起来使用，它涉及课程的三个环节：第一，课堂教学，通过讨论或辩论评估学生的主动参与意识，此部分占分值 20%；第二，课后作业，通过调查报告或微论文评估学生的基本科研能力，此部分占分值 40%；第三，期末考察，通过期末的随堂考察评估学生对教材内容的整体把握情况，此部分占分值 40%。

第三章

古代汉语教学改革

第一节　古代汉语的“六能”目标

一、知识体系：古代汉语是什么

古代汉语课程如何设置？关涉到古代汉语是什么和利用古代汉语想达成什么两个问题。古代汉语是什么，古代汉语包含什么，国内的教材现在都比较明确。王力在《古代汉语》序言中说：“古代汉语这一门课程，过去在不同的高等学校中，在不同的时期内，有种种不同的教学内容。有的是当作历代文选来教，有的是当作文言语法来教，有的把它讲成文字、音韵、训诂，有的把它讲成汉语史。目的要求是不一致的。”也就是说，对于古代汉语这门课，在一段时期里，有不同的教学目的，有的侧重从文章学的角度，有的侧重从语法的角度，有的侧重从传统小学的角度，有的侧重汉语史角度。目标不同，效果各异。那么，到底古代汉语课程如何设置呢？王力先生接着说，“经过 1958 年的教育革命，大家进一步认识的教学必须联系实际，许多高等学校都重新考虑古代汉语的教学内容，以为它的目的应该是培养学生阅读古书的能力，而要达到这一目的，必须既有感性知识，又有理性知识。必须把文选的阅读与文言语法、文字、音韵、训诂等理论知识密切结合起来，然后我们的教学才不是片面的，从而提高古代汉语的教学效果。至于汉语史，则应该另立一科；汉语史是理论课，古代汉语是工具课，目的要求是不同相同的。”王力先生的看法是很对的。古代汉语教学既要有感性知识，即文选阅读的培养与鉴赏，又要有理性知识，即语法、文字、音训、训诂知识的培养。在王力先生主编的《古代汉语》（全四册）教材中，以三方面内容涵盖了六方面知识，就说明了这一思想。这三方面内容是文选、常用词和通论；文选包含了先秦到唐宋元的作品，即上古到中古这一时间段；常用词侧重先秦到魏晋这一阶段。通论包含字典、词汇、文字、训诂、语法、音韵、诗词格律、修辞、句读、文体等。这种设置既体现了汉语发展实际，又符合学生学习实际，兼顾了人文性、工具性。

国内除王力《古代汉语》教材之外，还有很多高校自编的教材。他们课程设置的内容与王力版基本一致。比如胡安顺老师主编的《古代汉语》（上下两册），该书前言交代了古代汉语课的课程设置和性质："古代汉语课是高校中文专业为学习古代汉语所设的一门基础课、骨干课，它和现代汉语、语言学理论、中国古代文学、文献学、古代史、古代哲学、医学、绘画、音乐、建筑等学科都有密切的联系。通过本课程的教学和实践，可以使我们在较短时间内获得古代汉语的基本知识，提高阅读和运用古文的能力，增强个人文化修养，以便更好地继承民族优秀文化传统。古代汉语的教学内容包括文选和基础知识两大部分。文选是选讲历代典范的文言文，旨在帮助我们增强古代汉语的感性认识。基础知识是介绍古汉语工具书使用、文字、音韵、词汇、语法、训诂、诗词格律、修辞等方面的知识，旨在帮助我们提高古汉语的理论修养和操作技能。"序言中也提到了课程设置关涉感性认识和理性认识两部分内容。

由此看来，我们对"古代汉语是什么"比较容易确定，所以对古代汉语课程设置内容比较明确，基本确定了"学什么"和"教什么"的问题。可是在具体的教学过程中，教师对古代汉语教学应该达成什么目标，即具体培养学生什么样的能力，还不是很明确、很系统。这造成了很多学生在学习古代汉语的时候并不明确为什么学，当然也不清楚怎样学好。大多只是因为课程的设置和学分的强制要求，而被动地接受和吸收。

二、功能体系：六大能力是什么

荆贵生老师主编的《古代汉语》在第二次修订本序"修订教学目的"中提到，"原版教材的教学目的是培养学生阅读古籍的能力，现改为培养学生阅读古籍的能力和根据格律写作诗词曲联以及写作应用文言文的能力。培养学生阅读能力，是让学生动脑；培养写作能力，是让学生动手。既让学生动脑，又让学生动手，才能培养学生理论联系实际的能力，才能使我国的优秀传统民族文化后继有人。”这里体现了一种教学目的的变化，即由以前的重视培养阅读古籍能力，到重视培养写作应用能力。

同样，胡安顺老师《古代汉语》在介绍古代汉语知识体系的时候，也侧重培养古诗文教学和研究能力，并认为这样才能更好地体现它的实用性和实践性。“古代汉语课是一门实用性很强的课程，它不仅教会我们如何使用古汉语工具书、认识繁体字、分析汉字、分析古汉语语法、看懂古书注解等方面的知识技能，还会帮助我们了解诗词对联等韵文的格律及一些应用文的技巧，为将来从事古体诗文教学和研究打好基础。……学写古体诗文和专题论文是更高层次的要求，虽有一定难度，但对于培养高素质、创新性人才和加强传统文化教育事业来说十分必要。”

我们认为，古代汉语教学应该致力于实现六大能力，即能读古书，能认古字，能写古文，能说古语，能吟古诗，能做古人。我们以王力古代汉语课程内容为例，阐释这六大能力。

能读古书，即在学习古代汉语所附文选内容的基础上，能读懂一般的文言文的字面意思，并能进一步理解其思想内容。读，《说文》：“诵书也。”段玉裁《说文解字注》：“籀书也。”认为“诵书”乃浅人所改，当作“籀书”。什么是“籀书”。段玉裁认为是“抽绎其义蕴至于无穷”。我们认为这种是对“读”字的解释。能读古书，不是一般的知道字面意思，还能理解微言大义。这就涉及更深层次的理解。这是一种实事求是的理解，即把作品放在当时的历史背景下的理解。学习者需要转换场景，运用想象和推理，产生共情的理解。要达到这一能力，需要学生对古代汉语的词义和语法有基本的了解。这关涉到古代汉语课程内容中的“词汇”部分、“语法”部分以及“古书注解”部分。词汇部分，古代汉语设置了三个通论，即“古今词义的异同”“单音词，复音词，同义词”“词的本义和引申义”。这三个通论，涉及词义的历时共时演变问题以及词的种类问题。语法部分，古代汉语设置了八个通论，即“判断句，也字”“叙述句，矣字，焉字”“否定句，否定词”“疑问句，疑问词”“词类的活用”“人称代词，指示代词，者字，所字”“连词，介词”“句首句中语气词；词头，词尾”。这八个通论涉及句式、实词活用、虚词等问题。“古书注解”部分，介绍了注疏术语、体例。这些都是阅读古代汉语文献经常碰到的问题。教师可以布置学生给古书断句，标句读，并让学生反复练习，以增强语感。

能认古字，即基本认识古代存在过的汉字不同形体。这关涉到古代汉语课程内容中的“文字”部分。该部分设计了两个通论，即“汉字的构造”“古今字、异体字、繁简字”。其中前一个主要介绍汉字构造理论的“六书”，可以让学生了解汉字构造中的象形、指事、会意、形声这四种造字法，同时了解转注、假借这两种用字法。后一个通论可以让学生熟悉汉字不同时期的书写形式以及汉字简化问题。但是在学习这些知识后，很多学生依然对汉字形体生疏。这个时候，教师可以让学生体验式学习。比如，让学生手抄小篆的540个部首，或者用小篆抄写《论语》章节、《孝经》等内容，加深对小篆的认知。在反复训练后，一定会掌握基本的小篆笔画，逐渐会写古字。

能写古文，即基本会用文言句式、文言词汇写作、思考。这关涉到古代汉语文选以及通论中文体、修辞的学习，也关涉到古代汉语课程中“语法”内容的运用。可以结合“能认古字”一起训练，即让学生用小篆写一篇文言文。或者结合对“赋”的流变与押韵问题的认识与学习，仿写一篇赋文。

能说古语，即基本了解古今语音的变化后，了解一般的古音构拟知识，利用现代汉语国际音标知识，能拼出简单的构拟的古代语音。这种能力关涉到古代汉语两个通论，即“《诗经》的用韵”“双声叠韵和古音通假”。教师不妨在讲解《诗经》押韵的同时，介绍《诗经》韵脚构拟的知识；在讲解传统三十六字母的时候，介绍三十六字母的拟音以及古代的反切知识，训练学生利用国际音标发音的能力。同时还可以让学生借助自己的方言，试着拼出自己的名字的中古读音。

能吟古诗，包含两点：一是吟诵，二是仿写。即基本了解了古代的诗律（或者词律、曲律）后，能吟诵或仿写一篇古诗（或者词、曲）。以诗歌为例，教师可以系统介绍诗律的平仄格式、押韵体式、拗救问题，让学生在练习标出诗歌平仄和韵脚的同时，积累辞藻，学写古诗。同时注重对学生吟诵传统与技巧的指导与训练。

能做古人。这里的“古人”不是迂腐不化的意思，而是一种君子人格。即强调在学习古代汉语文献的同时，侧重对古代先贤理想人格和传统经典知识的学习，进而成仁成己，实现自我。这种能力关涉到对古代汉语文选以及通论中例句的研习。如讲到文选中的《论语》部分，教师可以系统总结《论语》中的“君子”特质，如重视孝悌：“君子务本，本立而道生。孝悌也者，其为仁之本与？”（《学而第一》）重视学习：“子曰：‘君子博学于文，约之以礼，亦可以弗畔矣夫！’”（《雍也第六》）重视言行：“子曰：‘君子欲讷于言而敏于行。’”（《里仁第四》）重视仁义：“子曰：‘君子之于天下也，无适也，无莫也，义之与比。’”（《里仁第四》）重视改过：“子贡曰：君子之过也，如日月之食焉：过也，人皆见之；更也，人皆仰之。”（《子张第十九》）引导学生践行优秀传统，树立君子人格。

这六大能力不是孤立的，而是相互影响相互作用的。首先，能读古书是基础，这与能写古文、能吟古诗相辅相成。其次能认古字、能说古语，是进一步发展。能做古人，则是最终目的。

三、素养体系：六大能力培养什么

六种能力，即能读古书，能认古字，能写古文，能说古语，能吟古诗，能做古人。着眼于能力，立足于知识，是一个功能体系。它直接回应了语文核心素养体系。

什么是语文核心素养？《普通高中语文课程标准》（2017 年版）（以下简称课标）详细论述了学科核心素养与课程目标的关系。虽然是高中语文课标，但对于大学古代汉语教育教学，依然有借鉴作用。《课标》说：“学科核心素养是学科育人价值的集中体现，是学生通过学科学习而逐步形成的正确价值观念、必备品格和关键能力。”将学科核心素养提高到了育人价值的层面，体现了学科的生命价值。《课标》进而论述了语文学科核心素养的内涵和体系。《课标》说：“语文学科核心素养是学生在积极的语言实践活动中积累与构建起来，并在真实的语言运用情境中表现出来的语言能力及其品质，是学生在语文学习中获得的语言知识与语言能力，思维方法与思维品质，情感、态度与价值观的综合体现。主要包括语言建构与运用、思维发展与提升、审美鉴赏与创造、文化传承与理解。”语文学科核心素养就是语言能力和语言品质，涉及知识、思维、评价、传承诸方面。语言建构与运用，即掌握语言文字的特点与规律，运用语言文字进行沟通。思维发展与提升，即在运用语言的同时，发展思维。审美鉴赏与创造，即形成审美意识，进行审美创造。文化传承与理解，即在前面三个层次基础上，自觉理解与传承传统文化。

顾之川在《论语文学科核心素养》一文中指出，“核心素养包含三个层次，一是学科特色核心素养，依托于具体学习领域的知识体系；二是跨学科的共通素养，包括批判性思维、创造性解决问题、合作和沟通、社会交往以及学会学习、自主学习等；三是自我发展素养，个人心智的成熟程度，对自己、他人、社会、人生的认识、理解和感悟，是教育使人成为人的根本素养。”从学科自身、学科间、个人自我发展三维度论述核心素养的问题。作者进一步认为，语文学科核心素养，包含社会参与、自主发展、文化修养三大领域。并进一步归纳为四方面内容：一是必要的语文知识，包括语言文字、文学审美、人文素养等知识；二是较强的识字写字、阅读与表达能力；三是语文学习的正确方法和良好习惯；四是独立思考能力与丰富的想象力。我们觉得顾之川先生对语文学科素养划分的过于细，以致于忽略了一些重要内容，故其观点还值得商榷。

王宁先生曾从时代性、民族性的高度对语文核心素养的四个层次做过提炼[5]，我们觉得很有启发。

素养	内涵		
	第一维度	第二维度	第三维度
语言建构与运用	积累与语感	整合与语理	交流与语境
思维发展与提升	直觉与灵感	联想与想象 实证与推理	批判与发现
审美鉴赏与创造	体验与感悟	欣赏与评价	表现与创新
文化传承与理解	意识与态度	选择与继承 包容与借鉴	关注与参与

王宁先生阐释说，“语文课程中的语言，不仅仅是社会的理性语言，更是语境中的言语和优质的母语语感。一张表是难以把思想表述完整的。比如在上表中‘思维发展与提升’下，将‘联想与想象’和‘实证与推理’并列，是因为这两种类型的思维方式都是语文课需要发展并提升的，它们是并列关系。但‘文化传承与理解’下将‘选择与继承’和‘包容与借鉴’并列，它们并不是并列关系。语文课主要任务是要通过母语的运用，有原则、有选择地继承传统文化。包容和借鉴是针对国外的文化，这对于语文课来说不是重点，这只是为了在继承民族文化和让自己的文化走向世界时眼界不要狭窄，面对世界的多种文化，要有包容和吸取他人之长的气度。这一点，不过是‘选择与继承’的原则。既要注意时代性，更要体现民族性，这是归纳语文课程素养必须遵循的原则。”王宁先生将语文核心素养的内涵从多个维度进行阐释。并对“思维发展与提升”“文化传承与理解”各自内在逻辑着重阐释。但在第三维度中，笔者认为很多阐释多有重合，而王宁先生并没有做过多的解释。比如“交流与语境”，可以发生在“语言建构与运用”方面，也可以发生在“思维发展与提升”方面。又比如“关注与参与”和“表现与创新”这两方面都是“文化传承与理解”需要的。这或许就是王先生所说的“一张表是难以把思想表述完整的”。

我们根据古代汉语课程学习的六大能力，在王宁先生此表的基础上，进一步完善如下。

素养体系	第一维度	第二维度		六大能力
语言建构与运用	积累与语感	整合与语理	知	能读古书－能认古字－能写古文－能吟古诗
思维发展与提升	直觉与灵感	联想与想象 实证与推理	智	能读古书－能写古文－能吟古诗－能说古语
审美鉴赏与创造	体验与感悟	欣赏与评价	美	能读古书－能写古文－能吟古诗
文化传承与理解	意识与态度	选择与继承 包容与借鉴	化	能读古书－能认古字－能写古文－能吟古诗－能说古语－能做古人

该表将“语言建构与运用”的第一维度和第二维度进一步化归为“知”，认为“能读古书－能认古字－能写古文－能吟古诗”属于“知”的层次。在这一层次中：能读古书，意味着人们开始积累语言，形成语感；能认古字，意味着对语言的书写符号即汉字的形体能有更深的了解与掌握；能写古文，意味着能整合语言材料，进行语言理解；能吟古诗，意味着对传统诗歌的语言逻辑有很深的理解，对语言材料有很好的整合。这四大能力对应着“语言建构与运用”。“能读古书”“能写古文”“能吟古诗”，也将促进素养体系第二层次即“思维发展与提升”的进行。我们将“思维发展与提升”的第一维度和第二维度进一步化归为“智”，认为“能读古书－能写古文－能吟古诗－能说古语”属于“智”的层次。在这一层次中：能读古书，意味着能促进思维的发展；能写古文，意味着灵感和联想的丰富；能吟古诗，意味着直觉和灵感比较丰富，也富有想象力；能说古语，意味着对古代汉字音韵有一定的掌握，对声韵调搭配有一定的认识，能对古代汉字的拟音进行推理与实证。该表将“审美鉴赏与创造”的第一维度和第二维度化归为“美”，认为“能读古书－能写古文－能吟古诗”，属于“美”的层次。意味着人们在读、写古文和吟诵诗歌的时候，已经包含着对生活和社会的体验与感悟，反映了对事物的欣赏与评价。该表将“文化传承与理解”的第一维度和第二维度化归为“化”，认为这六大能力都涉及到对文化传承与理解的范畴，都包含着对传统文化的选择与继承，特别是“能做古人”，反映了对优秀传统文化中有利于人格修养和治国安邦文化的继承与发展。

该表反映了六大能力与核心素养不是一对一的关系，而是每个体系都对应着多个能力，每个体系都涉及多个能力的训练与提升。比如，能写古文和能吟古诗，首先属于语言建构与运用层次，同时还意味着思维发展与提升层次，意味着审美鉴赏与创造，更意味着文化传承与理解。

实现六大能力，对提升语文核心素养很有帮助，我们希望教师在古代汉语教学中立足于六大能力，着眼于核心素养，围绕立德树人，使学生认得古字，读懂古书，写好古文，发好古音，作好诗词，做得大人！

第二节　基于对分模式的古代汉语教学改革

2014年复旦大学张学新教授综合传统课堂和讨论课堂的优势，提出一种新的教学模式，即“对分课堂”。其核心理念是把一半课堂时间分配给教师讲授，另一半分配给学生以讨论的形式进行交互式学习。对分课堂的关键创新在于把讲授和讨论时间错开，让学生在课后有一周时间自主安排学习，进行个性化内化吸收。此外，在考核方法上，对分课堂强调过程性评价，并关注不同的学习需求，让学生能够根据其个人的学习目标确定对课程的投入。对分课堂把教学分为在时间上清晰分离的三个过程，分别为讲授、内化吸收和讨论。进一步解释为“对分课堂吸取了讲授式课堂和讨论式课堂的精华，在讲授和讨论中间穿插了课下知识内化，将二者创造性结合起来。其中讲授是教师知识输入，讨论是学生知识应用和输出，中间的内化吸收过程恰恰是输入转化为输出的催化剂，同时输入和输出又是知识内化吸收的保证和强化。”

对分易是对分教学的官方教学平台。“对分易功能设置从教师教学和学生学习角度出发，设计简洁明快，实用易懂。特色功能有作业、分组（随机分组和手动分组）、课程资源、讨论区、在线练习和微信消息，平台可以通过电脑操作，也可以根据手机微信客户端进入。”

古代汉语课程是全国高校中文类、师范类汉语言文学专业必修课。笔者在教学研究中发现，国内外研究古汉语教学改革的文章很多，从研究内容看，主要集中在文字、音韵、训诂、词汇、语法等方面，如许华（2011）指出训诂学在明通假、词义引申等方面的作用；从研究层次看，如达正岳（2013）从学生与教师、内容与形式、学校与社会三方面论述古代汉语教学改革，认为要重视教材、教法，做好评价机制；从研究视角看，如查清兰（2007）从自主讨论、自主讲课、自由质疑三方面论述了古代汉语多元化教学模式问题。

但是，至今尚未有从对分教学模式角度对古代汉语教改与实践进行研究的文献。希望本研究将对古代汉语课程教学改革有一定帮助，更好地促进学生古汉语学习能力和教师教学水平。

对分课堂的关键创新在于根据大学课程设置的安排，把教师讲授和学生讨论的时间错开，实行“隔堂讨论”，让学生在课后有一周的时间自主安排学习，进行个性化的内化吸收。

一、对分模式有利于以学生为中心，以问题为导向

我在给江西师范大学文学院16级5班讲授《古代汉语Ⅰ》中，利用对分易教学平台进行了多次对分教学实验，收效显著。下面选取数次以讨论。

该班51人，通过对分易教学平台随机分为13组，每组一般4人。古代汉语课程，每周3个课时，每个课时40分钟，中间休息10分钟。古代汉语所用教材为王力所编，该教材分《通论》《文选》《常用词》三个部分。前两者是主要学习内容，后者一般在讲授中穿插讲解，另外让学生课外学习。我一般在第一课时精讲《通论》，第二课时进行对分教学，第三课时讲解《文选》。在讲解《文选》和《通论》中，尽量提取有学术价值的问题，让学生课外讨论，下次上课进行对分教学。

如讲解《文选》“郑伯克段于鄢”的第一段时，进而给学生提出“古代姓与氏之关系”问题，让学生下周第二节古代汉语课上分组讨论。同时，课上向学生介绍有关姓氏关系等方面的专业书籍、期刊文章，要求学生课后对其进行阅读、思考和相应的研究。学生在课下对所讨论的问题搜集文献，拓展知识视野，启迪发散思维，引领他们在姓氏关系问题上进行主动探索和创新学习。另外，鼓励学生在学习这些书籍和文献时能够质疑，将解决不了的疑问带到课堂上来进行讨论与交流。下周第一节课，学生讨论共识和疑点，我发现很多学生的分析出乎意料的好。如有的学生说，古代姓与氏之关系：1. 氏可以说是姓的分支。许慎《说文解字》：“姓，人所生也，古之神圣，母感天而生子。”班固《白虎通德论》：“姓者，生也，人禀天气所以生者也。”人们认为，姓最初是代表有共同血缘、血族关系的种族称号，代表整个氏族部落的称号。随着人口的繁衍，原来的部落又分出若干个新部落，便成为氏。2. 姓不变，氏可变。《通鉴·外纪》：“姓

者统其祖考之所自出，氏者别其子孙之所自分。”顾炎武：氏一传而可变，姓千万年而不变。3. 姓别婚姻，氏别贵贱。战国前，贵族才有姓氏，贵族男子称氏，女子称姓。贵者有氏，贱者有名无氏。在分组讨论中，大多数学生都能凝聚共识，提出疑点。有的组结合当下电视剧《芈月传》中“芈月”的姓氏进行分析，说明这些学生能将理论问题用于现实分析，体现了对该问题的深刻理解。

又如讲解《通论》中“古代汉语”的含义时，课堂精讲“古代汉语”含义，然后提出“文言与白话的关系”这一问题，让学生课后搜集文献，下周上课分组讨论。进而，笔者将这一问题通过对分易教学平台通知每个同学。同学们课后独立搜集文献，独立完成对问题的分析。最后将此分析结果通过对分易平台以作业的形式提交。下周上课之间，老师通过对分易教学平台随机分组，课上按分组讨论。在讨论后，每组内部推举一位同学上讲台或者在座位上归纳本组的讨论共识和疑点。老师待每组讲完之后，作简单点评并将有价值疑点提取，待所有组完成归纳后，老师再将所提取问题集中讲解。

有的学生侧重现代白话的起源，“文言指的是以古代汉语为基础的、经过文体加工的书面语。文言在当初与口语基本上是一致的。后来口语不断变化，而文言文却越来越定型了。中国在 1918 年以前，所有的官方文章都用这种书面语言写成。白话指的是指唐宋以来非常接近口语的一种书面语。白话是相对文言而言的，起初只用于通俗文学作品，如唐代的变文，宋、元、明、清的话本、小说等，及宋元以后的部分学术著作和官方文书。到‘五四’新文化运动以后，才在全社会上普遍应用的。因为文言文是建立在先秦口语的基础上的上古汉语书面语言，而我们这里所说的口语则是以唐宋以来的北方话为基础的，今天大家使用的白话文，即现代汉语普通话书面语，就是在此基础上形成的。”

有的学生侧重文言与白话的关系，“白话，简单来说是古汉语的口语，是人们口耳相传的俗语。文言，是以古代汉语为基础的，经过文体加工的书面语。文言文用词精炼，就我们学的文言文而言，文中大量用典。文言是与白话相对而言的。后来口语不断变化，而文言文却越来越定型了。经过加工、美化的文言，跟口语就有距离了。口语因时代而变化，变化比较快。书面语也因时代而变化，但变化慢得多。书面语跟口语的距离越拉越大，文言成为完全不同于口语的另一种语言。”

有的学生没有理解“白话”的含义，导致对其认知有偏差，“从时间顺序上来说，文言先于白话而出现；从实用性来说，虽然不少人仍有研读古籍的习惯，但现代最通用、最具实用性的语言还是白话，白话的普及度也更高；从难易程度来说，白话比较简单，通俗易懂，而文言往往有较为深层的含义，有时理解起来相当有难度。这也是为什么大家一提到文言就望而生畏，持一种敬而远之态度的原因；从文化角度来说，往往文言更具有文化底蕴，代表了一个朝代的历史，反观白话，就显得有些浅薄了。”

这些问题在分组讨论中都会出现，客观反映了学生对问题的认识是多样而复杂的。老师需要对好的分析加以表扬，指出其有价值之处，对偏离问题的讨论则要加以矫正。

二、对分模式有利于以文化为初心，以学术为旨归

在古代汉语期中作业的布置、提交与评价过程中，使用对分模式，可以有助于古代汉语教学中传统文化的体现与彰显。文字是文化的重要载体。在古代汉语课程中，“文字”这一章需要重点讲解。但是单纯的知识讲解，难以收到效果。许多学生难以理解文字中的文化内涵，难以促进文化自信、文字自信。笔者通过对分易教学平台，给学生布置了小篆竹简孝经期中作业，让学生用小篆在竹简上抄写《孝经》白文，最后拍九张作业照片上传到教学平台上。时间期限是一个月。作业提交当天，通过对分易教学平台，让学生在课堂上分组讨论小篆竹简孝经作业感悟。通过讨论，有的学生谈了“书于竹帛”的认识，认为书写载体对汉字发展有很大影响；有的学生分析了小篆的写作感受，体会小篆的形体美；有的学生谈到了对《孝经》的认识，认为《孝经》不仅仅是讲孝的，还把这种孝扩展到家国、伦理人际之中，在抄《孝经》的过程中，

相当于无形之中读了一遍《孝经》，体会到《孝经》内涵丰富，有助于解决当下大学生的许多困惑；有的学生谈了对汉字“六书”的认识，客观上加深了他们对汉字构形的理解。笔者在听完同学们的汇报感悟之后，进行简单点评，并从汉字形体演变的历史，小篆书法的演变历史以及《孝经》作为经典的价值与意义向同学们作了讲解。如何评价这次期中作业？我结合对分易平台上学生的拍照和课堂讨论进行打分。试想，如果没有对分易，每个学生手抄竹简有 5 套，全班 50 多位学生，一齐提交上来，堆在讲台上如山形，老师是很难收回去批改的。

古代汉语教学不能过于强调知识，而应注重培养学生反思知识的能力。知道知识从何而来比记住知识更重要。因此，古代汉语教学应以学术为旨归。通过对分模式，一学期，笔者共进行了 10 次对分教学，设计了 10 类古代汉语问题，每个问题都有一定的学术价值，可以供有兴趣的学生深入探究。这 10 类问题包括：1. 古代姓与氏之关系（问题源于《文选》教学）；2. 文言与白话之关系（问题源于《绪论》“古代汉语的概念”教学）；3.“厭”是如何有“满足”义的（问题源于《文选》教学，照应《通论二》“古今词义的异同”教学）；4. 词是如何变了意义的（问题源于《通论二》教学，同时源于房德利耶斯《语言论》）；5. 概念是如何变了名称的（问题源于《通论四》“词的本义和引申义”教学）；6. 汉字本质之我见（问题源于《通论》五“汉字的构造”教学）；7. 如果让你写一本《说文解字》（问题源于《通论》五教学）；8. 繁简字之我见（问题源于《通论》六“古今字，异体字，繁简字”教学）；9. 小议自己方言的否定词（问题源于《通论》九“否定句，否定词”教学）；10. 小篆竹简孝经作业（期中作业）。

例如第 9 个问题，让学生课后结合自己方言的否定词搜集材料，深入分析，下周通过对分易分组讨论。如有的学生结合自己贵州方言的否定词，分类分析如下：

（1）没（相当于普通话的“不”的用法）

例如：①今天没可能落雨。②小李没肯帮忙。③我才没怕他哟。

（2）没得（相当于普通话的“没”的用法）

例如：①我没得好多时间。②这个话我没得讲过。③她没得钱读书。

（3）莫（相当于普通话的“别”的用法）

例如：①莫乱讲。②看倒走，小心莫踩到水嘞。③晓得我莫答应他。④你莫把钥匙忘家头喽。

（4）不（主要发第二声）

例如：①明天我不去。②讲不清楚。③你去不去他家玩。

（5）没有

例如：①我没有文化。②没有哪个晓得。③一点水平都没有。

有的同学结合自己客家方言的否定词，讨论如下：

（6）冇

“冇”相当于普通话中的“没有”，用于否定事物的存在、领有以及动作行为和性状的实现（即对“有”的否定）。例如：①我冇钱。（我没有钱。）②水冇滚。（水没有热。）③冇人敢打该条路过。（没有人敢从这条路过。）

（7）唔

相当于普通话的“不”，用于动词前，否定动作会发生（“不做某事”，针对“做不做某事”而言，即“非有”的否定）。例如：①我唔来。（我不来。）②唔好看。（不好看。）③你考到大学就唔要作田了。（你考上大学就不用种田了。）

（8）吂

“吂”相当于普通话中的“未”（与“已”相对）。用于动词的否定。例如：①佢吂来。（他未来。）②还吂好。（未好。）

这些讨论，立足学生自己的方言实际，又有一定的学理，是非常有益的。在充分讨论之后，加深了对《通论》否定词的理解与掌握，比单纯的讲授否定词，更能调动大家学习的积极性、主动性。再结合《通论》中否定词的说解，进而分析为何方言中会有如此差异的否定现象，从而引导学生思考方言异同的原因，体现了以学术为旨归的古代汉语教学改革。

三、对分模式有利于教案的优化

对分课堂教学模式注重过程性评价的理念要求教师根据促进学生自主性学习及其相应的表现，增加平时课堂表现的比例。因此，教案的设计应注重学生，以人为本。在对分教学模式下，可以重新调整原来教学大纲的设置。由原来的注重讲解，调整为以学生为中心，以问题为导向，把学术探讨贯穿问题中，学生在解决问题过程中，学会发问，学会质疑，学会交流与协作。

以前的古代汉语教案注重“教”，不注重“学”，注重“教哪些、怎样教”，不注重“学什么、怎样学”。虽然“教案”是教学依据，但是在教案中应该体现学生主体地位。以我们教研室所用古代汉语教案中的第二章第一节文选“郑伯克段于鄢（3 课时）”为例。教案如下：

“目的：了解编年体史书《左传》文体及语言的特点，对古代汉语文献有初步的了解。提高学生阅读古文献的能力。

要求：课前阅读文选，弄懂字词。

重点：了解汉字的结构，对异体字、古今字等有初步的了解。

难点：一些特殊句式及多义词、名物制度的理解。

内容：《郑伯克段于鄢》全文。”

结合对分教学，我们修改为：

“文选：郑伯克段于鄢（1.5+1.5 课时）。

说明：前 1.5 课时为学生分组讨论，后 1.5 课时为教师评价和精讲。

目的：了解编年体史书《左传》文体及语言的特点，对古代汉语文献有初步的了解。提高学生阅读古文献的能力。

要求：课前阅读文选，弄懂字词。（删除“要求”部分，对分教学一般不提倡课前预习）

重点：学生查《说文》，辨异体、古今字，教师精讲汉字形义关系。

难点：一些特殊句式及多义词、名物制度（比如姓氏关系）的理解。

问题：古代姓与氏之关系研究。（此‘问题’让学生课后独立完成，下周1.5节课分组讨论）

内容：《郑伯克段于鄢》全文。”

对分模式要求三个过程，分别为讲授、内化吸收和讨论。将对分模式应用于古代汉语教学，有如下反馈：

第一，讲授时从以前的全面覆盖、面面俱到到现在有主有次，有重点；从对课堂的全面掌控到对课堂的引导与监督。因为对分模式需要设置讨论场景，而讨论的内容需要教师主动设计，这个时候教师要思考何为重点，何为次重点，何为需要讨论的问题，为什么是这个问题，如何实施讨论，如何组织讨论，如何引导讨论，如何评价讨论等等。教师更加积极主动，就如杨淑萍所说，“在这一环节，教师不再是课堂主角，而是课堂讨论活动的组织者和调控者，组织者、引导者是教师在这一环节的主要角色。这意味着教师一方面一定要确保讨论小组结构合理，小组成员之间合作愉快，形成良好的学习氛围；另一方面要引导小组成员围绕课程内容来讨论，避免偏离主题的无效讨论。可以看出，对分课堂教学模式，改变了传统教师单一‘教授者’的角色定位，使其向复合型角色转化。在由‘讲授者’向‘评价者’‘引导者’角色转化过程中，教师也由课堂生活的主导地位转化为辅助地位，逐渐把课堂的主动权交给学生，使学生能够自由表达自己的观点，选择自己学习和思考问题的方式，其目的是培养学生自主学习的兴趣与能力，包括学会与人合作、自主决策、收集信息、解决问题等能力，从而使学生的个性健全发展。”

第二，学生的内化吸收在讨论前后得以实现。讨论前，学生根据教师提出的问题，独立搜集文献，在对信息的分析加工过程中，理解了知识，内化了知识；在讨论中，通过跟组内同学的交流，或印证或修正了自己的认识与理解；讨论后，结合教师的评价与点拨，更加确认了知识的合理性。通过对分模式教学，学生的收获是巨大的。首先，学会了如何分析问题，从哪些角度切入；其次，学会了如何交流问题，培养了自己的团队协作能力和倾听能力；最后，学会了口头表达，提高了对语言的锤炼能力。课堂讨论是最有效的课堂参与方式，学生通过讨论，成了知识的发现者和交流者。

第三，在古代汉语教学中，利用对分模式，教师应充分设计好问题，充分备课，在课堂上要调控好课堂讨论秩序，对于每组之间的相似讨论，要及时引导、调整，让每组的讨论都能反映问题的各个方面，而不是重复的讨论，从而提高讨论的效率。学生应该学会反思，学会批判，学会发现问题、解决问题，提高思辨能力。

总之，在古代汉语教学过程中，利用对分模式，以学生为中心，以问题为导向，以文化为初心，以学术为旨归，师生共进，教学相长，可以更好地促进教学和学术的良性互动。

第三节　基于《说文解字》的古代汉语教学改革

2016年11月7日，江西师大团委官方微博“青春师大”发布的一篇名为“小篆家书‘情不知所起一往而深’”的微博迅速被全国各大媒体纷纷转载，央视新闻微博浏览量达218万，人民日报微博浏览量达367万，人民微评以“一封家书的温情与敬意”为题说，“键盘时代，书写家书的越来越少；简化字时代，写小篆的越来越少。打捞渐行渐远的传统，不是泥古不化，也不是哗众取宠，而是对传统文化保留一份温情与敬畏。无论走多远，不忘来时路，才能走得更坚定更自信。”随后几天，笔者先后接受了新华社江西频道、江西卫视社会传真、江西二套都市现场等电视台采访，介绍“小篆家书”作业的缘起。笔者曾在2016年下学期古代汉语课上布置过古代汉语期中作业，即用小篆给父母写一封五百字的家书，学期末上交批阅。后来，令人欣慰的是，同学们都用传统八行信笺工工整整的写好交上来了。我被同学的认真所感动，我对我的古代汉语教学改革所取得的“小目标”所感动。那么，《说文解字》（以下简称《说文》）是什么书？《说文》在古代汉语教学中的功能如何？小篆与《说文》有何关系？为什么用小篆写家书？笔者试论述之。

一、《说文》是古代汉语教学生活化的突破口

古代汉语，是汉语言文学专业课程必修课，一般安排在大二学习，课时为每周 2–3 课时。国内外研究古汉语教学改革的文章很多，从研究内容看，主要集中在文字、音韵、训诂、词汇、语法等方面，如许华（2011）指出训诂学在明通假、词义引申等方面的作用，袁冠春（2011）的硕士论文讨论了高师古汉语词汇教学的问题，任晓彤（2013）从音韵与方言相结合的角度讨论了音韵学的教学问题。从研究层次看，有的注重具体讨论，如达正岳（2013）从学生与教师、内容与形式、学校与社会三方面论述古代汉语教学改革，认为要重视教材、教法，做好评价机制；有的注重综述，如吕志（2000）指出，80 年代以来，古代汉语教学研究面广，课题逐渐专门化，教材建设、教学理论探讨、教学语法体系研究构成近 20 年古汉语教学的基本框架。从研究视角看，有的侧重教学方法，如查清平（2007）从自主讨论、自主讲课、自由质疑三方面论述了古代汉语多元化教学模式问题，又如李秀芹指出，古汉语教学应坚持三结合，即普方古相结合，语言与文化相结合，传统教学手段与现代教学方法相结合。有的侧重文化传承，有的侧重知识传授，有的兼而有之，如林松（2012）从改革教学内容、方法、手段三方面探讨古汉语教学，通过与现代汉语比较讲解语法问题，或者将文化常识融入古汉语教学等。

近几十年来，古代汉语教学改革取得了很大成绩，但还是面临很多问题。首先，研究力度有待加强，其次研究层面尚需扩展，研究深度有待深化。一些研究停留在浅层次的讨论上，具体的系统的分析不够，所论多是杂谈杂感，没有上升到理论层面。系统而深入全面的认识古汉语教学问题，需要找到教学理论与教学实践的结合点，根据这一结合点，可以从具体到理论，从现象到本质，深入讨论。

笔者认为，“生活化”指的是贴近生活现实，融入生活现实，引导生活现实。古代汉语教学生活化指的是将古代汉语教学的引导者、对象、内容贴近生活

现实，融入生活现实，进而引导生活现实。引导者是古代汉语教师本人，对象是汉语言文学专业的大学生，内容是涉及文字、词汇、音韵、语法的古汉语知识体系。这种理念是建立在古今一致、共时历时交互影响的思想上。汉字具有两三千年的悠久历史，它是汉文化的重要载体。我们的生活离不开语言文字，如何指导当代大学生正确认识汉语汉字以及浸染在汉字背后的传统文化，是古代汉语教学生活化的应有之义。

《说文》是古代汉语教学生活化的突破口。《说文》，东汉许慎撰，这是中国文字学的奠基之作，也是我国第一部系统完备的字典。它收字 9353 个，重文 1163 个。每个字都是先列小篆形体，然后进行说解，先释字义，然后说形体结构。这是王力在古代汉语教材《通论》一中对《说文》作的介绍。古代汉语教学主要包含文字（形）、词汇训诂（义）、音韵（音）、语法诸环节，《说文解字》内容丰富，包罗万象，涉及形音义以及语法相关问题，是古代汉语教学理论和教学实践有效的结合点。黄侃说，“《说文》者，一切字书之根柢，亦即一切字书之权度也”，又“《说文》一书，于小学实主中之主也”。《说文》的主要贡献有：“以篆文为中心展示古文字字形的历史发展，清理并规范其时汉字的字用系统，创立部首据形系联的编排体例，完善‘六书’理论并用以分析字形结构，说解汉字的构形本义使之达到形义统一。”

二、《说文》兼有生活化和学术化

古代汉语教学生活化不是媚俗、低俗、浅显、平庸的，而是学术化、学理化，是对汉字汉语本质认识的深刻把握，是对形音义三者关系的深刻认识。汉字是意音文字。段玉裁在《广雅疏证序》中说，“小学有形有音有义，三者互相求，举一可以得其二；有古形有今形有古音有今音有古义有今义，六者互相求，举一可以得其五。古今者，不定之名也，三代为古，则汉为今；汉魏晋为古，则唐宋以下为今。圣人制字，有义而后有音，有音而后有形，学者之考字，因形以得其音，因音以得其义，治经莫重于得义，得义莫切于得音。周官六书，指事象形形声会意四者，形也；转注假借二者，驭形者也，音与义也。三代小学之书不传，今之存者，形书《说文》为之首，《玉篇》以下次之；音书《广韵》为之首，《集韵》以下次之；义书《尔雅》为之首，《方言》《释名》《广雅》以下次之。《尔雅》《方言》《释名》《广雅》者，转注假借之条目也，义属于形，是为转注，义属于声，是为假借。”宋永培说，“(《说文》) 是从字形的角度，以据形系联的原则来清理、融汇、展示上古汉语字词的形的体系、音的体系、义的体系以及三者的综合的。所以，在与义书《尔雅》、音书《切韵》对照着说的时候，人们把《说文》称为形书。由于《说文》实际上是上古字词的形、音、义体系的综合体，所以如果另外从字音的角度、字义的角度，实行据音系联的原则、据义系联的原则，那么《说文》一书就可在形书之外而编排出音书、义书。”

《说文》是形书，又是音书、义书。它是生活的，又是学术的。许慎在《说文解字叙》中说，“仰则观象于天，俯则观法于地。视鸟兽之文与地之宜，近取诸身，远取诸物”，又“依类象形，故谓之文，形声相益，即谓之字”。这种撰述思想决定了它的生活化和学术化。

《说文》中的象形字、会意字、指事字造字意图来源生活，又具有学理性。如象形字“子”,《说文》:“子，十一月阳气动，万物滋，人以为称。象形。”“子”的小篆写法像婴儿形，古文字形为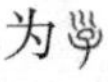，籀文字形为，根据甲骨文字形，更能看出象形意味。如会意字“休”,《说文》:“休，息止也。从人依木。”表示人倚靠在树木上休息。又如指事字“刃”,《说文》:“刃，刀坚也。象刀有刃之形。”在“刀”上指示一点比较锋利。这些都说明了《说文》的生活化特点，同时也说明了《说文》的造字理据。

《说文》中不少词义表述是来源生活的，又是具有学理的。如“㼲”(wěi)字，《说文》:“㼲，鸷鸟食已，吐其皮毛如丸。从丸咼声，读若骫。”段玉裁在《说文解字注》中通过生活经历证明了这种定义的合理性、准确性，“玉裁昔宰巫山县，亲见鸱鸟所吐皮毛如丸。”

《说文》是音书，记载的是上古语音。由于语音历史发展，很多读音到现在普通话发生了变化，读不出这种音，但是上古语音有的还残留在现代汉语方言中。如“江”在《说文》中属于形声字,“从水工声”。普通话“工”和“江”读音差异很大，但是在现代不少方言比如赣方言，读音就很接近。如果让赣方言区的同学用赣方言去读，就会感觉很亲切，进而了解语音演变的规律。

可见，利用《说文》进行古代汉语生活化改革，有利于指导学生回归文本，重视文本，提高阅读翻译古文能力，增进对传统文化的兴趣。《说文》白文比较难读，结合相关文献阅读《说文》，可以提高学生阅读古书能力，提高翻译理解水平。文字背后是文化,《说文》反映了汉代的社会文化现象，通过阅读《说文》，可帮助学生增进对传统文化知识的兴趣，有利于促进学生对文字演变的认识。《说文》收录大量小篆古籀，通过研读，可以增强学生对文字形体演变的认识以及汉字构造的理解,有利于学生对训诂词汇知识的理解。《说文》是讲本义的字典，利用《说文》对词义的解释，有助于学生理解同义词、近义词、同源词等问题，有利于学生对音韵知识的学习。《说文》虽探讨文字问题，但是反切产生以前，汉代学者主要利用谐声、读若来拼读汉字，谐声读若对系联韵部很有帮助，通过《说文》，有助于学生理解音韵学的相关问题。有利于学生对一些语法现象的理解,如语法化问题,在古汉语中称为实词虚化，需要从词的本义出发，讨论词义如何虚化为语法标志的,《说文》记载了很多词的本义，有助于对这一问题的理解。

因此，在古代汉语教学中，利用《说文》生活化的特点，深入浅出，一定会调动学生的学习热情。

三、《说文》教学生活化的尝试：小篆家书

小篆是古文字和今文字的分水岭，起到承上启下的作用。黄天树在讨论隶变时说，“在整个古文字阶段里，汉字的象形程度在不断降低，古文字所使用的字符，本来象形程度很高。篆文是古文字的殿军，仍保存‘随体诘诎’的象形味道，就是说，可以通过字形结构的分析解释它的字理。在从篆文演变为隶书的过程里，字符的写法发生了巨大的变化。古文为了书写方便，把曲笔为主的篆书逐渐改为直笔为主的隶书。隶变使汉字的外貌发生了极大的

变化，对汉字的结构也产生了很大的影响。隶变的结果，使篆文变成用点、横、撇、捺等基本笔画组成的符号，定型了此后近两千年的方块字。”

由于《说文》以篆文为中心展示古文字面貌，在古代汉语教学中，如何让大学生走进小篆的构形世界，既不感觉枯燥，又觉得很有必要，成了一种不得不思考的教学策略。如果仅仅是让学生写500字的小篆，似乎也能让其走进小篆，但是还不够。古代汉语的旨趣不仅仅是这样。

古代汉语教学生活化应着眼于知识和价值两大功能。知识功能是古代汉语教学生活化的基本功能。可让学生在学习小篆过程中识记小篆写法，加深对六书（象形、指事、会意、形声、转注、假借）理论的理解、对汉字本义的认识、对汉字形音义关系以及繁简字的认知。如学生在写小篆时，知道了“後”和“后”的不同，《说文》：“後，迟也。”《说文》：“后，继体君也。象人之形，施令以告四方。”也知道了“从”与“從”的不同，《说文》：“从，相听也。”《说文》：“從，随行也。”通过写小篆，可使学生了解字词古今用法的差异，如小篆中没有生活中的“爸妈”，只有“父母”，“爸妈”显然是后起的。通过学习小篆，可使学生更好了解词的本义，促进学生对词义引申的认识。如“即位”中的“即”字，《说文》：“即，即食也。”结合甲骨文，看出此字形像人靠近一种类似火锅的器皿中，准备进食，又引申出表示“将要”“靠近”“走近”的意思。将这些知识讲解给学生，既体现生活化，又体现学理性。

价值功能是古代汉语教学生活化的立足点。价值功能体现在将中国传统文化、社会主义核心价值观、大学文化有机结合。习近平总书记指出，中国传统文化是中华民族的“根”和“魂”，是中华民族的“精神命脉”。教育部副部长杜玉波曾说，“大学肩负着文化传承创新的重要功能和历史使命，大学文化在推进文化强国建设、增强国家软实力中有着举足轻重的地位和作用。大学必须不断汲取中华优秀传统文化的思想精华和道德精髓，不断挖掘中华优秀传统文化涵养社会主义核心价值观的源头活水和丰厚资源，坚持把中华优秀传统文化融入大学教育教学全过程，这既是大学坚定文化自信、增强文化自觉的内在要求，更是推动建设文化强国、增强国家软实力和国际竞争力的使命担当。”

小篆是汉字发展的重要阶段，是汉字文化的重要表现，《说文》对小篆的构形造意的分析是传统文化的体现。如《说文》“一，惟初太始，道立于一，造分天地，化成万物。”中国传统文化中，“一”是个重要的概念，“道生一，一生二,二生三,三生万物”，学生在学习小篆形义中，可以增进对中国传统文化的认识和理解。

家书，是中华孝文化的体现，也是社会主义核心价值观的应有之义。小篆是秦国日常使用的文字系统，秦朝人用小篆写家书就像现代人用手机发微信一样普遍，一样具有生活化。兰同学在提交完小篆家书作业后说，“通过写小篆家书，不但了解了很多字的小篆写法，也增加了对父母的思念之情。”胡同学认为，“以前给家里联系都是打电话，现在第一次认真地坐下来给父母写信，思考从小到大父母对自己的教育和培养，历历在目，令人沉重。”可见，让学生用小篆写家书，是大学生价值教育的重要体现，可以提升大学生人文素养，做到知行合一，学以致用，“兴家风，淳民风，正社风”，发挥学校教育和社会教育的合力。大学生用小篆写家书，是古代汉语生活化改革的重要实践，也是中文核心能力的体现。大学生用小篆写家书，写的不仅是家书，更是对父母的孝思，是对传统文化的践行。最后借用人民微评的一句话结尾，“无论走多远，不忘来时路，才能走得更坚定更自信。”

第四节　语法教学的准确性和时效性

在汉语言文学专业本科的教学中，语法教学是一个很重要的环节；特别是师范类专业的学生，还面临着以后学以致用的问题，因而如何向他们进行语法知识的教学更有讲究。长期以来，汉语语法教学都存在着这样或那样的一些问题，前贤时彦也多有讨论。概括起来，不外乎以下两方面：语法体系的过于繁复或简易，学生难于掌握；语法点讲解不够准确，与语言事实有一定背离，或者缺乏深度，难以引起学生兴趣。

我们认为，要解决当前语法教学所面临的问题，根本在于处理好准确性与时效性的关系问题，同时需要择取适当的语法理论以构建一个完整的语法体系。准确性指的就是语法点的教学必须符合语言实际。从理论上说，准确性是任何一门科学的最起码的、最低的要求。但是准确性是一个相对的概念，我们对事物的认识总是有一个逐步深化的过程，比如我们对主宾语的认识、词类的划分等长期以来就存在误区，教学中自然就难以做到绝对的准确性。后来经过长时间的讨论、研究，一些基本的概念才得以廓清。也就是说，对某些语言事实的解释最初很可能流于表面，没有深入到问题的本质，但是这些解释也会具有一定的解释力，从而一定阶段会被人们当作真理。时效性指的就是语法点的教学必须紧跟学术前进的步伐，具有现代性，这也是学术发展的需要。大学的语法教学工作者往往同时也是语法研究者，他们需要了解学术的最新进展以及不同理论与流派，再择而从之，或者在此基础上创造新的理论。

下面我们准备以古代汉语的语气词“尔”“也”、现代汉语的“呢”“吧”“啊”的教学为例，探讨语法教学中应如何处理好准确性与时效性的关系，以及目前迫切需要解决的一些问题。

一、“尔”教学的准确性问题

一般教材都认为“尔”可以表示：（一）限制语气，相当于“耳”；（二）疑问语气。实际上这也是语法学界较普遍的观点。如：

（1）得天下助卒，名为十万，其实不过数万尔。（《尉缭子·制谈》）——限制语气

（2）隐为桓立，故以桓母之丧告于诸侯。然则何言尔？成公意也。（《公羊传·隐公元年》）——疑问语气

但普遍的观点是否就是真理呢？据我们的研究，例（1）的“尔”并没有限制语气，例（2）的“尔”也不表疑问；两句的“尔”语气功能相同，都表

示提示。例（1）确实带有一种限制语气，但却并非“尔”的功能，而是句子本身的语义决定的。如果删除“尔”或用“也”替换“尔”：

（1’）得天下助卒，名为十万，其实不过数万。（1’’）得天下助卒，名为十万，其实不过数万也。

可以看到，句子仍然带有限制语气，例（1’）没有语气词，例（1’’）语气词为“也”，总不能说“也”也带有限制语气吧。这就说明句子的限制语气并非“尔”的语法功能。实际上例（1）的“尔”表提示，提醒读者：助卒名为十万，其实不过数万，说是十万，只是夸大其词，以显示自己的实力罢了。例（2）并非一般意义上的疑问句，而是一个设问句。设问句的疑问意味并不强，问的目的在于引出后面说明性的答语，而非提出疑问；“尔”正起到了提醒读者注意问句后答语的作用。学界说古代汉语的“尔”表疑问一般都举《公羊传》的例子，而实际上《公羊传》中79例带“尔”的特指问句全部都是设问句，即自问自答的形式。

出现在什么句子中就说这个语气词带有什么语气，这是典型地将语气词的语气与句子的语气等同起来了，其后果就是对语气词语气义的概括失于偏颇。目前的对外汉语教学，语气词教学那真是教师教的模糊，学生学得糊涂，根本问题就在于我们对语气词的语气功能认识不够。

二、“也”教学的准确性问题

一般教材将“也”的语气义概括为以下几种：判断语气、疑问语气、感叹语气、提顿语气、假设语气等。如：

（3）巢非不完也，所系者然也。（《荀子·劝学》）——判断语气

（4）今有其不离屏蔽，不出室穴之中，卒然病者，非必离贼风邪气，其故何也？（《灵枢经·贼风》）——疑问语气

（5）太公曰：“大哉，王之问也！”（《六韬·虎韬》）——感叹语气

（6）戊子以有求也，必得之。（睡虎地秦墓竹简《日书》甲种）——表提顿

（7）南孺子之子，男也，则以告而立之；女也，则肥也可。——假设语气

这种概括仍有点拘泥于句式了，实则“也”的语气功能主要有两种：第一，在全句末表确认，即所谓的判断语气，如例（3）（5）；第二，在句中或小句末表提顿，如（6），所谓的假设语气实则是提顿，只是因为出现于假设句，如（7）。至于（4）中的“也”也并不是如一些学者所说表疑问，而是一种拖长语调。王力先生认为“也”字一般要在句中已有疑问词时，才能表示疑问。王力先生的话有点保守，却也道出了问题的症结所在，因为疑问词是句子的焦点信息，而“也”呢并不能单独表疑问。张小峰（2008）更是认为语气词“也”是一个语用成分，句末“也”的语用特征为［+强调］，句中“也”的语用特征为［+对比］；二者本质上是同一的，基本功能是提醒听话人或读者特别注意话语的某一内容，也就是说，“也”即使出现于疑问句也不表疑问。

三、“呢”教学的时效性问题

“呢”现代汉语中使用频率很高，一般的教材认为“呢”的语气有两种：（一）表陈述语气（即夸张或强调）；（二）表疑问语气。这可以北京大学中文系编的现代汉语为代表。如：

（8）别瞎操心了，你连自己都顾不过来呢！

（9）你昨天怎么不来呢？

“呢”表夸张或强调这点学界没有异议，但是否可以表疑问呢，学界却有不少讨论。近来很多学者利用新的理论与方法，指出“呢”不表疑问。如胡明扬（1981）认为，“用‘呢’和不用‘呢’的区别在于用‘呢’是提醒对方：‘这种情况你可能不知道，我现在提请你注意！’”邵敬敏（1989）从形式上验证疑问句中的“呢”基本语气功能是提醒，同时兼有“深究”意味。张伯江（1997）从疑问域（即疑问点）和疑问标记的角度揭示出“呢”确实没有疑问语气：“句末语气词都是附着在一个命题上的，那么，如果‘呢’是疑问语气词，那么它所在句子的疑问域应该是整个命题。认识到这一点，整个问题就昭然若揭了：

我们很容易看出，特指问句的疑问域只是一个点，选择问句的疑问域只是一个局部，这都和句末语气词以整个命题为疑问域的要求相抵触。正是这样的原因导致了疑问语气词‘吗’不能出现在特指问句和选择问句后面，同样说明了能够出现在这两类问句后面的‘呢’不是疑问语气词。”

值得思考的是，尽管许多学者已经从各个角度证明，现代汉语的“呢”不表疑问，但是一般的教材却并没有采纳。难道认为胡明扬、邵敬敏、张伯江等人观点是错误的，不愿采纳吗？恐怕不像。不能很好地重视、吸收已有语法研究成果，这对语法教学的进步是有利还是有弊呢？

四、“吧、啊”教学的时效性问题

“吧”表祈使语气，“啊”表感叹语气，这些早已得到学界公认，问题在于它们出现于疑问句中时是否表疑问语气。如：

（10）明天下午你去吧？

（11）你吃啊？

很多教材认为它们可以表疑问语气，如北京大学中文系编的现代汉语。又如《现代汉语词典》（商务印书馆 2002 年版）：“吧：在句末表示疑问，带有揣测的意味 ※ 他大概不来了～？ | 你不会不知道～？”又：“啊：用在句末表示疑问的语气 ※ 你吃不吃～？ | 你这说的是真的～？”

但“吧”“啊”是否可以表疑问却值得商榷。高增霞（2000）对“吧”做了多方位的考察，认为“‘吧’只作用于一个非疑问形式，其作用是附在判断式或祈使式上，缓和句子的语气。”比如上例（10）“明天下午你去吧？”如果删除“吧”，“明天下午你去？”的语气就显得急促。徐晶凝（2003）也认为“吧”的情态意义在于对命题内容做出推量，并要求确认。至于像“（要求姐姐抱她撒尿）你可以抱我吧？”这样的句子，如果说有疑问的话，只是对她的请求能否被顺利接受还有疑问。

储诚志（1994）运用最小差异对比法对“啊”的语气义进行了分析，指出无论“啊”是在特指问句、是非问句还是选择问句中，都是使语气和缓，而不是表疑问；就是在感叹句、祈使句中也是使语气和缓。如：

（12）这个包裹是哪儿来的（啊）？——特指问句

（13）晌午没吃干粮，你不饿（啊）？——是非问句

（14）你去不去（啊）？——选择问句

（15）明天早点来（啊）！——祈使句

（16）看这照片，多美（啊）！——感叹句

以上我们只是举例性地对几个语气词在教学中的一些问题进行了探讨，其实其他语气词的教学也面临着类似的问题，再扩而大之就是整个语法知识的教学。可以看到，要提高我们的语法教学水平还有很长的路要走、还有很多工作要做。从小处说，汉语语气词有其特殊性，因为它们词汇义空灵，主要表达说话人的主观情感，在语用上起作用；加上以前对语气词语气义的概括缺乏形式化的易于操作的方法，导致研究者的个人主观性难以完全排除，同一句话中同一个语气词，不同学者的理解可能有一定差异。近来语法研究越来越趋于形式化，得出的结论可信度有较大的提高，这是一个好的现象。从大处说，我们的语法研究、教学研究、语法与语法教学的结合研究都很不够，概括而言，存在以下几个问题：第一，语法本体研究不够深入；第二，随着国外不同流派、理论引入国内，语法研究现在是春意盎然，不过流派众多，它们本身不够完善，因而难以有一个大家公认的体系；第三，没有处理好理论语法与教学语法的关系；第四，语法教学很大程度上滞后于语法研究，教材的编写明显滞后。这一方面是因为新的研究成果往往需要一定的时间来检验、传播，而部分教师缺乏研究能力，墨守成规，对语法学界的新成果了解不够；另一方面是很多教材的编写者们求稳而不是新，价值不大。那么该如何解决这些问题呢？

先谈谈语法的本体研究。毋庸讳言的是，我们目前的语法研究水平跟国外相比还有一定差距，现有的理论方法主要也是借鉴国外的，很多就是直接搬过来，因而偶尔发生削足适履的事情在所难免。比如孟子敏（2005）将汉语句子分为交流句与非交流句，认为交流句有语气，非交流句没有语气；还认为语气词只不过是句末的叹词，两者本质没有区别。孟文举了这样一组例子：

"你吃？——你吃啊？"/"你吃。——你吃啊。"认为"啊"的有无并没有改变句子的疑问或陈述语气，从而得出语气词不表语气的结论。孟子敏将句子分为交流句与非交流句的观点很有新意，这有助于我们区分语体分别研究，但是否说非交流句就没有语气呢？恐怕未必，对此我们已特意撰文作了批评。新的理论、新的方法、新的结论，这是科学研究所企盼的状态，但是这一切需要建立在"大胆假设、小心求证"的基础上。

其次是语法理论与体系的完善性问题。当今语法学界理论在不断翻新，不同流派林立。一种观点是，后出的语法理论往往建立在对前有理论的批判或吸收上，因而具有前有理论所没有的新质和优点。但即使抛开功能学派与形式学派之争以及论争过程中带有的偏见，后出的理论仍然可能存在一些不可避免的局限或缺点，或某些方面不够严谨；何况任何一种理论，都具有一定的普适性。在目前状况下，构建一个完整的能够为整个语法学界普遍接受、采用的语法体系存在很大困难。一些学者采用"大杂烩"的方式,将不同方法、理论综而合之，并取得了一些成果；但如何将综合最优化，还需要继续研究。

三是理论语法与教学语法的关系问题。理论语法与教学语法两者既有区别又有紧密的联系，理论语法崇尚个性，追求新颖；教学语法讲究共性，寻求最大的公约数。国外在这方面做得较好，值得借鉴。教学相长，这是一句老话，也是一个颠扑不破的真理。一个好的语法教学工作者，首先要是一个具有一定水准的语法研究者，而后要是一个有热情的有创新的教育者。记得一次跟《世界汉语教学》的一个编辑聊天，他说自己刊物上语法教学研究板块的文章质量一般，倒是语法本体研究板块的文章质量很高，刊物的地位也是靠语法本体研究板块得以维持。这话耐人寻思，《世界汉语教学》是世界汉语教学学会的会刊，却也为缺乏好的语法教学研究的文章而烦恼，其他刊物就可想而知了。

还有就是如何提高教师能力与素质、更新教材的问题。教师能力与素质的提高我们这里不作讨论，至于教材的更新那是极有必要。现在的汉语言文学专业使用的"古代汉语"以及"汉语史"教材，多为王力先生 1960 年代初主编的古代汉语和1958年出版的《汉语史稿》。王力先生的古代汉语和《汉语史稿》被批了几十年，可到现在仍没有一本同类的书能够超过它们，这不应该值得我们去反思吗？以前的教材编写、词典编撰多为举国体制或跨地区的合作，关注于学术而非经济效益，出了不少精品；可是现在呢，一两个人一年就可以炮制数部教材或词典，效率上去了，其他方面却不值一谈，存在很多错误也在所难免。

文章的最后又回到了我们的标题：语法教学的准确性与时效性。概括来说，准确是第一位的，语法是科学，科学最需要讲究的就是准确。而时效性与准确性是相辅相成、辩证统一的。根本上，准确的往往就是现代的，就具有较高的时效性。而不注重语法教学的时效性，在根本上就很难保证其准确性。语法教学的提高必须以语法研究水平的提高为依托，同时语法研究的最新成果要及时反映到语法教学当中去。因为新的正确的研究成果往往建立在批判已有错误观点的基础上，或者直接填补了空白。不善于吸收好的研究成果，不及时吸收新的见解，教材就会过时，教师的大脑就会僵化。无论是教材编写还是课堂教学都需要活力，如果一本教材、一个教案用很多年都没有修改补充，又怎么能做到准确性与时效性呢？

第五节　古代汉语教材的评注问题

一、古代汉语教材的“朝菌”

王力主编的古代汉语教材中选有庄子《北冥有鱼》一文，其中有这么几句话：“小知不及大知，小年不及大年……朝菌不知晦朔，蟪蛄不知春秋：此小年也。”历代各家都为“朝菌”一词作注，各有其说，莫衷一是。

下面，就“朝菌”一词的各家之说汇集于后，并作一简要评释。

二、“朝菌”的各家解释

汉·刘安《淮南·道应篇》中引用了庄子“小年不及大年，小知不及大知，朝菌不知晦朔，蟪蛄不知春秋”等语句，清·阮元（1982）注之曰：“朝菌——朝生暮死之虫也，生水上，状似蚕。”

对于“朝菌”这一词，清·王念孙（2000）的阐释甚详：“朝菌不知晦朔，蟪蛄不知春秋。《释文》司马云：朝菌，大芝也，天阴生粪上。见日则死，一名日及，故不知日之始终也。支遁云：一名舜，朝生暮落。潘尼云：木槿也。引之曰:《淮南·道应篇》引此朝菌作朝秀。（今本《淮南》作朝菌，乃后人据《庄子》改之。《文选·辨会论》注及《太平御览·虫豸部六》引《淮南》并作朝秀，今据改，《广雅》作朝蟧）高注曰：朝秀，朝生暮死之虫也。生水上，状似蚕蛾，一名孳母。据此朝秀与蟪蛄皆虫名也。朝秀朝菌，语之转耳。非谓其菌，亦非谓木槿也。上文云：之二虫又何知，谓蜩与学鸠，此云不知晦朔，亦必谓朝菌之虫。虫者，微有知之物，故以知不知言之，若草木无知之物，何须言不知乎。”

陈鼓应（1983）的注译是：“‘朝菌’，《淮南子·道应篇》引作‘朝秀’，或说《庄子》旧本作‘朝秀’。（详见王念孙《读书杂志余编》王引之说及郭庆藩《庄子集释》、马叙伦《庄子义证》、王叔岷《校释》等说）高诱注：‘朝秀，朝生暮死之虫。’”

具有权威性的高校教材——王力主编的古代汉语以及郭锡良、唐作藩等编的古代汉语,则持另一种观点。在其教材中,王力（1981）所作的注解是:“朝菌：一种生长期很短的菌类植物,朝生暮死,所以叫‘朝菌’。”郭锡良（1991）等采用了王力的观点，也注之为“一种生长期很短的菌类”。

其他的如温洪隆（1979）也持类似的看法：“朝菌：一种朝生暮死的菌类，用来比喻‘小年’。因为朝菌朝生暮死。所以说它‘不知晦朔’（用王先谦说）。”

大型语文工具书——《辞源》（1980）对“朝菌”一词也作了考释:“朝菌：菌类植物,朝生暮死。借喻极短的生命。《庄子·逍遥游》:‘朝菌不知晦朔’。《释文》引司马彪：'大芝也。天阴生粪上，见日则死。一名日及，故不知月之始终也。'唐《骆宾王集》十《乐大夫挽辞》之四：'一旦先朝菌，千秋掩夜台。'一说即木槿。见《艺文类聚》八九晋潘尼《朝菌赋序》。一说虫名。见《淮南子·道应》'朝菌不知晦朔'注。"

三、"朝菌"解释的评注

纵观以上诸家之说，"朝菌"一词的注释大概分为两类：一是以王念孙为代表的"虫名"说，二是以王力为代表的"菌类植物"论。

"朝菌"之义，"虫名"耶？抑"菌类植物"乎？根据原文的前后关系、句法结构以及句子意义诸方面的因素来看，我们认为"虫名"说更为合理。

其一，作者为了阐述"小年不及大年"之哲理，先列举"朝菌""蟪蛄"之类的动物即小虫，来说明什么是"小年"；尔后又列举"冥灵者""大椿者"之类的植物即大树，来阐释什么是"大年"。这就把深邃而奥妙的哲理通过比喻手法生动而形象地揭示出来了。在句法结构上，它应是动物类与植物类对举的。作者不可能在上文说"小年"时，举一植物又举一动物，而下文论"大年"时都举植物，这似乎与古人讲究物类与物类或词类与词类相对是不相符的。如是这样的话，整个句型上也减了几分艺术美感。

其二，从句意上看，"知"与"不知"晦朔同"知"与"不知"春秋一样，必是有生命的东西才具有的属性。"虫者，微有知之物，故以知不知言之，若草木无知之物，何须言不知乎？"

其三，从更早的训诂来看，《淮南·道应篇》为"朝秀"而非"朝菌"，《文选》、《太平御览》都作"朝秀"，而《广雅》作"朝蟧"。据此，有的学者认为："朝秀朝菌，语之转耳。"说"语之转"这不是不可能的。

《辞源》有"朝秀"一词之注释："虫名。《太平御览》九四引《淮南》：'朝秀不知晦朔'。汉·许慎注：'朝生暮死虫也，生水上，似蚕蛾。一曰兹母。'

今本《淮南子·道应》作‘朝菌’，也作‘朝蟒’。《广雅·释虫》：‘朝蟒，孳母也。’一说即蜉蝣。”

由此可见，“朝菌”，实属后人改之，原文应是“朝秀”或“朝蟒”。朝蟒者，虫也。是否也可以这样说，“朝菌”就是“朝秀”语转而来的呢？

第六节　音韵学教学改革问题

汉语音韵学是以汉字或汉语语音历时变化为研究对象的，它要分析各个历史时期汉语的语音构成，推究它们之间的相互关系及古今流变规律，与文字学、词汇学、训诂学、文献学以及方言学等学科有着密切的联系，是中文系本科专业选修课，同时也是语言学与应用语言学和文字文献学等专业硕士研究生必修的学位基础课。

汉语音韵不同于汉语词汇和语法，有其特殊性，而这一特殊性又决定了这一学科的体系性与独立性。由于这一学科是以汉字谐声、古诗词韵律等语料探测历代音系与演变规律，这就给高校教师的教与学生的学带来了很大的困难，以致长期出现了教者无人教、学者害怕学的反常现象。

据调查，目前高校汉语音韵学科的教与学状况仍未得到根本好转，其现状不容乐观。那么，为什么会出现此种反常现象？是什么原因造成这种反常现象？究竟采取何种行之有效的办法才能破解这一僵局？下面我们就对这些问题作一探讨。

一、音韵学成为“绝学”的原因

汉语音韵素以难学而著称，历来谓之“绝学”，有所谓“童稚从事而皓首不能穷其理”之说，人们视之玄妙，望之却步。这样一来，尽管汉语音韵很有应用实践价值，而高校教师甘愿教之者甚少，本科乃至研究生乐意习之者不多，出现这种教与学的“冷”场状况，委实令人扼腕。

具有实际应用价值很高的音韵学，缘何出现“冷”场现象，并被人们视为“绝学”呢？其因大体有以下几方面：

1. 由汉语音韵这一学科的性质特点所决定

汉语音韵属于历史语言学范畴，要了解其音韵面貌，唯有借助汉字这一媒介间接地去追溯历史长河中的汉语古音音貌及其发展变化，而不像当今汉语存有现场感知或直接录制的“活”的音韵材料以供人们研究。所以，现代不少人视之神秘而玄妙，有一种恐惧心理，这无形之中成了人们学习、研究这一学科的“拦路虎”。

2. 由汉语音韵这一学科的发展水平所决定

汉语音韵这一学科是在古代科技水平不够发达的历史条件下产生与发展的，其时既没有现代语言学理论的指导，也没有先进而科学的语音学研究方法，古人研究音韵所依靠的是以汉语诸如“五音”“七音”“等”“呼”“摄”等来描绘音理现象，无法像现代语音学能从物理学和生理学的高度对其声、韵、调以及音理结构予以科学而精准的描写与分析，因而其研究具有很大的局限性，这无疑给人们的学习与研究带来了很大的困难。

3. 由汉语音韵这一学科用语不一所决定

在古代，对于同一音韵现象，不同历史时期的不同学者，甚至同一历史时期的不同学者，其研究所表述的用语往往不尽一致。例如，同是“帮端精”等清声纽，其称谓不一，宋佚名的《韵镜》称之“清”，司马光的《切韵指掌图》“全清”，清江永的《音学辨微》“最清”；同是“邪禅”等浊声纽，《韵镜》谓之“浊”，《切韵指掌图》“半浊半清”，《音学辨微》“又次浊”。又如，古四声调值，不同学者的描述也不一致；以上声而言，有说“苍老”的，有曰“厉而举”的，有语“猛烈强”的，等等。由于不同学者其研究用语存有较大差异，因而这也给人们的学习与研究带来了不少的困惑。

4. 由汉语音韵这一学科的师授弟承所决定

私有制的产生，不仅物质财富成了私有财产，就连科学技术也私有化了。在这种社会背景下，古代的学术技艺也常分散于私门，从不公之于众，仅由师爷私相传授给少数弟子。而古音韵作为一门私学，其时能授人者或愿授人者极少，加之从其产生时起就依附于封建礼乐教化，致使人们难以识其庐山真面目，感到音韵玄乎其玄、不可言状，由此造成人们学习与研究上的困难也就不足为奇了。

当然，还有一些其他方面也增加了人们学习、研究汉语音韵的困难，诸如不切实际地搬用梵语概念，使之晦涩难懂；名事状物故弄玄虚，使人不知所云；阐述音理矛盾烦琐，使人惑而不决，也难以卒读。

二、音韵学的教学现状

由于上述诸种原因，在高校人们也视“汉语音韵”为“绝学”，对之普遍存有一种恐惧症，望而兴叹，举而裹步，以致不少本科院校长期以来未曾开设汉语音韵这一课程。有的院校即使一时勉强开设，其教学现状也令人担忧：其一，学生存有极大的心理障碍，没有认识到这一学科重要的实用价值；其二，教师音韵学水平有限，教学方法亟待改进。不单本科是这样，甚至硕士研究生阶段的基础课也出现了缺师资、少学生的尴尬局面。

以某省属高校汉语言文学专业教学状况为例，本科阶段（包括师范类）从未设置汉语音韵这一专业选修课，仅开设专业基础课——古汉语，而历史语音则依附于这一课程之中。尽管如此，古汉语课也绝不涉及古音教学，一是教师大多不具备这方面的专业知识，不愿也不敢触及它；二是学生存有恐惧心理，视之犹猛虎，避之如毒蛇。可以这样说，汉语音韵教学充其量只有综合性重点高校才具备这个条件，是真正意义上的学科教学。不过，据笔者调查，重点高校情况也不容乐观。因为即便是所谓综合性重点高校，其文科专业不论将其作为选修课还是必修课，也不是全都开设了汉语音韵这门课，还有相当一部分（如“211”高校）也因师资缘故而没有开设出来。

不仅本科如此，就连研究生汉语音韵的教学状况也没有好多少。其原因就非重点高校而言，一是没有稳定的教学团队，常因这方面的专业人才断层而青黄不接，仅凭一二个教师长年打拼、支撑这一学科的教学与发展，结果难以突破这一学科发展的瓶颈；二是师生不怎么看好这一学科，学生不愿睁着眼“乱投胎”，这一专业常因招不来学生而面临限招或停招的危险，教师也产生了一种“卸甲归田”的危机感。而且，高校还常以专业论英雄，那些“门庭冷落车马稀”的专业往往为人瞧不起，久而久之也就边缘化了。据调查，这一现象重点院校（如“211”高校）也多少存在。如某高校同一院系，而且是同类专业招研，有的学科门庭若市，学生十分爆满，一派繁荣景象；而汉语音韵这一学科，其场面冷冷清清，无生可招，致使这一学科的专业教师落了个孑孓茕茕、形影相吊的结局，感到十分狼狈。

造成这种“几家欢乐几家愁”的局面，显然既有学科的客观原因，也有人为的主观因素。从其客观原因而言，是由这一学科的性质特点所决定的，造成了教与学存在一定的困难；就其主观因素来说，不仅由教习者的主观认识所决定，还与高校相关领导是否重视这一学科的基本建设密切相关。

三、音韵学教学通俗化的途径

为了揭去“绝学”之神秘面纱，消除学生的恐惧心理，使“绝学”而不“绝”，教师首先必须对所授内容进行特殊处理，力求融知识性与趣味性于一体，使之听而有味，学而有趣，越学越想学。而要实现这一点，将与之相关的趣闻轶事引进课堂教学，实践证明这是行之有效的。

对于那些没有音韵学基础又毫无兴趣的学生来说，教师的首要任务就是要设法解决他们的认识态度问题，让他们对这一学科有一个正确的认识，有一种认真的态度。而要达到这一目的，教师教学时从理论上阐述其基本原理、应用价值固然十分必要，但我们认为最为重要、最为有效的方法还是要通过趣闻轶事培养他们的兴趣。兴趣是最好的老师，如果学生对这一学科产生了浓厚的兴趣，他们学习时自然而然就会认真起来。例如，为了说明对待这一学科应具有的认识和应持有的态度，课堂中我们以“果戈理听笑话构思奇妙小说《外套》”的故事来阐明不同态度会产生不同结果的深刻哲理。课堂采用了这种寓理于趣闻轶事的教学方法，不仅使学生的畏惧情绪一扫而光，引起他们的极大兴趣，而且还让他们懂得了“致知之途”的深刻道理。

在教授“反切”这一注音方法时，我们又采撷了北魏杨衒之《洛阳伽蓝记》中记载的掌故。陇西才子李元谦是善用双声语的高手，自以为舍我其谁也。哪曾料到，一天他见一华美豪宅问“是谁宅第”时，一个名叫“春风”的奴婢竟以四字双声“郭冠军家”回答。李听后很是吃惊，感到有人向他挑战，便辱之“凡婢双声”，而得到的是“伫奴慢骂”的回敬。两人你来我往，唇枪舌剑，以语相讥，煞是精彩！在说明其注音原理时，我们还引用清代李汝珍《镜花缘》中黑齿国姑娘以反切讥笑多九公为瞽目的故事来阐释反切注音的基本方法。尽管学生最初对紫衣姑娘笑骂多九公“若以本题而论，岂非‘吴郡大老倚闾满盈’么？”之语不知所云，但经教师点拨，他们便立刻领悟其意——“问道于盲”。这样高超而又蕴涵学科知识的语言艺术，即便咒人也不动声色，不露痕迹，骂得文雅而又入木三分，令人折服，这实是我们享用语言艺术的一顿大美餐！以这样的方式进行教学，即使再难的学科学生也不会觉得它是“绝学”而害怕，随之也会对它产生浓厚的兴趣。

又如，在教授“尖音”“团音”以及“尖团音合流”等知识点时，我们不仅采用趣闻故事，还采集了方言语料来说明。如以“巧姑娘传话”这样的趣闻故事来阐述“九、韭”与“酒”古音仅同韵和声调，而不同声母，——“九、韭”见母属团音，而“酒”精母属尖音；方言如广州、安徽、江苏等部分地区，人们往往将 j、q、x 读为 z、c、s，以致出现了“请你先洗”说成“请你先死”、“双喜临门”变为“双死临门”那种令人好笑而又十分有趣的语言现象。

毋庸举例，实际上在每个知识点上，我们均会设置一些趣闻逸事或鲜活的方言材料，以此深入浅出地讲解那些看似晦涩难懂、实则一点即破的音韵学知识。这样一来，不仅打破了那种视汉语音韵为“绝学”“玄学”的怪论，消除了学生初始的畏难心理，激发了他们对这一学科的兴趣爱好，而且还树立了他们学好汉语音韵这一学科的信心，从而为他们运用汉语音韵知识以解决实际问题奠定了坚实的基础。

总而言之，高校汉语音韵学存在着教与学的一种不正常现象，而且长期以来未得到根本性的扭转。毫无疑问，这其中既有学科发展过程中的客观因素，也有一定人为的主观因素。

20 世纪以来，音韵学引进了现代语言学的新材料、新方法、新理论，使陷于困境中的传统音韵学峰回路转，柳暗花明，比以前变得通俗易懂多了，为教学和学习提供了非常有利的条件。但由于音韵学科自身的性质特点，其基础理论和基本原理等精华部分需要继承下来，发扬光大，这较之于其他语言学科的理解、把握难度要大得多，所以教、学还存有一定困难，颇费一番心力。

现在，尽管传统音韵学早已跨入现代音韵学行列，其音理现象不仅可从物理、生理、心理等方面进行描写，还可以用科学的实验方法来证明，如鲍怀翘、林茂灿的《实验语音学概要》就是这方面的成果，它已经是一门精密度高、实践性强的学科，而人们的认识观念却根深蒂固，还是以老眼光来看待新问题，这无疑给教、学带来了难以克服的困难；再则这一学科无人问津，还与其历来得不到应有的重视有着密切的关系，长期的冷落严重地影响了这一学科的发展。

因此，要改变这一学科当下教与学存在的问题，真正从根本上扭转其被动局面，我们认为就要从以下几方面入手：

第一，大家要提高认识，转变态度，以新眼光看待新问题，这是一个最重要的前提条件。

第二，教师要进行教学改革，设法将这一学科的基本理论与基础知识化难为易，改变那种重理论、轻趣事的古板而僵化的教学方法。

第三，我们要努力将这一学科的优势发挥出来，使其变为一种具有实际的经济效益与社会效益的产业，这样总有一天人们会趋之若鹜，“绝学”也势必将会变为“普学”了。

第四，领导要关注，要重视，将之与其他学科同等对待，不要视之为“偏房”。不仅如此，还应实行倾斜政策，在建设与发展上加大对其人力、财力诸方面支持的力度，以显示这一学科的特殊性。

一句话，既要破除迷信，转变观念，又要领导重视，群策群力，加大教学改革力度，如江西省副省长朱虹（2015）谈本科教改问题所说的那样，要着力解决制约学科“发展的薄弱环节和突出瓶颈问题”。唯其如此，治愈这一学科的顽症方能指日可待，大有希望。

第四章

汉语国际教育人才培养与对外汉语教学

第一节　汉语国际教育人才培养的困境与出路

汉语国际教育专业最初称之为对外汉语，1981 年当时的北京语言学院开设对外汉语本科专业，2012 年教育部修订本科专业目录时把对外汉语更名为汉语国际教育。目前，很多高校都兴办了汉语国际教育本科专业，我们所在的江西省就有江西师范大学、南昌大学、江西财经大学、江西理工大学、赣南师范大学、江西科技师范大学、井冈山大学、九江学院、宜春学院等高校开设了该专业，每年培养的毕业生达 400 余人。根据“阳光高考——教育部高校招生阳光工程指定平台”，截至 2016 年，全国招收汉语国际教育本科专业的高校已达 350 多所，粗略估计全国每年招生人数应该在 10000 人以上。汉语国际教育专业在蓬勃发展过程中也暴露出了很多问题，使这个专业渐渐陷入了某种困境。赵世举（2017）总结了汉语国际教育专业目前存在四方面问题：第一，是发展过快，导致过剩；第二，专业门槛偏低，水平参差不齐；第三，专业口径狭窄，就业面有限；第四，专业定位不明确，培养标准差异大。正因为这些问题的存在，所以不少汉语国际教育专业的学生产生了“专业迷茫”，或者是“乘胜而来，扫兴而归”。如何解决汉教专业的脱困问题，很多学校都在做有价值的理论和实践探索。钱玉莲（2014）展示了南京师范大学的“三型一化”的人才培养模式；杨吉春（2015）就综述了常见的汉教培养模式，并展示了中央民族大学“知－行－研”人才培养模式；祝敏（2015）展示了湖北科技学院从人才培养目标、专业课程设置、实习就业观念三方面寻找突破口的做法；葛馨等（2015）展示了哈尔滨理工大学的“全过程”实践模式；潘玉华等（2016）展示了昆明理工大学的“三化一特”的汉教课程体系。我们试图以江西师范大学为例，探讨地方高校汉语国际教育专业的出路。

一、汉语国际教育学生的专业认知调查

为了解汉语国际教育专业本科生对本专业的态度和评价，我们在 2017 年对本校的部分汉教学生进行了一次问卷调查。调查的基本数据如下：

	2016 级（大一）	2015 级（大二）	2014 级（大三）	2013 级（大四）
学生总人数	42	40	43	48
有效问卷数	39	32	22	20
调查参与率	92.9%	80%	51.2%	41.7%

总共收回有效问卷 113 份，学生的调查参与率为 77.5%，低年级同学的调查参与率远远超过高年级。问卷都是主观题，主要涉及以下几个问题：选择本专业的初衷，是否后悔选择该专业，在本专业学习的收获，希望在本专业学到些什么，本专业有哪些不足之处。下边是具体的调查结果：

问题一：你当初为何选择汉语国际教育专业？

学生选择这一专业的原因主要集中在三方面：第一，喜欢这个专业或相信这个专业的前景；第二，跟风，盲目选择；第三，被调剂。调查显示，有 39.7% 的学生是受汉语热影响，对汉语的国际化趋势充满信心，认为从事对外汉语教学是一件很有前途的事情，这部分人将来也有出国从事汉语教学的打算。有 16.1% 的学生指出，其初衷是想学汉语言文学专业，但因为高考分数达不到汉语言文学的要求，所以只能接受与汉语言文学相似的汉语国际教育专业，不过这部分同学大多表示喜欢英文和中文，认为在汉语国际教育专业能同时提升这两种语言的能力，获得全面发展，从而选择了汉语国际教育专业。这两部分同学都是自愿报考汉语国际教育专业的，合占所有调查对象的 55.8%。有 21.8% 的学生选择汉语国际教育专业很盲目，他们并不了解本专业内容和走向，只是感觉专业名称大气、好听，似乎是和国际接轨，学了这个专业能出国，内心感觉是个不错的专业，所以选择了本专业，或者根据

分数要求随意乱选，他们中大部分人对本专业缺乏具体、全面、深入的认识。有 11.8% 的学生是高考填报志愿时出现失误，没有录取到自己心仪的专业，最终被调剂到了汉语国际教育专业。除了上述三种主要原因外，另有 6.4% 的同学选择本专业是由于“老师推荐”“朋友建议”“也可以当语文老师”等等其他方面的原因。

问题二：现在后悔学习本专业吗？

我们的调查是在 2017 年 5 月完成的，即使大一学生也已经在本专业学习了将近 1 年时间，对本专业有了一定的认识，而且大二有一次转专业的机会，学生也必须充分认识本专业，因此“是否后悔学习本专业”的调查具有较强的可信度。调查显示，75.6% 的学生表示不后悔学习本专业，虽然这个专业有诸多不足之处，但就专业本身而言，涉及的面非常广泛，如果能够掌握精湛的专业知识、教学技能和跨文化交际能力，将来一定是可以在这个领域做得很成功的。有 14% 的学生有点后悔学习了本专业，他们认为，社会对汉语国际教育人才的需求量不大，将来很难从事本专业的工作，当然，如果将来能够从事汉语国际教育教学工作，那就会很满意。有 10.4% 的学生非常后悔学习了本专业，因为他们根本就不想从事汉语国际教育工作，所以认为目前所学习的内容和自己将来想去从事的工作不契合。从调查数据可以看出，约 90% 的学生对专业本身还是比较满意的，他们担心的是就业渠道比较窄，难以找到对口岗位。至于 10% 的学生非常后悔学习本专业，这也是比较正常的，因为总有部分学生的兴趣爱好会发生转变，也有部分学生具有“这山望见那山高”的心态，这种情况是一种普遍现象，很多专业的学生都具有这种情况。

问题三：你觉得学习本专业的最大收获是什么？

不同年级的学生由于在本专业学习的时间长短不一，所以收获也有差别。大一学生的收获主要集中在两个方面：第一，加深了对本专业的了解，不再是门外汉，开始了解本专业需要学习的知识内容、需要提升的能力、可能的就业前景，以及出国从事汉语教学的渠道和方式，知道了汉语在国际上的影响力，大都对本专业的前景充满信心，对个人也充满了自信；第二，通过专业知识的学习，开始领略到汉语灵活复杂的特征、中国文化的博大精深及中外语言文化之间的差异，从而发现了自身积累的不足和欠缺，也因此加强了对专业知识的渴求。大二学生，在对本专业有了更全面认识的同时，他们中的大部分人表示，自己学到了许多语言文学方面的专业知识，对未来有了更清晰的规划。大三学生，他们不仅获得语言文学方面的专业知识，而且对跨文化交际也有了更清晰的认识，懂得用不一样的思维方式去处理问题，加深了对跨文化交流的理解，同时，还学到了从事汉语国际教育教学所需要具备的诸多实践技能。大四学生认为，自己在本专业的收获，除了专业知识外，还结交了许多志同道合的朋友，认识了很多校内外的优秀汉语国际教育教学的老师和同学，有的顺利找到了心仪的工作，或者考上了研究生，达到了预期的目标。从不同年级学生的回答中可以看到，随着学习时间的增加，学生的专业知识和实践能力在稳步提升。

问题四：你希望在这个专业学到什么知识？

大部分的学生表示，希望在这个专业学到必备的中文知识，如现代汉语、古代汉语、外国文学、古代文学等基本的语言文学知识，还希望能够提升英语能力，具有一定的第二外语能力，拥有较强的跨文化交际能力和汉语国际教育教学能力，同时，能学会一定的才艺。很明显，学生具有较明显的汉语国际教育的专业意识，希望学到中国语言文学的基本知识和汉语国际教育、中华文化传播的基本技能。

问题五：你觉得本专业培养的不足有哪些？

调查显示，大多数学生认为，本专业的主要不足之处在于人才培养没有突显出汉语国际教育的特色，存在的问题主要体现在四方面。第一，教学实践没有发挥应有的作用。根据培养方案的要求，专业实习属主干课程，有6个学分，应该强调和重视，但学院提供的专业实践平台不多，实践时间也有点短。早几年本专业的实践活动都是在本校国际教育学院进行，时间只有一个月，且多是以观摩教学为主，学生实际操作少，也有部分学生会自主找寻实习单位，但多数是在中小学实习，很难找到汉语国际教育的对口岗位，所以学生认为，本专业的实践环节比较薄弱。当然这个问题现在有了很大程度的改观，这两年文学院招收了一定数量的留学生，所以汉教专业本科生都在文学院实习，时长为一个学期，每位同学都能进行实际的教学活动。第二，课程设置缺乏专业特色。很多同学表示，汉语国际教育专业所学的知识和汉语言文学专业没有太大的差别，专业特色和优势不明显。第三，对外语学习不够重视。大多数学生认为，汉语国际教育专业学生应该具有较强的外语能力，至少要能够精通英语，能够掌握一门第二外语更好。本专业的培养目标里也明确提出了“要求学生熟练掌握英语，具有听、说、读、写的基本能力；基本掌握一门第二外语，具备基本听说能力”的要求。但学生觉得本专业的英语课程设置较少，感觉本专业对英语学习并不是很重视，对第二外语学习更没有提出明确的要求。第四，对才艺发展不重视。本专业学生在进行汉语国际教育教学活动中一方面要借助才艺进行相关教学活动，另一方面也需要推广中华才艺文化，所以需要学习一定的才艺。但学生认为，本专业的才艺类课程设置少，学习时间短，往往学点皮毛就浅尝辄止，缺乏应有的深度。除此之外，还有部分学生表示，本专业相比于汉语言文学专业在学院得不到重视，各种学习资源相对较少，在评先评优以及保研方面都处于劣势，也没有良好的有针对性的就业指导等等。

二、汉语国际教育专业人才培养的困境

上边调查显示的虽然只是江西师范大学汉语国际教育专业学生对本专业的态度和评价，但其反映的问题具有一定的代表性，其存在的问题也代表了部分地方高校的现实困境。地方高校大都深处内陆省份，由于历史原因而造成发展上的相对滞后，除了极少数国家重点扶持的高校之外，大部分高校的发展都相对缓慢，学校的影响力相对较低，如果在地域上又不沿边的话，他们在招收留学生和送学生出国方面处于相对劣势的地位。自 2003 年以来，在汉语热的大形势下，很地方高校也都开始设置汉语国际教育本科专业，办学

15年来，确实为国家输送了很多专业人才，但存在的问题也非常明显。如果把汉语国际教育专业和师范类的汉语言文学专业相比较，就能很容易看出汉语国际教育专业目前存在的主要问题。

1. 人才培养模式不成熟，学生实践动手能力差

汉语国际教育本科专业近年来不断遭人诟病，有人甚至提出本科就不应该办汉教专业，目前很多高校的汉教专业就应该取消，也确实有少数高校取消了本科的汉教专业。出现这个问题的主要原因是汉教专业的本科生无法胜任汉语国际教育教学工作。那么为什么汉教本科生无法胜任汉语国际教育教学工作呢？我们可以从比较汉语国际教育和师范类汉语言文学中找到问题的症结所在。这两个专业的性质基本一样，只是一个是给外国人教授汉语，一个是给中国人教授汉语，但没有人说汉语言文学专业的本科生不能胜任中学语文教育，为什么呢？因为汉语言文学专业已经形成了一套成熟的人才培养模式，大家对母语教育的教学对象、教学内容、教学方法、教学评价等都非常熟悉，所以能有针对性地培养学生，培养模式非常成熟。但汉语国际教育的情况则明显不同，教学的很多环节都比汉语言文学复杂。比如教学对象，汉教专业的对象来自不同国家，其文化背景不一样，对中华文化的熟悉和认同程度不同，对汉语的感悟不同，学习汉语的动机和目的也不同，这些差别决定了教学内容、教学方法、教学评价等都不同于母语教学。尽管各高校汉教专业都开设“中国文化概论”“跨文化交际”“汉语作为第二语言教学”“第二语言习得理论”“汉语作为第二语言教学技能训练”等专业主干课，但很多高校的专任教师并没有相关教学经历，管理者也没有相关管理经验，他们对汉语国际教育教学的各个环节并不熟悉，他们只是凭主观臆想或凭感觉在进行汉教人才的培养，所以培养出来的人才往往眼高手低，不能真正胜任汉语国际教育教学工作。比如，对于汉语拼音，老师只是告诉学生汉语拼音的基本发音特征和组合规则，而不会告诉学生来自不同国家和地区的留学生学习汉语拼音的难点在哪里，事实上很多没有相关教学经历的老师也确实不知道这些知识，所以教出来的学生自然无法立即胜任留学生的拼音教学；但这个问

题在汉语言文学专业基本不存在，因为对于母语使用者来说，学生和老师基本都明白教学的重点和难点。再比如，在教学组织过程中，老师的话语表述风格、语音语速特征、内容深浅度的把握、板书设计和课件制作等，汉语国际教育和母语教育都有明显不同，母语教育的组织实施，因为多年的耳濡目染所以大家都心知肚明，很多学生在汉语国际教育中也按照母语教育的习惯来实施，明显就脱离了客观实际。关于这一点，我们在中外学生一起参加的汉语国际教育教学竞赛活动中看得非常明显，很多情况下，留学生的教学实施过程明显强于中国学生，这不是因为留学生的汉语水平高于中国学生，而是因为留学生更了解其教学对象，所以对教学节奏的把握更符合汉语国际教育教学的客观现实，所以教学效果更好。

2. 具有行业经历的师资队伍匮乏，使教学缺乏针对性

不管是汉语言文学专业还是汉语国际教育专业，都要求其师资队伍中有一部分人具有行业实践经历，只有这样才能使人才培养有实效性。汉语言文学专业在这方面具有得天独厚的条件，该专业的老师一部分本身就具有中小学语文教学的经历，即使没有这方面教学经历也耳熟能详，还可以很方便地邀请到中小学教学名师来进行相关教学辅导。但汉语国际教育专业在这方面明显处于劣势，各高校具有汉语国际教育教学经历的教师一般都比较匮乏。以笔者所在的学校为例，本校汉语国际教育专业隶属于文学院，依托中国语言文学学科平台，具有相对较好的办学条件和较强的师资力量，中国语言文学科学是省一流学科，具有一级学科博士点和博士后流动站，有 7 个二级学科博士点、9 个硕士点，与汉语国际教育相关的博士点有四个——汉语言文字学、语言学及应用语言学、现代语言理论与应用、文化艺术与传播，相关的硕士有三个：两个科学型硕士点——汉语言文字学、语言学及应用语言学，一个专业学位型硕士点——汉语国际教育硕士。在 2016 年省专业评估中，我校汉语国际教育专业在省内排名第一。这种学科平台在省内绝对是数一数二的，即使放到全国范围内也有一定的竞争力。高水平的学科平台彰显了我院师资力量的强大，但具有汉教行业经历的教师却非常缺乏，这一点与语文教育相

比尤其明显。我们文学院共有两个专业，师范类汉语言文学和汉语国际教育，共有专任教师80余人，其中60%以上的教师有过中小学教学经历或听课经历，而具有国外汉语教学相关经历的教师只有5人，这种比例根本无法与汉语言文学相匹配，行业教师的匮乏严重制约了汉语国际教育专业人才培养的高效实施。我们还调查了本省其他几个兄弟院校，发现具有出国教学经历的师资比例都非常低，基本在5%以下，有的学校甚至只有一两位老师有过相关经历。很多国内兄弟院校的情况估计与我们也差不多。尽管有些学校可以通过给来华留学生上课来在一定程度上弥补这种缺陷，但从人才培养的大局和跨文化交际复杂性来看，这远远不够。

3. 实践平台匮乏，实习效果不显著

我们的调查显示，汉教专业的学生对实践环节颇多微词，这也难怪学生，相比于汉语言文学专业，汉教专业的实践条件确实差很多。我们汉语言文学专业有十几所本省最优秀的中学作为实习基地，该专业学生都可以进行常态化的教学和班主任管理工作实习，学院在整个实习的流程管理上有非常成熟的方案。反观汉语国际教育专业，情况却大不相同，实习点少而且不稳定，多年来只有一个实习点，就是在本校国际教育学院实习，而国际教育学院的留学生数量也是不稳定的，所以造成每年的实习计划都有差别，没办法形成一套稳定的实习方案，而且部分学生反映，即使在国际教育学院实习，也并没有很多上课的机会，更多的只是观摩，所以实习效果很不理想。国内实习尚且如此，更不要说国外实习了。我们汉教的学生在2019年以前从来就没有统一组织走出国门进行实习的，这应该是本专业一个最大的遗憾。这种情况其实也是我省各高校汉教专业的普遍状况，相信国内很多同类高校的情况也差不多。开展真正意义上的汉语国际教育教学实践是汉教专业人才培养中非常重要的一环，要想培养能快速胜任汉语国际教育教学的老师，就应该强化教学实习工作，特别要尽可能送学生出国实习，让学生在异域中去体验真正意义的汉语国际教育教学和中华文化传播。汉教专业人才培养目标中明确表示“本专业人才培养的最大特点是复合型、国际化”，如果学生不能走出国门，有何国际化可言？

4. 就业现实与职业预期有偏差，影响了专业自信

每个专业都有一定的职业预期，有明确的职业指向，即主要为哪个或哪些行业、职业提供相应的人才。汉语国际教育专业的主要职业预期是汉语国际教育与中外文化交流。我院汉教专业的培养目标对职业预期有非常清楚的表述："本专业人才培养的最大特点是复合型、国际化。学生在校期间通过系统的学习与实践，掌握汉语言文学的基础知识、基本理论和基本技能，掌握从事汉语国际教育和对外文化交流所需的外语及相关知识、理论和技能。毕业生能胜任汉语国际教育与中外文化交流等方面的工作，能从事基础教育相关学科的教学教研工作，能胜任党政机关、企事业单位、文化宣传等部门的文秘与管理工作，能为硕士研究生教育提供比较优质的生源。"而汉语言文学专业的培养目标对职业预期则是："本专业人才培养的最大特点是适应面广。学生在校期间通过系统的专业学习，掌握汉语言文学的基础知识、基本理论和基本技能，毕业后既可从事基础教育教学与研究工作，又可从事理论宣传、文化传播、新闻出版及各类单位部门的文秘工作。"从培养目标的差异可以明显看出，汉语国际教育专业的最大特点是国际化，主要职业预期是"汉语国际教育与中外文化交流"，而汉语言文学专业的最大特点是适应面广，主要职业预期是"基础教育教学与研究"。从就业现实来看，汉语言文学专业很好地实现了职业预期，毕业生绝大多数都走向了基础教育领域，而汉教专业的就业现实则明显与职业预期有偏差，毕业生真正从事汉语国际教育的非常少。或者说绝大多数汉教专业的毕业生找不到专业对口的工作，也正因为如此，有的学校干脆把汉语国际教育专业等同于语文教育专业对待，毕业生直接发中学语文教师证书，这样做的目的是有利于学生去中学找工作，这对学生就业确实有益，但如此一来设置这个专业就没有太大的意义了。

三、汉语国际教育专业的出路

从上文分析可知，汉教专业确实存在很多问题，但这些问题都围绕着一个核心问题——人才培养，即没有培养出真正适合本专业需求的优秀人才。

很多人在抱怨汉教专业就业面窄，没有这么多留学生可以教，出国教汉语也不容易实现，其实这是片面理解了这个专业的特点。汉语国际教育专业最大的特点是“复合型、国际化”，本专业培养出来的人才要“能胜任汉语国际教育与中外文化交流”。随着我国经济体量的不断增大和开放程度的不断提高，中外交流的领域越来越多，世界上学习汉语的人员越来越多，汉语国际教育和中外文化交流的人才需求非常巨大，目前这方面的人才储备不是多了，而是缺口很大。据有关方面的统计，全球汉语教师缺口量已达500万。但问题是我们汉语国际教育本科专业培养出来的人才大多数不能很好地胜任汉语国际教育工作，大多数人根本没能力走出国门，所以汉语国际教育专业的出路在于培养出优秀的人才。要解决这个问题，我们认为可以从如下几方面做出努力。

1. 立足全球化，打造“汉语国际教育 +”的人才培养模式

很多人对汉语国际教育专业的认识并不深入，停留于表面的“教育”二字，把汉语国际教育理解成为语文教育的一个分支，这是认识上的很大缺陷。我们应该立足全球化、现代化视野来看汉语国际教育专业。从培养目标来看，汉语国际教育专业不仅仅是培养从事汉语国际教育的人才，而是培养“复合型、国际化、能胜任汉语国际教育与中外文化交流的人才”。何谓复合型人才？复合型人才应该是一专多能的人才，即在某一方面出类拔萃而其他多方面也有相当能力的人才。复合型人才是一种多功能人才，能适应很多领域的工作。当今社会不缺人，但缺人才，最缺的就是复合型人才，各行各业各国家各地区对复合型人才的需求都非常旺盛。一直以来，我国高等教育实施的主要是专业化教育模式，目标是按照“对口就业”的原则培养高级专门人才，这种办学模式确实为国家培养了无数的专业人才，在我国社会经济发展过程中做出了卓越的贡献。随着社会的发展进步，多学科、各行业交叉融合、综合化的趋势越来越强，这就要求高等教育改变传统的人才培养模式，要努力培养出高质量的复合型、创新型人才。何谓国际化人才？《上海构筑国际人才资源高地》（2001 年 12 月）研究报告较早对国际化人才进行了界定：“国际化人

才指具有较高学历（本科及本科以上）、懂得国际通行规则、熟悉现代管理理念，同时具有丰富的专业知识和较强的创新能力及跨文化沟通能力的人才。”《国家中长期人才发展规划纲要（2010－2020年）》中对国际化人才的培养提出以下要求：具有国际视野，通晓国际规则，能够参与国际事务与国际竞争。由此看来，国际化人才至少应该具备如下特征：第一，较强的国际通用语能力和宽广的国际化视野；第二，较强的跨文化沟通能力；第三，较强的专业知识国际运用能力；第四，较强的学习能力、应变能力和创新能力；第五，较强的异域生活适应能力；第六，良好的道德和健全的人格。汉语国际教育专业的出路在于落实人才培养的复合型、国际化目标，如果培养出了真正优秀的人才，那么其前景将是十分宽广的。

在复合型、国际化的视野下，可以打造“汉语国际教育+X”的人才培养模式。“X”的范围很广泛，可以是“出国留学”，可以是某一专业技能，如“中医保健”“国际旅游”“国际电商”，具体选择某一种或几种模式，各校可以根据自身的情况来确定。基本的实施方式可以是利用两年学习汉语国际教育的专业课程，一年学习专业技能，再有一年进行实践活动。

2. 改革课程设置，优化人才知识结构

目前大多数高校汉语国际教育专业的课程设置都比较保守，往往是比照汉语言文学专业的课程设置，稍微做点简单的调整，本质上与汉语言文学并没有太大的差别。我们可以比较一下某省属师范大学汉语国际教育与汉语言文学两个专业的课程设置：汉语国际教育专业的学科基础课包括逻辑学基础、文学欣赏、现代汉语、写作理论与训练、文学概论、语言学概论、论文写作，汉语言文学专业的学科基础课包括逻辑学基础、文学欣赏、现代汉语、写作理论与训练、文学概论、语言学概论、美学；汉语国际教育的专业主干课包括中国古代文学史、中国文化概论、古代汉语、外国文学史、中国现当代文学史、汉语作为第二语言教学、第二语言习得理论、汉语作为第二语言教学技能训练、跨文化交际、毕业实习和毕业设计，汉语言文学的专业主干课包括中国古代文学史、古代汉语、教育学、中国现当代文学史、外国文学史、心理学、学科课程与教学论（语文）、教育研究方法、课堂教学技能实训（语文）、现代教育技术、毕业实习和毕业设计。不难看出，两个专业的学科基础课基本一样，所以汉语国际教育专业的同学大都反映自己所修的课程与汉语言文学专业并无太大差别。专业主干课也大致相同，有所差别就在于教学指导类课程不同，一个是针对汉语作为第二语言教学的，一个是针对母语教学的，这样的课程设置就是把汉语国际教育专业简单地理解成教育类专业的一个分支，与“复合型、国际化”的人才培养目标相距甚远。我们认为，如果按照“汉语国际教育 +”的人才培养模式,那就要大刀阔斧地改革课程设置，削减汉语言文学类课程的学分，大幅度增加能培养学生国际意识、拓宽学生国际视野、增强学生国际沟通能力和创新能力的课程。比如，可以设置一些国际政治经济学、国际事务、国际关系、国际经济与贸易、国际商务等专业的通识类课程。

3. 加强培训，打造专业化的师资队伍

任何一个专业要想办好，都必须有一支专业化水平较高的师资队伍。然而目前大多数欠发达地区高校虽然开设了汉语国际教育专业，但大都没有专业化的师资队伍，往往是依托汉语言文学专业原有的师资力量来完成教学任务。由于条件所限，这些高校的教师出国学习或从业的机会不是太多，对汉语国际教育的专业特征认识相对没那么深入，特别是很难把汉语国际教育专业与汉语言文学专业进行科学区分，所以往往是按传统的汉语言文学专业的人才培养模式来培养汉语国际教育专业的人才，其结果自然是事与愿违，很难培养出优秀的汉语国际教育人才。按照“汉语国际教育 +”的人才培养模式，很多高校都需要加强对汉语国际教育专业的师资培养，打造一支专业化水平较高的师资队伍，其常见的措施有如下几方面：第一，定期把本专业教师集体送去国内某些专业化水平较高的学校进行集中培训；第二，邀请本领域从业经验比较丰富的国内外优秀教师来本校对汉语国际教育专业教师进行集中培训；第三，送部分有条件的教师出国接受短期培训；第四，采取一定的措施鼓励本专业的部分教师出国从事一段时间的汉语国际教育教学工作。总之，采取切实有效的措施打造专业化水平较高的师资队伍，是欠发达地区高校汉语国际教育专业脱困的前提条件和基本保障。

4. 开拓资源，拓宽实践平台

大多数欠发达地区高校的国际化程度都不是太高，国际交流的学生都比较少，来校学习的留学生数量少。当然边疆省份的部分高校是例外。以笔者所在的江西省为例，多数高校的留学生数量基本都在500人以下，而且分布在不同的院系，其中专门来学汉语的一般只有几十人。所以汉语国际教育专业的学生实践平台非常有限，不能像汉语言文学专业可以很方便地去中小学实习。专业实践是人才培养的非常重要一环，这个环节不能有效实施，人才的成长将大打折扣，特别是人才成长的速度将明显放缓。按照“汉语国际教育+”的人才培养模式，各高校应该开拓资源，拓宽汉语国际教育专业的实践平台，具体可以从以下几方面采取措施：第一，整合资源，使汉语国际教育专业学生平时就参与各学院的留学生（包括非语言生）管理和部分教学工作，加强汉教学生与留学生的日常交流和联系；第二，联系国外中小学，设置实践基地；第三，鼓励学生报考汉语国际教育志愿者，打消他们的诸多顾虑；第四，利用本校孔子学院的资源，有计划地成批派送汉教专业学生去实习；第五，与相关企业合作，建设企业实践平台。

5. 强化职业指导，引导学生就业

就业困难估计是多数高校汉教专业所面临的最大困境，与汉语言文学专业相比尤其明显。汉语言文学专业有明确的就业方向，特别是师范类的，就是当中小学语文老师，所以其毕业生大都走向了教师岗位。但汉语国际教育的就业方向一直很模糊，学生模糊，多数老师和管理者也很模糊。一般人的理解，汉语国际教育专业的学生毕业后就应该是出国从事汉语国际教育的，但对本科生而言，出国教学谈何容易，所以汉教学生毕业后除了少部分考研的同学之外，多数同学很难找到工作。其实汉语国际教育专业的就业指向应该包含两方面——“汉语国际教育”和“中外交流”。汉教专业要培养复合型、国际化人才，“中外交流”自然是一条重要的就业指向，而且多数高校的汉教专业都属于非师范类的，这就意味着教育教学不应该是这个专业最重要的或者唯一的就业途径。在当今全球化的大背景之下，特别是随着中国开放程度的不断提高，中外交流的领域非常宽广，将会有无数的就业机会，应该加强对汉教学生进行这方面的指导。但这方面就业指导对高校老师提出了比较高的要求，很多大学老师由于视野限制不一定能胜任这一工作，要尽可能请涉外公司、企业的管理人员或成功的自由创业者来给学生现身说法，要让学生明白中外交流领域需要什么样的人才。我们相信，只要学生明白了汉教专业的前景，就会有专业的自信，也就会有努力的方向和动力，这个专业也就有了活力，自然就能摆脱目前的困境。

总之，只要我们能真正认清汉语国际教育的专业特征，优化人才培养机制，培养出真正复合型、国际化的优秀人才，汉语国际教育专业不仅会摆脱困境，而且会生机盎然，蓬勃发展。

第二节　基于任务型的汉语国际教育硕士培养模式探析

从 2007 年 3 月 30 日，国务院学位办发布关于《汉语国际教育硕士专业学位设置方案》通知，并设立 24 所试点院校招收汉语国际教育硕士专业学位研究生迄今已有十几年了。各高校在《汉语国际教育硕士专业学位研究生指导性培养方案》的指导下，对汉语国际教育硕士专业课程设置、教学内容、教学方法和培养形式等进行解读和实践，培养了一大批汉语国际教育人才，为汉语国际传播做出了一定贡献。但从学生就业情况来看，实际效果与培养目标相差甚远，这在一定程度上影响了汉语国际教育工作的深入开展及其功能的有效发挥。因此，在汉语国际传播的大背景下，我们有必要综合分析汉语国际教育硕士培养现状，结合汉语国际教育硕士的培养目标、教学理念，探析切实可行的汉语国际教育硕士培养模式。

一、任务型汉语国际教育硕士培养模式的内涵与特点

汉语国际教育硕士专业学位的设置是创新现有对外汉语研究生教育的一个重要举措，而能否真正实现预期的培养目标关键在于采用怎样的教育理念、培养方式实施教学，换言之，就是看其人才培养模式是否适情对路、切实可行。

何谓人才培养模式？是指在一定的教育理念（思想）的指导下，为实现一定的培养目标而形成的较为稳定的结构状态和运行机制，它是一系列构成要素的有机组合，表现为持续和不断再现的人才培养活动。人才培养模式包括科学的指导思想、明确的培养目标、合理的组织机构和稳定的运行机制等几个最基本的要素。人才培养模式的构建是一个复杂的系统工程，科学的指导思想或理论是人才培养的主线和灵魂，在这种教育思想指导之下实现某种教育目标是其核心。人才培养模式的构建不仅涉及教育系统本身，也涉及其他政府部门，需要各个不同部门的支持与合作，因此需要合理的组织机构和稳定的运行机制为人才培养提供有力保障。

所谓汉语国际教育硕士培养模式，即以科学发展观为指导，为实现“适应国内外汉语教育教学环境的汉语国际推广工作、胜任国内外多种汉语教学的高层次、应用型、复合型专业教学人才”培养目标而形成的较为稳定的结构状态和运行机制。

我们在对江西、湖北、广东三省 5 所开设汉语国际教育硕士专业的高校进行问卷调查、综合分析基础上，提出构建任务型的汉语国际教育硕士培养模式。这种培养模式关键在于对“任务”的理解和把握。对“任务”的定义有很多，《现代汉语词典》中的解释是“指定担任的工作；指定担任的责任”；《朗文教学及应用语言学辞典》中的解释是“（语言教学中）指为达到某一具体的学习目标而设计的活动”。我们认为，从人才培养的角度出发，任务可以看成是含有学习目标和学习内容的活动，是以目标为导向的工作计划。任务的完成在于对某种知识和技能的掌握与运用涉及认知过程，尤其是高端的认知能力。我们需要对任务完成后得到的结果进行评价。因此，在任务型汉语

国际教育硕士培养模式中，“任务”不同于一般意义上的“作业”“话题”“活动”。它的覆盖面很广，是紧密结合生活实际的真实行为、行动及其过程，它把整个教学活动置于真实生活的背景中，并以一定的目标为导向、以活动为基础，为学生以获得某种知识和能力创造可能。

任务型汉语国际教育硕士培养模式在教学内容和教学方法上注重针对性，强调尊重学生的个性和专业背景的差异。即在汉语国际教育硕士培养目标的指引下，针对汉语国际教育硕士学生不同的文化背景、不同的专业知识背景等来设计个性化的培养方案，创建符合学生“最近发展区域”的课程体系、教学内容、方法手段和评估体系。

二、构建任务型汉语国际教育硕士培养模式的现实要求

汉语国际教育硕士现状调查是构建汉语国际教育硕士培养模式的现实基础。我们对湖北、江西、广东三省 5 所高等院校汉语国际教育硕士 220 名（有效问卷数，其中在校生 150 名、毕业生 70 名）、授课教师 46 名进行了问卷调查，并用统计软件对调查结果进行分析，还对典型的在校生、毕业生、教师进行了个别访谈。结果发现在汉语国际教育硕士培养方面还存在一些值得重视的问题。

1. 汉语国际教育硕士的本科专业背景需要区别对待

接受我们调查的 220 名学生中，有中国学生，也有外国学生；有全日制学生，也有非全日制学生；有师范专业学生，也有非师范专业学生。他们的本科专业情况呈现出多元化特点：其中所占比例最高的是外语专业 74 人，约占 33.6%；汉语言文学专业 58 人，约占 26.4%；对外汉语专业 46 人，约占 20.9%；其他诸如教育、心理、历史、经济、管理、图书馆等专业 42 人，约占 19.1%。其中汉语言文学专业和对外汉语专业合起来约占 47.3%，这是专业背景跟汉语国际教育硕士专业所需学习的汉语言知识最接近的数字，有超过 50%的学生没有或缺乏汉语言学、语言学理论、汉字学、中国文化等方面的知识。这种调查结果与汉语国际教育硕士专业学位教育指导委员会秘书处对 2007 年 24 所院校实际参考的 1418 名考生的分析结果相类似。而这些不同

专业背景的学生却被步调一致得安排接受几乎完全一样的学习内容。

2. 汉语国际教育硕士的学习动机需要正确引导

在我们调查的150名在校生中，他们报考的动机也多种多样。多数学生对中国语言与文化有兴趣，有志于汉语国际推广与中国文化传播，有82人约占54.7%的学生出于对汉语教学的热爱而选择该专业，并清楚或比较清楚自己所选择的专业对从业人员的要求。不过其中也不乏一些比较盲目的学生，有24人约占16.0%的学生并没有想清楚如何当好一名汉语教师,甚至觉得“教教老外，小菜一碟”；有44人约占29.3%的学生因为对目前的工作不满意，考汉语国际教育硕士是为了换换工作，或者只是希望有机会去感受一下异国风情。

这些不同的学习动机导致学生在学习方式、学习态度上存在很大差异。对于同样的教学内容，有些学生认为过于简单，有些学生则因为缺乏相应的知识背景不易理解。在学习方式上，全日制学生总体特点是与教师配合，求知欲较强，但独立思考、解决问题的能力比较欠缺；而非全日制学生因为具有一定的工作经历，他们能将自身的教学经验与所学内容相结合；但学习态度不如前者，尤其是因为家庭负担、工作负担等原因，不希望有较多的文献阅读等课外任务，不希望有需要小组合作完成的作业。不同的学习动机和不同的学习方式需要我们在教学过程中合理引导。

3. 汉语国际教育硕士的评价标准需要科学分析

从初步了解到的教师的实际教学和他们对学生的要求来看，汉语国际教育硕士的培养一般只是沿袭汉语言文字学专业人才培养模式，走“学术”“学问”型人才培养的路子,而并未突出汉语国际教育硕士“教育”“国际”的特性。授课教师评价学生主要参考的是学生的课堂表现与考试成绩，实习机构主要依据他们在选拔考试中的表现，但这些方式能否全面有效地评价学生的综合能力？学生修满了学分，完成了教学实习计划，写就了一篇合格或优秀的学位论文，而后汉语国际教育硕士的学生是否就能胜任多种汉语教学的高手能手呢？这都需要我们对汉语国际教育硕士学生的评价标准甚至选拔标准进行科学分析。

4. 汉语国际教育硕士的教学理念与教学方法需要科学指导

在所调查的5所高校中，均没有构建一支稳定的、高素质的、专业的汉语国际教育师资队伍，很多课程由文学院（中文系）、外国语学院教授汉语、语言学的专业老师担任，或请教育学专业的老师讲授一些教育学理论或教育方法方面的课程。选择这些老师本无不可，但由于这些老师对该专业的培养目标往往并不熟悉，教授课程时很容易套用他们教授汉语专业学生或者语言学专业学生的教学方法，因此造成了教学方向与该专业实际需求不十分吻合的情况。另外，教学方法仍以讲授法为主，不同专业背景及不同需求的学生集中在一起接受同一内容的传授是否合适？这都值得我们深思和探索。

三、构建任务型的汉语国际教育硕士培养模式的理论基础

汉语国际教育硕士设立的目的是从实际出发，提高我国汉语国际传播能力，加快汉语走向世界，改革和完善对外汉语教学专门人才培养体系，培育适应汉语国际推广新形势需要的、国内外从事汉语作为第二语言教学和传播中华文化的应用性、国际化、复合型专门人才。这是汉语国际教育本质任务，也是构建任务型汉语国际教育硕士培养模式的理论基础。

1. 汉语国际教育硕士的培养目标是构建任务型汉语国际教育硕士培养模式的根本取向

汉语国际教育硕士的培养目标从宏观角度规定了这种人才的培养规格与类型，也在很大程度上决定了学生的职业生涯发展方向。汉语国际教育以为汉语教学第一线培养“具有系统的专业知识”“较高的文化素养”“熟练的教学技能”“综合职业能力”和“全面素质的高层次、应用型、复合型人才”为主要目标。其中，高层次是对人才层级标准的规定，应用型是对人才培养方向的规定，复合型是对人才知识结构的规定。因此，在构建人才培养模式及其教育时必须尊重这种规定，以学生终身发展为视点，设计教育方案、开展

教育活动，强化学生的职业理想、职业道德、综合职业能力及承受职业挫折能力等的培养，引导学生明确职业生涯发展目标，全面提升职业能力，以保证自我职业生涯的持续发展和国际汉语教育目标的实现。

2. 汉语国际教育的持续发展是构建任务型汉语国际教育硕士培养模式的根本要求

汉语国际教育旨在促进“汉语加快走向世界”，让越来越多的外国人接触和学习汉语，了解中国文化。为顺应国际社会对汉语学习的强烈需求，需要我们“走出去”教学，为世界各国培养具有完整人格、具有创新意识和实践能力的高层次、专业性的汉语人才，并以此促进国际文化交流、世界和平与共同繁荣。而能否有效提高学生的汉语教学能力与职业素养，培养出适合国外汉语教学的应用人才，直接关系到汉语国际教育的社会认可与满意程度，影响到汉语国际教育的持续发展。构建任务型汉语国际教育模式，以“任务”将课堂教学与国内外教学实习贯穿整个教育过程，其直接目的在于充分挖掘学生的职业生涯发展潜力，以促进学生实现最优化发展。在为学生的未来职业生涯成功创造条件的同时也能赢得良好的社会声誉，获得更多的社会支持，出现良性循环发展态势。

3. 以人为本的教育理念是构建任务型汉语国际教育硕士培养模式的理性诉求

任务型人才培养模式，是尊重学生的独特性和个性需要，实行个性化教育，促进其个性化的发展，学生需什么补什么，缺什么补什么。教学双方要根据学生的学习特点和身心规律来决定学习时空和学习方式，能够保持自主的、能动的、随时随地的、不拘形式的持续学习。这种培养方式要求学生充分发挥自我的主体作用。这也是“以学生为中心”的客观要求，学生目标的确定、发展道路的选择、发展方案的设计、过程的监控、效果的评估、信息的反馈、措施的调整，均需要根据学生的兴趣爱好、个性特长、理想目标以及客观环境做出决定，做到自我发起、自我管理、自我评价及自我改进。

四、任务型汉语国际教育硕士培养模式的构建

人才培养模式是一个复杂的系统工程，需要在科学的教育理念指导下明确具体的培养目标，制定培养制度，监测整个培养过程并进行综合评价。我们认为，任务型汉语国际教育硕士培养模式可以从以下几个方面着手构建。

1. 明确任务型汉语国际教育硕士培养的指导思想

毫无疑问，无论采用何种培养模式最终都要实现汉语国际教育硕士的培养目标。汉语国际教育硕士的设立是针对原先对外汉语学科设置缺乏独立的学科依托、汉语国际教育人才培养体系缺乏针对性、人才培养规格不高、培养规模小、数量不足等弊病而提出的。任务型汉语国际教育硕士培养模式需摒弃科学硕士培养中以学术性作为唯一标准的质量观，培养具有可持续发展能力——对自身的专业发展进行合理规划的终身学习型教师；和具有应用研究能力——能够适应汉语国际推广工作，胜任多种教学任务，运用理论敏锐、具体地思考和解决海外汉语教育实际问题的高层次、应用型、复合型专门人才。

2. 建立任务型汉语国际教育硕士培养模式的保障机制

培养模式必须依托于培养机构，具有相对固定的结构属性，培养机构是培养模式的基础框架，培养模式中各种程序间的逻辑链条一定会受到培养机构的规定和制约。由于汉语国际教育硕士学生生源的多元使得学生的录取、教学、管理涉及多个部门，既需要相关部门的积极参与、相互配合，又需要专门的组织牵头，负责统筹与协调，我们认为应该建立汉语国际教育硕士组织培养机构，整合现有资源使之最优化，并建立健全相关规章制度，做好汉语国际教育硕士的教学管理、服务监督。

汉语国际教育硕士组织培养机构应由管理机构、研究机构和教学实施机构三个方面构成并形成一个网络。管理机构由副校长、研究生院（处）、国际合作与交流处、文学院（中文系）共同组成，具体负责制订汉语国际教育硕士的工作思路、方案、教育过程、评估效果等。研究机构由教学管理人员、教学研究人员共同组成，具体负责研究学科特点、教学大纲、人才规格与要

求及供需的变化、特点、规律与策略，指导汉语国际教育硕士培养实践等。教学实施机构主要由班主任、专业教师组成，具体负责落实汉语国际教育硕士培养方案，组织实施相关活动，采集学生反馈信息，管理学生档案，提出学生培养建议方案或改进方案等。

以江西师范大学为例，汉语国际教育硕士生源分国内、国外两大类。外国学生的招录最初先由国际合作与交流处负责，国内学生的招录由文学院和研究生院负责；教学教务工作由研究生院和文学院安排实施，学生的日程生活管理又由国际合作与交流处与后勤保障处负责，而学生赴海外实习、教授汉语的选拔外派工作则由国际合作与交流处与国际教育学院负责。涉及的部门众多，工作难以顺利开展，影响了汉语国际教育硕士的培养。后来学校专门成立了江西师范大学教育国际合作与留学工作领导小组，下设办公室，由办公室统筹协调汉语国际教育硕士的培养工作，从而使汉语国际教育硕士的培养工作制度化、专业化、科学化。

3. 制定任务型汉语国际教育硕士个性化培养方案

任何一个学生都是具体的、独特的、不可替代的，他所具有的这种特性是其他教学经验所不能囊括的，正是这种理论与实践之间的张力需要我们把目光聚焦于具体的个人和教学实践。前已述及，汉语国际教育硕士学生可能来自不同国家、不同地区，毕业后也可能去不同国家不同地区从事汉语教学工作。这些学生的文化背景、汉语语言能力、外语能力、本科专业背景、专业基础以及学习方式都呈现出多样化，每个学校都有自己的特殊情况，无法靠单一化教材满足所有人的需求，也无法靠单一化的教学方法解决所有问题。构建任务型汉语国际教育硕士培养模式的内涵就是要最大限度地发挥学生的学习潜能，需要我们以学生为中心，从每个学生的实际情况出发，制定以学生为主体的个性化培养方案，研究在教学实践中所遇到的各种问题，提高教学质量。每个学校都应该以自己的实际情况为出发点，针对汉语国际教育教学的实际和学生的特点，以在教学实践中所遇到的各种问题为研究对象，由社会、学校、教师、学生共同参与，创造性地开展教学研究，并做到实施途径多样化，以增强教育效果。

4. 优化任务型汉语国际教育硕士培养体系

汉语国际教育硕士作为应用型硕士，强调的是培养学生从事汉语教学的实际应用能力和汉语国际推广能力，所以要“增强其对海外教学环境的适应性”“尤其更能适应国外中小学的汉语教学需要，从而为汉语进入国外中小学主流教育体系发挥作用”。从这些具体要求来看，在培养内容上就应该突破“重理论、轻实践”，由上至下单向型的科学硕士课堂教学、论文写作、文献阅读三大板块培养体系，并在此基础上增加案例分析、观摩活动、研究性教学实践（教学实习）等三大板块，共同构成以重过程、重实践、重集体“三重”为特征的立体交叉多向互动，贯通课堂内外、校内校外的汉语国际教育硕士培养体系。

开设汉语国际教育硕士专业的学校均有一定数量的来华留学生，我们可以充分利用来华留学生这一平台，模拟海外教学环境，参照国外汉语教学情况，组建仿真学校，每位硕士研究生均在其中担当管理者或者教师的角色，把学到的理论知识转化为教学实践能力。

第三节 基于行动研究的对外汉语教师培养模式探析

对外汉语教师，是对外汉语教学的直接实践者和各个教学环节的直接参与者，是各项教学任务的完成者和教学目标的最终实现者，因而对外汉语教师的专业素质能否持续成长、教育教学水平能否持续提高，直接关系到对外汉语教学的人才培养质量，关系到对外汉语教育事业的健康持续发展。因此，如何加强对外汉语教师的培养，提高对外汉语教师的素质和水平就成为高等教育研究中的一个重要课题。

一、基于行动研究的对外汉语教师培养模式的必要性

1. 对外汉语教师现状

近年来，随着对外汉语教育事业和学科的不断发展，对外汉语教师队伍也在不断壮大，目前我国对外汉语专职教师已近3000人，有105所高等院校设立了“对外汉语”专业招收本科生，以培养对外汉语师资为主要目标。但由于对外汉语教学事业是新兴的事业，以往对于学科性质有不同的认识，没有制定规范、统一的教学能力标准，缺乏科学、完备的教学大纲、教学计划以及系统的教材，更没有把教学实践与实习置于重要地位，因此教师队伍中也存在专业不一、素质不齐等问题。

总体来看，对外汉语教师大部分来自中文专业、外语专业及其他人文学科，少数来自心理学、计算语言学、教育学等专业，大多数人缺乏必要的汉语作为外语教学能力的专业训练，只凭借自身固有的知识体系投入到对外汉语教学之中。李泉从课堂教学过程中教师“实际如何如何”“应该如何如何”和“不该如何如何”三个角度对教师和教师的教学过程进行了调查和研究，发现不少对外汉语教师忽视学习者的主体地位，忽视对学习者的了解，忽视教学语言的可接受性和教学活动的可预见性等问题。这种带有一定普遍性的现象反映出我们长期以来忽视了教师基本素质的训练，缺乏对教师教学能力的培养，以至于汉语教师在素质和能力方面还亟待提高。

2. 现行对外汉语教师培养模式的缺陷

几十年来，许多院校和机构都根据自己的条件和优势，针对对外汉语教学中存在的问题开展了不同形式的对外汉语教师业务培训，但终因各地开展业务的对象、目的、形式不同，教师业务培训在内容上、方法上也不统一。大致说来，在考虑了理论上应遵循的原则和实际情况中的可行性的基础上，培训主要有举办全国性培训班、相关学校联合、单位培训等三种方式。

全国性培训班模式采用脱产方式，集中介绍汉语作为第二语言的教学理论、内容和方法，系统性较强，水准较高，但由于时间等因素的制约，这种

培训容易忽视被培训者的实际需求，培训内容脱离教师的实际工作，受训者被动接受为多，缺乏较深入的思考，对基本的或典型的技能也没有机会实习、改进、再实习、再改进，不利于对教育教学实践中存在的具体问题进行反思和分析，不利于提高教师将新的教育理念融入具体教学的能力，针对性比较差，实践活动少，实践课往往只是走马观花似的集体参观一所或几所学校，或听几次公开课等。

相关学校联合培养模式采用半脱产方式，选派教师到发展较好、经验丰富的学校进修，但对于受训学校来说，往往因经费不足、教师短缺等原因，只能顾及点上的培养，惠及部分教师，无法更多地考虑全体教师专业成长和发展的需要。

单位培训模式是在学院或学校的支持和帮助下，由系或教研室计划、操作，比如办班、观摩、传帮带等，但方式以模拟操练规定技巧和观摩教学为主，系统性、标志性不够。从课程的设计与规划以及活动的实施是否符合教师的需求，到教师参与进修后，其教学效能有无提升，是否有利于教师的专业成长等方面，都缺乏可行的评估机制。不仅如此，我们的对外汉语教师的培养和培训还没有建立起有效的运转机制，还需探讨合理的培养与培训途径。

3. 对外汉语教师专业成长的内在要求

“教师成为研究者”现已成为教师专业化的同义语，教师能否具有较强的教育研究能力，已成为一个教师是专业教师还是非专业教师的根本标志。从斯腾豪斯的“教师成为研究者”到埃利奥特的“教师成为行动研究者”，再到凯米斯等人的“教师成为解放性行动研究者”，不仅是对教师专业研究能力要求的不断提高，也是对教师专业自主和发展的强化。随着教育改革的不断推进，教师教育和教师专业化不断得到重视和加强，教师的教育研究能力培养越来越成为教师专业发展的重中之重。

时代的发展对教师教学能力的要求越来越高，从英语“教师培训”这个概念的三次变化，我们可以清楚地看到这一点：80 年代的教师培训叫“teacher training”（师资培训），但人们发现，training（培训）一词更多的是指技术、手艺上的培训，是培养教书匠的，并不考察教师的通才教育。90年代，出现了“teacher education”（教师教育）。师资教育对教师的培训不再仅仅只给教师进行教学方法的培训，而是开设语言学、语言测试与评估、科研方法等课程，目的在于提高老师的理论意识。但“师资教育”对教师的限制还是多了些，因为这仍然是将现成的理论或发现告诉老师，所以出现了现在的“teacher development”（师资发展）。概念的改变充分显示出师资培训这一领域的新动向和新理论。从师资培训到“教师教育”的转变，意味着师资培训不仅是专业技术培训，而且是理论水平、思维品质和整体素质的提高。从“教师教育”到“师资发展”的转变，意味着更加强调在“教育”的基础上，积极鼓励老师反思自己的教学，规范自己的课堂行为，评估自己的教学效果，开展行动研究。可见，今天的对外汉语教师培养与培训应该更多地体现自主与创新。

二、基于行动研究的对外汉语教师培养模式的内涵特征

行动研究是指实际工作者，或者与专业研究人员合作，在实践中，通过行动与研究的结合，创造性地运用教育理论研究和解决不断变化的教学实践情境中的具体问题，从而不断提高专业实践水平的一种研究。它具有四大特点：（1）研究主体是教育实践工作者，包括处在教学第一线的教师和教育行政人员；（2）研究对象来源于教育实践，是广大教师在教育实际工作中碰到的问题；（3）研究目的是解决教育实践中的问题、改进教育工作质量；（4）研究过程的开放性，边行动边研究，根据理论的发展，以及对教学实践的反思，对研究与行动及时进行调控。

根据目前我国对外汉语教师的现状和对外汉语教师培训中存在的问题，建立基于行动研究的培养模式是构筑我国对外汉语教师师资队伍的一个值得重视的思路。因为行动研究的模式，既能充分利用专家、骨干和基层教师各自的优势和条件，也能有效利用时间和资金，使培训在系统和灵活相结合的情况下有序、实用地进行，以培养更多、更符合职业要求的对外汉语教师，体现了现有教师继续教育各种模式所不具备的许多特点。

1. 以教育教学实践的直接参与者——教师为培养主体

行动研究要以教师为主体，让教师在研究过程中发挥主体作用，自己确定研究课题，制定行动和研究计划，实施行动，收集、研究反馈信息并调整行动，评价结果以及应用研究结果。

教育行动研究有着比较明确的研究程序，包括计划、实施、观察和反思等几个相互联系、相互依赖的几个阶段，各个阶段也有明确的要求，是适合广大教师开展的一种科研方法。对外汉语教师作为语言技能教学的实施者，在交际教学方面，要担任演示者、组织者、指导者和检查者的角色；在信息传播方面，是一种信息的提供者和诠释者；在学生的学习动机刺激方面，又是一种观察者、实验者、解释者和评价者。对外汉语教师在教学研究中具有得天独厚的优势。对外汉语教师在掌握了教育行动研究的程序及相关方法之后，通过教育行动研究，教师的专业成长也能成为一种可持续发展的过程。

2. 以改进教育教学实践和促进教师专业成长为培养目的

行动研究机制的建立要求学校在制度层面将教育行动研究作为全体教师专业成长的一个重要组成部分，为每个教师的专业成长提供充分的机会，从而实现教师职业专业性的整体提高。

对外汉语教师是具体教学的实施者，同时也应该是一个教学研究者，通过研究，发现和分析教学中出现的问题，对教学无疑是巨大的促进。教师在做研究时，应该了解如何选择课题，设计研究方案，如何收集资料，如何进行结果的整理、分析和呈现，这都需要科学方法的引导。行动研究要求教师不断学习新理论、新观念，反思自己的教育观念和教学行为，提高自身发现问题的专业敏感性。基于行动研究的培养模式要求对外汉语教师在校外专家的指导和校内同行的协助下，从自己学校和班级的“教情”“学情”出发，自主对实际工作的问题进行研究，并采取行动，以不断适应新情况，解决新问题，使自身的教学观念和行为得到改进和完善，实现在反思自身工作中成长、在学习中成长、在调查研究中成长、在与专家和同行的合作与互动中成长。

3. 以教师对自己从事的教育教学实践进行持续反思为培养手段

一个顺应时代发展的对外汉语教师，应该具备对自己的教学进行反思和评价的能力。“教师应站在一定的理论高度，观察自己的课堂行为，评估自己的教学效果，在教学实践中验证别人的发现，形成并完善自己的理念，使自己课堂教学的每一步骤都有所依据，每个行动的设计都有理论支持”。

教育对象是不断发展变化的，不同时空条件下，具有不同的表现形式。教育行动研究正是以课堂为阵地，对特定时空条件下的教育情境进行考察，揭示某一教育对象与其背景之间，以及教育现象内部各构成要素之间的本质联系，从而创造性地解决某一教育实践问题。这就要求我们行动研究者坚持开放性原则，在行动中不断反思与改进行动，共同研讨教学过程中出现的新问题，通过大家的理解、反思和交流，使教师将自己学到的新理论与自己的教学实践相结合，形成既符合新课程理念又符合本校实际的课程思想和实践。

三、基于行动研究的对外汉语教师培养模式的表达方式

1. 正确运用教育叙事策略

教育叙事是研究者（主要是教师）通过有意义的校园生活、教育教学事件、教育教学实践经验的描述与分析，从而发掘或揭示内隐于这些生活、事件、经验和行为背后的教育思想、教育理论和教育信念，从而发现教育的本质、规律和价值意义。它打破了专家的话语霸权，恢复了被科学话语和技术理性压制的教学事件的合法性。教育叙事还蕴含着教师个人的实践智慧和教育理念，体现了教师对日常教学生活的洞察力和反思探究能力。

对对外汉语教师来说，教育叙事是他们研究成果的特定表达方式，包括专业日记的写作、活动案例、反思笔记等，是对外汉语教师话语的张扬。通过教育叙事研究，对外汉语教师可以重构自己的教学行为，以新的课程理念提升自己的教育品质。

2. 促进反思性研究

反思性研究是教师以自身的教学活动为反思对象，对自己的教学行为、

教学决策以及教学结果进行审视和分析，并据此采取相应行动，以改善教学效果的过程，其本质在于教师将反思和探究纳入教学过程。反思的形式多种多样，如教学日记、教学报告、课堂教学现场录音、录像和听课等。

促进对外汉语教师反思性探究不是建构抽象的对外汉语教学理论，而是为了完善对外汉语教学。对外汉语教学面对的是有着不同文化背景、生活背景、心理状态、汉语能力、学习目的和认知水平的学生，再加上所教内容庞杂，中华文化、语言文字、历史文物、生活习俗，无不博大精深，而学生都深有兴趣。对外汉语教师应该将自己整个的教学活动作为认知的对象，对教学目标、教学内容、教学行为、教学过程和教学评价进行批判的、有意识的分析与再认识，从教学前、教学中、教学后等环节获得体验，努力提升教学实践的合理性。

3. 建立校本教研制度

任何一所学校都是具体的、独特的、不可替代的，它所具有的复杂性是其他学校的经验所不能说明的，正是这种理论与实践之间的张力需要我们把目光聚焦于具体的学校实践。每个学校都应该以自己的实际情况为出发点，以在教学实践中所遇到的各种问题为研究对象，由学校、教师共同参与，改进课堂教学效率，提高教师的教学、科研能力，从而创造性地开展教学研究。这种教学研究体现出来的教师是教学研究的主体和改进实践这个特征，正是教育行动研究所倡导的基本理念。

随着我国经济的发展和国际地位的提高，来华留学生急剧增加，他们的层次、规格和学习要求及目的都呈现出多样化，每个学校都有自己的特殊情况，无法靠单一化教材满足所有人的需求，也无法靠单一化的教学方法解决所有问题。开展对外汉语教学的高等院校和从事对外汉语教学的教师进行校本教研的内涵就是从共同学校的实际情况出发，研究在教学实践中所遇到的各种问题，提高对外汉语教学质量。“提高教师的教学和研究能力是提高对外汉语教学实践和学科建设整体水平的一个基本条件。”教学研究是提升课堂教学效率和成功实施汉语国际推广战略的重要保证。

第四节 汉语国际教育地域性教学探讨

汉语国际教育事业近些年来取得了巨大的成绩，来华留学人数急剧增长，留学生生源层次日益丰富，培养留学生的高校和机构越来越多。但与此同时，这种发展也存在着极大的不平衡性：大部分的学生主要集中在北上广这样的一线城市，以及浙江、江苏、福建等经济发达省份和地区。像江西这一类型的内陆地区，汉语国际教育虽然在大背景下也有所发展，但无论是留学生人数，还是生源国籍分布的丰富性等方面都远不及以上城市。毋庸置疑，地区高校汉语国际教育的发展水平一定程度上是受该地区的政治地位、经济发展水平和文化影响力等因素影响的。那么在现有的政治、经济条件下，中部地区的高校如何进一步推进汉语国际教育的大发展，这是一项重大课题。

一、汉语国际教育地域性教学的必要性

为了了解目前江西地方高校对地域文化资源的利用情况，我们进行了较深入的调查访谈。笔者在 2012 年 2 月至 6 月、2013 年 7 月至 12 月、2014 年 1 至 6 月间先后多次对江西师范大学汉语言文学专业的 89 名本科留生和国际汉语教育硕士留学生进行了问卷调查和访谈。89 名被试中，男生 32 人，女生 57 人；51 人是在籍硕士生，38 人是在籍本科生。本次调查共发放调查表 89 份，回收有效答卷 82 份，有效回收率近 91%。

问卷及访谈主要涉及以下内容：

（1）择校原因与学习期望的考察

该内容主要是了解影响留学生择校的因素以及来赣学习的主要期望。

（2）关于招生渠道的考察

通过问卷调查了解留学生知晓所就读院的渠道，知晓所在学校的途径及学校的入学条件，以此了解江西高校吸引留学生的优势及其对外宣传的力度和生源水平。

（3）关于学习、生活环境满意度的考察

主要考察留学生对所在大学的教育、管理以及对社会生活环境的满意程度。

（4）关于留学生对江西文化态度的考察

此内容的考察是为了探讨留学生感兴趣的江西文化因素有哪些，这些内容主要是通过问答题形式来考察的。

（5）关于留学生与江西文化融合程度的考察

此内容的考察是为了探讨留学生感兴趣的江西文化因素有哪些，这些内容主要是通过问答题形式来考察的。

调查结果分析：

（1）关于择校原因与学习期望。留学生择校考虑的因素主要是奖学金。在82份问卷中，选择有中国奖学金的有38份，数量最多，占总数的46%。我们分析这部分留学生主要是国际汉语教育硕士生，这些数据充分反映出汉语的影响力日益增强、国家、政府对对外汉语教育事业的大力支持。中国政府已为外国留学生来华学习设立了中国政府奖学金，江西省教育厅每年也颁发年度奖学金，以此来吸引外籍学生来华求学。据我们了解，所有国际汉语教育硕士留学生第一学年都享受政府奖学金，第二学年根据成绩择优享受奖学金，到第二学年就会出现留学生因为不能享受奖学金而退学的现象，由此可以看出政府奖学金对一部分留学生，特别是非洲留学生来说，还是一个比较大的吸引力。值得关注的是有16份问卷选择了“为了了解江西文化，到江西旅游”，占了总数的20%。这说明江西的文化和人文景观对留学生具有一定吸引力和诱惑力。有的留学生希望能在中国这个异文化学习环境中，通过旅游来接触中国不同阶层的人群，了解中国的社会、文化和习俗，以开阔视野并锻炼自己的适应能力。这也为我们进行地域性对外汉语教学提供了依据和条件。在来赣留学的期望方面，选择了解、感受江西文化、中国文化的有19人，占总数的23%。

（2）关于招生渠道。选择校际合作的人数最多，有44人，占总数的54%，这部分留学生主要是通过当地江西各高校在海外的孔子学院的奖学金资助来江西学习的国际汉语教育硕士。通过亲友介绍的有12人，占总数的

15%；选择学校到本地推广的6人，占了总数的7%；查看网页和中介公司介绍分别有9人，各占11%。

(3)关于学习、生活环境满意度。本题选项从“非常满意”到“非常不满意”共分6个等级，其中选择“满意”的人数最多，共52人，占总数的63%；选择“一般”的22人，占总数的27%；选择“不满意”的有8人，占9%。由此看来，我们的教学和其他服务很大程度上是满足了留学生要求的，当然与此同时仍有很大的提升空间。

(4)关于留学生对江西文化的态度。留学生对江西文化中的山水文化、旅游文化、饮食文化、生活习俗等都很有兴趣。在82份有效问卷中，有76人在来中国前对江西没有任何了解，仅6人听说过江西，知道江西的景德镇瓷器、江西庐山等。但80人都表示对江西文化很有兴趣，愿意去江西的旅游景点观光旅游，更多地了解江西文化。

(5)关于留学生与江西文化融合的程度。

59个留学生选择了几乎没有和中国人深入接触和交流机会，占总数的72%。

总的说来，通过问卷调查的各项数据，我们能看出了以下问题：第一，留学生对江西文化很有兴趣，尤其是江西的山水文化、瓷器文化、饮食文化和习俗文化。第二，留学生对江西文化的了解和接触都很不够，在学习和生活中与本地文化的融合程度很低，这主要表现在他们在课外很少和本地中国人接触，交流，很少使用汉语，而目前的这些状态都是不利于汉语学习的。第三，江西本地高校没有形成自身独特的优势，力量单薄，知名度不高。第四，江西高校对外宣传不够，大多数外籍学生并不了解江西高校真正的优势所在。从目前的发展现状中，我们看出了以下两组主要矛盾，一是汉语国际教育发展的需要与地区政治、经济条件限制的矛盾。二是留学生了解地区文化的愿望与现实条件的矛盾。为了解决这些矛盾，我们认为在现阶段，各地区高校应该充分利用和挖掘利用自身的有利条件，扩大自身影响力，结合地域文化优势，开展地域性的教学。

二、汉语国际教育地域性教学的可行性

所谓的地域性的教学指的是把地域文化因素和汉语国际教育的教学内容、教学手段、教学形式、教学理念等紧密结合在一起的教学形式。地域性教学是一种具体可行的特色教学。

1. 编写地域性的汉语国际教育教材

二语习得只是文化适应的一部分，学习者始终处于从不适应到适应的连续体中，学习者对目的语群体的文化适应程度将决定其习得目的语的水平。从目前的教材使用情况来看，全国绝大部分的高校使用的还是北方大学编写的教材，这些教材无论在语言点还是课文内容方面大都和北方语境相适应，缺乏地域针对性。在非北方语境下学习、生活的留学生从书本上了解的语境和现实的语境脱节，这样会延长学生对目标语语境的适应过程，甚至会使学生在适应中产生困惑和无所适从的感觉，严重影响学习的效果，不利于南方留学生的汉语学习。另一方面，接受北方大文化背景教育的留学生，对学习地的地域文化接受和熟悉程度普遍较低。语言学习的最佳方式和最终目的都是交际，对地域文化的这种低接受度势必影响留学生的学习热情和效果。我们在江西师范大学的留学生中做了一个随机调查，百分之九十五的学生对江西的了解仅停留在他们生活的校园以及附近商业区，他们会利用假期去北京、上海、广州这样的大城市，却很少想过待在江西境内。这说明留学生对本地文化的认同是很不够的。究其原因，这跟我们对自己地域文化的宣传和利用不足不无关系。进行文化宣传的最直接、也是最有效的形式就是编写一套地域性的教材。如果使用地域性的教材，把书本的语境和现实的语境结合起来，让学生全方位、零距离地沉浸于目的语文化中，能够使学生在熟悉的语境下相对较轻松地接受汉语言文化知识。与此同时，这种地域性的教材又能宣传地域文化，进一步扩大地域文化的影响力，吸引更多的留学生，扩大汉语国际教育规模。

我们所说的地域性教材，并不过多地涉及方言。虽然方言是地域性的突

出表现，但它是留学生在学有余力的情况下用来“锦上添花”的部分。因此对方言我们并不着太多笔墨，不系统地介绍赣方言的特点。只是单独列出专门一章，从语音、词汇、语法部分进行一个赣方言与普通话的比较。对方言内容的选取，我们遵循的是实用原则。也就是说在赣方言语境下的普通话交际中可能会引起交际困难的语言点是介绍的重点。比如在语音方面，绝大部分赣方言中没有翘舌音声母 zh、ch、sh；声母 n、l 不分；声母 f、h 不分；没有后鼻音。语法上，赣方言也有较突出的特点，比如南昌方言中“过”的用法很丰富，除了和普通话一样，做动词和助词表经验态外，还可以做重行体标记和引出比较对象的介词，如“书包破了没有关系，下次买过。”“他的身体好过你啊。”词汇也是突显方言特色的一个重点内容，赣方言中有很多和普通话词汇同形但不同义的词语，如“辣”“无聊”等，这些词的使用频率极高，也是我们选择的重点内容。

我们所强调的地域性教材，主要指的是教学内容结合地域文化因素来编写。地方的历史地理、自然风光、传统习俗、风土人情、价值观念、生活方式、饮食服饰等都可以作为主题内容。以江西为例，江西，是一个历史悠久，文化底蕴较深的地方，自古便有“物华天宝，人杰地灵”的美誉。从自然景观来看，江西风景宜人。水光山色是江西重要的景观资源。三面环山，一面临水，东有武夷山，西有武功山，南靠南岭，背临长江。全国第一大淡水湖——鄱阳湖，也是多种珍稀候鸟保护区，享有“白鹤世界”“珍禽王国”的美称。优美的自然地理风光、得天独厚的山水文化不仅可以为留学生提供学习的良好环境，也能成为吸引更多留学生的重要资源。

当然地域文化绝不仅停留在自然风光这个层面上，丰富多彩的社会文化因素也是很重要的一个部分。景德镇的陶瓷文化世界闻名。瓷器是中国人民对世界文明做出的一个重要贡献。而瓷器也已成为江西在全国乃至全世界最具识别性的风物之一。我们所接触的留学生无不知道景德镇的瓷器。然而在目前的汉语国际教育过程中我们对陶瓷文化因素的挖掘和利用还是远远不够的。我们应该让学生更多地了解瓷器，更多地了解景德镇，让留学生能够亲身接触这些在千百年前就已扬名海外的瓷器。江西书院文化历史悠久。古代书院在中国教育史上具有重要地位，江西素有人文之乡的称誉，书院建设起步早，发展快，数量多。其中较有名的是南昌的豫章书院、九江的白鹿洞书院、吉安的白鹭洲书院、上饶的鹅湖书院。

民俗是当地人民在生活中不断积累、世代相承的一种传统文化表现形式。江西在古代地理上处于“吴头楚尾”，在民俗文化上兼容了吴越文化、湘楚文化的特点，这使得江西的民俗文化呈现出多样性和丰富性。比如南丰傩舞、井冈山祭窑风俗、赣南民间灯彩“九狮拜象”、客家吃蛋习俗、于都唢呐“公婆吹”等等，都具有浓郁的地域特色。另外还有发源于采茶劳动的采茶戏，极富乡土气息，颇受群众喜爱，成为赣南土生土长的剧种。

江西自古以来人才辈出，群星璀璨，在漫漫历史长河中放射出耀眼的光芒，为后世留下了一笔宝贵的精神财富。欧阳修、曾巩、王安石、黄庭坚、文天祥、汤显祖、八大山人、杨万里等等不胜枚举。从秦汉到清末，相当一部分江西人在政治、经济、军事、文化、教育、科技、建筑等领域，都产生了重大影响。

赣文化丰富多彩，在这儿我们只能列举一二。这些文化资源为我们编写地域性汉语国际教育教材提供了极其丰富和恰当的材料。当然要强调的是在文化因素的选择上我们要注意地域性和留学生需要性相结合的原则。任何脱离实际需要的选择都是没有意义和价值的。通过地域性教材，能把语言输入和地域文化有机地融合在一起，实现理论和现实的高度统一，这对降低留学生的文化适应难度，提高适应能力有极大的帮助。同时这些结合了地域文化因素的学习内容能极大程度地调动留学生学习的兴趣和热情，更有效地提高学习效果。留学生对地域文化的深入了解对提升实际语境中交际的自信心也是极有帮助的。

2. 倡导多样化的教学形式

以往的教学都是拘泥和局限在课堂之中的传统形式。而地域性文化内容为更加丰富和多样的教学形式提供了可能。对本地地域文化内容的学习除了通过课堂教学的渠道外，还可以走出课堂，充分利用已有的文化条件开设实践、考察型课程。比如在教学内容中江西名楼——滕王阁就可以编排进教材。对该内容的学习，除了课堂上教材内容的讲解、PPT 图片的展示等静态的方式外,还可以组织留学生考察。考察前可以要求留学生充分准备考察地的材料，形成自己对它的初步认识。考察后要求学生结合切身的见闻和感受，进一步完善和补充之前的材料，然后做一个课堂展示和交流。通过这种实践性课程，能调动学生学习的积极性和主动性，激发他们的学习热情，把书本的知识和现实的知识融合在一起，这样的学习过程才是最有效的形式。从课堂中走出来的教学形式，能让学生切实地感受地域文化，更容易接受和喜爱甚至是宣传地域文化。

3. 创造多渠道的交际语境

第二语言教学的最终目标是培养学生的交际能力。要提高学生的跨文化交际意识，培养跨文化交际能力，最好的方法是让他们沉浸在目的语文化的氛围中，因为这样不仅可以增加学生对目的语文化的理性认识，还可以让他们在同本族文化进行感性比较时，同时习得目的语文化。然而来赣留学生要融入目的语文化氛围中，还有一个比较长的适应过程，特别是很多学生都一定程度上缺乏一种融入的主动性和积极性。这种情况下学校和老师就要为留学生创造条件，推动他们积极、主动地融入当地文化氛围。比如学校可以组织中国学生和家庭与留学生结对子，鼓励他们定期地组织相关的联谊和交流活动。老师可以定期地布置相应的学习任务，让学生带着任务有意识地融入目的语语境。

4. 树立地域性教学意识

要真正贯彻地域性汉语国际教育，最重要的一点是汉语教师要有明确坚定的地域性教学意识和地方文化意识。具体而言就是在进行对外汉语教学实践时，不但要熟练掌握和热爱中国主体文化知识，了解中外文化差异，而且要熟悉和喜欢地域文化，明确自身宣传地域文化，发展地方高校汉语国际教育事业的责任与使命。只有这样，教师在教学过程中才能胜任地域文化直接宣传者这一角色，才能进行真正意义上的有效的地域性汉语国际教育。

5. 加大地域文化的宣传力度，提升地方高校的教学质量

目前我们对地域文化的宣传还很不够，以后我们应该利用一切可以利用的手段，加大地域文化的宣传力度，拓宽招生渠道，以吸引更多的留学生来本地学习。比如制作精美的能体现地域性的宣传图册和招生简章，建立展现地域文化的汉语国际教育网站，加大和海外教育机构的交流、合作，提高汉语国际教育教学质量，利用本地毕业生加大宣传等等。

阿尔特巴赫（1987）总结了影响第三世界国家留学生决定出国留学的八大因素，其中有教育质量、研究设备、教育设施、奖学金、升学机会、学位优势六项是和教育环境相关的。相对其他发达地区的高校而言，中部地方性高校在这些方面还有比较大的提升空间。只有完善教育环境，提高教学质量，提升地方高校的国际知名度，才能有更强的竞争能力和水平。

三、汉语国际教育地域性教学的现实效用

1. 有助于提高留学生的文化适应能力

任何形式的二语习得总是在特定的社会文化背景下进行的，学习者的文化适应程度影响了语言习得的效果。地域性的对外汉语教学，通过地域性对外汉语教材，能把语言输入和地域文化有机地融合在一起，实现了理论和现实的高度统一，这对降低留学生的文化适应难度，提高适应能力有极大的帮助。

2. 有助于留学生更快地提高语言交际能力

地域性的教学内容、地域性的教学手段和形式有助于学生把课堂上学到的语言知识和技能直接用于日常的交际表达中去。所学的能直接为其所用，这样能更快地提高留学生的语言交际能力，也能进一步提高他们学习的热情。

总之，利用地域文化的独特性，走一条具备地域特色的汉语国际教育之路，是各个地方高校，特别是中西部高校发展汉语国际教育的有效途径。具备地域特色的教学才是更有竞争力、更具发展前途的教学。

第五节 对外汉语教学与教育行动研究

一、教育行动研究解说

教育行动研究是在行动研究（action research）的应用基础上产生的，它是近年来在自我反思的教学模式下，经课程教学改革者的研究创新提出来的。

1. 行动研究的起源及教育行动研究的产生

行动研究的方法和实践起源于美国20世纪40年代中期的社会科学研究中，行动研究这一概念是美国著名社会心理学家K. 勒温（Lewin）在其《行动研究与少数民族问题》一文中正是提出的。勒温（Lewin）在其文章中对行动研究的概念、功能和操作模式作了全面、系统的介绍和说明。他认为：行动研究概念中的“行动”和“研究”是不可分的，研究中有行动，行动中有研究，行动研究中的“研究”是指研究课题来自社会活动和实际工作者的需要，研究是在实际工作中，在“行动与研究”中进行的研究，这一研究由实际工作者与研究者合作完成，研究以解决实际问题，改善社会行动为宗旨。

因考虑到行动研究“共同讨论、改进实践、提高效率”这一积极意义和特征，20世纪50年代，勒温（Lewin）的“螺旋式”行动研究模式得到了哥伦比亚大学师范学院前院长寇利（Corry）和课堂专家塔伯（Taba）等人的倡导，行动研究被应用到教育领域来解决教学管理和教师面临的各种问题，并逐渐成为欧美发达国家教师继续教育和专业成长的一种主要方式。20世纪70年代后，又得到了诸如斯坦豪斯（Stenhouse）、埃里澳特（Elliott）、埃伯特（Ebbutt）、凯米斯（Kemmis）和麦克纳（Mckernan）等著名课程和教学专家、学者的支持、充实、修正和完善。从各种著述所附的参考文献来看，大概在80年代后期，行动研究的方法被引入我国；90年代初由北京师范大学英语系王蔷教授主持开始研究和实验并取得了显著成果，并有数量可观的论著、论文和研究报告出现。

将行动研究运用于教育领域即为“教育行动研究”。教育行动研究是由教育理论工作者和实践工作者以解决教育教学中的实际问题为根本目的，以“对行动进行研究，以研究促进行动”为基本方法，从而不断改进教育教学的一种教育科学研究方式。教育行动研究承认每一位参与研究人员的作用，参与研究的教师都能决定研究的主题和过程，可充分发挥教师实践知识的作用，即使是普通老师，也不会因为自己“理论基础差”而对科研望而却步。教育行动研究的实质是教师在实践中通过行动和研究的结合，运用教育教学理论，去研究和解决不断变化的教育教学实践中的具体问题，促进教育教学工作更加合理、科学、有效发展，不断提高教育教学实践的水平和质量。

2. 教育行动研究的特征

与其他研究方式相比，作为应用研究的教育行动研究有诸多适合教师运用的特点，其特点可以概括为三个方面：

（1）以解决问题为导向，旨在改进教学过程、提高教学质量。教育行动研究的出发点和归宿都是为了解决教学过程中出现的问题，改进或改善教师自身的教学和管理行为，提高教学质量。

（2）以教师实施的课堂内外教与学的行动为研究对象。教师开展教育行动研究不是“无病呻吟”，而是“对教育行动”开展研究，特别是在教学过程中出现的问题、困惑和想法，更是教育行动研究关注的对象。

（3）以教学行动的实施者（教师）为研究者主体。教育行动研究是适合基层教师开展的一种研究模式，是教师自己的研究。在这种模式中，教师是这些活动的执行者，也是研究结果的消费者。

3. 教育行动研究的步骤

教育行动研究是一个螺旋式的发展过程，每一个螺旋式发展圈又都包括几个相互联系、相互依赖的环节。在借鉴国内外教育行动研究的理论探讨和实践经验的基础上，从可操作性这一角度出发，我们认为可以把教育行动研究的过程设计为如下四个步骤：

（1）计划。即设计一个研究方案以改进现状，对教育教学上存在的问题进行调查分析，对问题做出归纳、分类。教师根据分析结果制定出具体的实施计划，计划包括行动研究的预期目标、打算研究的领域、研究领域中探究的具体问题、解决问题的途径和方法、可能获得的结果、所需要的各种资源和时间安排等等。

（2）实施。即指把计划中设计的解决问题的途径和方法加以实施，这是关键。值得注意的是，行动计划得以实施的背景是课堂教学的活生生的实践背景，在实施行动研究计划的过程中，由于教学实践受到诸多现实因素的影响，教师很难严格地按照原定计划实施，因此，教师在计划实施过程中可以根据实际情况做出必要的调整。

（3）观察。即对行动情况进行详细的观察、监控和记录，收集有关资料，以便对计划的实施情况有一个大致的了解，并最终对本研究成果作全面透彻的分析。

（4）反思。即在实施过程中进行思考、分析、检查和评价研究结果，也是对前面三个阶段进行再认识的过程，这是每个从事教育行动研究的教师都应该考虑的问题。对行动研究的反思主要包括：问题界定是否明确、研究是否按计划执行、行动研究的结果如何、研究手段是否丰富、资料收集与记录是否详尽、研究的信度和效度如何等等。

当然，这几个步骤所需的时间可以根据研究的问题的大小或长或短。

二、对外汉语教学中加强教育行动研究的意义

1. 教育行动研究能够提高对外汉语教学质量

对外汉语教学事业虽然经过 50 多年的摸索和发展，培养了大批优秀人才，积累了相当丰富的经验，但不可否认，当前的对外汉语教学还有不少尚不成熟和值得探讨的地方，许多教学实践中遇到的问题还远远不能从现有的教材、工具书、汉语语言学论著中找到现成的、令人满意的答案，需要进行研究并加以改进。而这些问题往往只能由从事对外汉语教学工作的教师通过深入的研究、学习来解决。教育行动研究的引入可以促使对外汉语教师对自己的教学实践进行持续反思，发现并探究学生在汉语学习过程中出现的问题，分析

学生出现这种问题的原因，提出解决问题的方案，并针对学生中出现的某种错误与毛病，利用已有的知识和研究成果来做出明确而又通俗的说明，从而提高课堂教学效果。

陆俭明先生说，提高对外汉语教学质量的三大条件是高素质的教师队伍、高质量的汉语教材和高效率的教学方法，而这都有赖于对外汉语教学的科学研究及其有效、及时的转化。对外汉语教学必须以学术引航，这样才能确保教学质量的不断提高。而这种研究，不能光指望从事汉语本体研究的学者，主要得靠处于对外汉语教学第一线的广大教员。而教育行动研究正是扎根于课堂实践这块沃土，以改进课堂教学、提高课堂教学质量为目的，它研究的起点来自于课堂教学工作中的问题和困惑，强调从经验中学习，并最终指向教育教学过程中实际问题的解决。对外汉语教师通过教育行动研究对自己的日常教学行为进行案例开发，能将无形的教育原理有形化，抽象的理论研究具体化，将理论与实践紧密结合，从而提高对外汉语教学质量。

2. 教育行动研究能够促进对外汉语教师专业成长

面对知识经济兴起带来的机遇和挑战，对外汉语教学也正在经历着一场包括目标、课程、教学和评价等在内的基于现实指向未来的变革；对外汉语教学必须走“以汉语教学为基础的、开放性的兼容整合之路”。在对外汉语教学中，能否抓住对外汉语的特性，提高教学效率，关键性的问题是教师的素质如何。

教育改革的成功、教学质量的提升，归根结底基于教师对知识本质的深刻理解和感悟。教师就是最好的教材，没有教师的专业成长，就没有真正意义上的教育改革，这不是教师听几次报告或参加几次培训就能解决的问题，需要处在教学第一线的教员坚持不懈的努力。教师参加行动研究，能促使教师加强理论学习，明确教育教学规律，使教师从中学到新的教学方法和教学策略，从而提高教学理论水平。对外汉语教师在教育行动研究的过程中，把自己日常教学工作中迫切需要解决的问题作为自己研究的对象，这些问题往往不是一种理论或方法能够解决的，而需要教师发挥自己的聪明才智，努力寻找有关资料、学习教育教学理论及借鉴他人的工作经验，进行教学设计。

在这个过程中，教师主动地研究、反省、认识和理解“现成的”“既定的”事实和问题，教育教学理论不断更新，教学水平和实践能力逐步提高，从而很好地促进自己的专业成长。

对外汉语教师要努力提高自己的专业水平，除了应当具备传统所界定的专业知识及其结构、必要的教学技能等之外，还必须拥有一种“扩展的专业特性”，即有能力通过在教育行动研究中对有关理论进行检验，并在教学上进行探索。反思自己的教学，使教学质量在反复的设计、实施、观察与反思的螺旋式上升过程中得到改进，实现自身专业上的发展。

3. 教育行动研究能够推动对外汉语教学学科的发展

对外汉语教学事业在50多年的发展历程中，经过广大对外汉语教师和关心对外汉语教学的语言学家、心理学家的共同努力，已初步形成了自己的学科理论体系，初步改变了以学习、借鉴国外语言学习和教学的理论和方法为主的局面，开始走上了独立研究的道路。但我们也应当承认，对外汉语教学的学科理论体系还不够成熟、完善。目前绝大多数学校，负责对外汉语教学工作的领导和从事对外汉语教学的教师，学科意识普遍不强，不注重对外汉语教学学科的理论建设和整体建设；不注意整合各不同学科的力量来为建设对外汉语教学学科服务。

教育行动研究通过“对这一行动、行动发生的环境和行动的结果进行监控；然后回顾性地按照作为未来行动基础的要求，对这一行动重新做出说明解释。这样得来的知识既可补充修正考虑中的具体实践计划，也可补充修正实际工作中的一般实践理论。”教育行动研究的引入可以促使对外汉语教师在这种教学对象不同的实践中，通过不同的认识途径，发现汉语中那些由于习焉不察而被忽视的现象或规律，检验和丰富汉语本体研究的成果。作为教育理论与实践相结合的能动的实践性中介，教育行动研究的成果既可以充实、丰富对外汉语教学学科的内容，又能有效地促进教育理论与对外汉语教学实践的良性循环、转化和发展。

目前，海内外从事对外汉语教学的教师的专业背景相当广泛，既有人文学科的，也有自然学科的；既有学历史哲学的，也有学外语的；既有毕业于对外汉语专业的，也有毕业于汉语言文学专业的。在对外汉语教学实践中，他们既有各自的优势和长处，也有各自的缺陷和不足。教育行动研究强调教师之间及教师与理论工作者之间的相互合作、平等对话、相互促进和共同提高。对外汉语教师和研究者通过这一研究方式，合作研究、共同反思，取长补短，将自己原先所学的学科知识跟对外汉语教学紧密地结合起来，从而使自己所学的知识服务于对外汉语教学，成为对外汉语教学的有机组成部分。

“在第一线从事对外汉语教学的广大教师，最应该也最有条件从事这方面的研究。但是由于种种主、客观原因，我们广大教师的力量还没有得到充分的发挥。”对外汉语教学学科作为一个独立的学科要大踏步地发展，从事对外汉语教学的领导和广大教员都必须树立明确的学科意识，并围绕教育教学中出现的问题，大力开展教育行动研究，共同致力于对外汉语教学学科的理论建设。

在对外汉语教学中加强教育行动研究不仅切实可行，而且是势所必需的。

三、教育行动研究在对外汉语教学中的运用

在对外汉语教学的具体实践中，处在教学第一线的对外汉语教师可以充分使用教育叙事、反思性课堂教学和校本教研等教育行动研究方式，来提升对外汉语教学质量，促进对外汉语学科的发展，同时也可为汉语本体研究提供有益的素材。下面结合笔者的经验举例说明。

1. 教育叙事

教育叙事是研究者（主要是教师）通过有意义的校园生活、教育教学事件、教育教学实践经验的描述与分析，从而发掘或揭示内隐于这些生活、事件、经验和行为背后的教育思想、教育理论和教育信念。对对外汉语教师来说，由于教育对象的特殊性，教育叙事是他们研究成果的特定表达方式，比如写一些专业教学日记，记录自己印象深刻的教学活动，总结反思课堂中出现的一些情况等。现从自己的教学日记中择取两例加以说明：

2007 年 9 月，我们第一次来到韩国大邱加图立大学中文系任教，主要教

汉语会话。10月中旬进行期中考试，这是第一次考试，针对考试中出现的一些情况，我在教学日记中这样写道：

2007年10月15日　星期二

本周是期中考试，中级会话班的考试方式是由学生当场抽取话题进行即兴演讲，每个学生的话题都不一样。演讲的学生进行演讲时，其他学生在下面听并可以而且应该向演讲的学生进行提问，演讲的学生不能拒绝回答。但实际上几乎没有人提问。这种考试方式有利有弊，有利于反映学生面对面及时交流的汉语表达能力，但对那些汉语水平较低而平时又不敢开口的学生来说有点难，而且很多学生当众演讲非常紧张，以后应该加以调整。

在经过一段时间的观察和分析后，我们总结到：韩国学生很重视成绩，所以也很重视考试，可以利用考试来"逼"他们练习口语，应将平时课堂的口语练习表现，按一定比例计入考试成绩中，但是应该对不同水平的学生采取不同的评价方式，尽可能寻找到学生的"最近发展区"，做到因材施教。

在中级班讲授《欢迎来我家做客》之后，我对当天的教学活动做了记录：

2007年10月31日　星期三

今天在两个中级班的课堂即兴表演都取得了成功。根据课文内容，我事先向学生会借了一件围裙，请扮演家庭主妇的同学穿上，这极大地增添了课堂中的生活气息，激发了学生的兴趣和表演欲望。尤其是角色反串中的那一组，扮演主妇的男同学大方自然地一声接着一声叫扮演丈夫的女同学"老公"，使眼色叫"儿子"干活，观看的同学爆笑不止。表演的同学还能互相打趣、逗乐，如"儿子"对来访的同学说"我妈妈漂亮吧？她是去年夏天整了容的"。课堂气氛非常活跃，学生反映这样的教学效果非常好。

通过积累，我们认识到：在对外汉语教学中，师生之间良好关系的构建是课堂教学成功的重要因素，特别是在口语教学中，如果师生关系融洽，学生就乐意参与，就不会害怕紧张，口语表达首先就克服了心理障碍。其次教师要在会话题材上充分挖掘学生的生活体验，鼓励他们多说一些发生在自己和朋友身上的事情，要多鼓励。口语课鼓励学生大胆地开口说，这是必须坚持的，关键是如何诱使他们说，说什么，怎么说。这也是我们今后应该思考的一个问题。

我们认为，教育叙事蕴含着教师个人的实践智慧和教育理念，体现了教师对日常教学生活的洞察力和反思探究能力。通过写教学日记发现自己教学过程中的得与失，总结成功的经验，吸取失败的教训，进而重构自己的教学行为，并以新的课程理念提升自己的教育品质。当然，所记内容可长可短，但贵在坚持。

2. 反思性课堂教学

反思是教师教学创新的动力，是促进教师专业发展、提高教学质量的有效途径。教学反思是贯穿于教育行动研究的主线，反思即研究，没有教师的深刻反思，就没有教师的教育行动研究。只有经常反思自己，才能不断优化教学。反思性课堂教学是教师以自身的教学活动为反思对象，对自己的教学行为、教学决策以及教学结果进行审视和分析，并据此采取相应行动，以改善教学效果的过程，其本质在于教师将反思和探究纳入教学过程。

比如：我们在韩国教授汉语的过程中，发现大部分韩国学生不积极主动地进行口语操练，有些人甚至因怕出错而拒绝说话，这严重影响了他们的汉语学习，特别是口语表达能力的快速提高。针对韩国学生的这种学习现状，我们开始反思自己原来的教学方式，分析出现这种状况的原因，得知他们具有高度自尊、高度监察，追求完美，极其重视自我形象，爱面子，特别怕说得不好，怕出错等心理，并根据分析结果重新制定具体的实施计划——在对外汉语口语课教学中采用任务型语言教学法，营造环境气氛，帮助学生克服畏惧心理，维持并强化他们学习汉语的兴趣，鼓励学生大胆开口。通过近两年的实践，取得了良好的教学效果。

对外汉语教师开展反思性课堂教学不是建构抽象的对外汉语教学理论，而是为了完善对外汉语教学。对外汉语教学面对的是有着不同文化背景、生活背景、心理状态、汉语能力、学习目的和认知水平的学生，教学对象差异极大、非常复杂，再加上所教内容庞杂，牵涉极广，举凡中华文化、语言文字、历史文物、生活习俗，无不博大精深，而学生都深有兴趣。对外汉语教师必须将自己整个的教学活动作为认知的对象，对教学目标、教学内容、教学行为、教学过程和教学评价进行批判的、有意识的分析与再认识，从教学前、教学中、教学后等环节获得体验，努力提升教学实践的合理性。反思性课堂教学不仅包括教学后的反思，还包括对教学前和正在进行的课堂教学的反思，反思无须制定计划，但需要经常进行，在反思中不断修正提高。

3. 针对学生不同母语特点的研究

任何一个学生都是具体的、独特的、不可替代的，他所具有的复杂性是其他经验所不能说明的，正是这种理论与实践之间的张力需要我们把目光聚焦于具体的教学实践。每位教师都应该以自己的实际情况为出发点，以在教学实践中所遇到的各种问题为研究对象，由学校、教师共同参与，旨在改进课堂教学效率，提高教师的教学、科研能力，从而创造性地开展教学研究。这种教学研究体现出来的教师是教学研究的主体和改进实践这个特征，正是教育行动研究所倡导的基本理念。

对外汉语教学也是一样，不仅每个学生不同，而且由于教学对象母语文化背景的不同，教学方法和教学策略亦应不同。对外汉语教学需要按照不同母语的文化背景和特点，树立有系统又有区别的教学方案，这样可以提高教学的效率和教学的水平。

比如韩国学生在离合词的使用上的偏误现象比别国学生要顽固得多。有些汉语水平很高的学生还经常说“今天见面了一个朋友”、“老师请客我吗？”这样的句子。其实他们早已明白了语法上的道理，但使用时依然会犯错误，这种偏误现象就很值得我们研究。这就需要我们对韩国学生的心理文化特点和母语等方面进行系统分析，阐发其根源，寻找其习得规律。而同样是韩国学生，可能有些在某方面掌握得好些、快些；有些则要差些、慢些。所以还得把握学生的性格特点、学习心理、思维方式。处在教学第一线的对外汉语教师对教学对象更了解，更易掌握第一手资料，也更应进行针对性的研究。

“提高教师的教学和研究能力是提高对外汉语教学实践和学科建设整体水平的一个基本条件。”教学研究是提升课堂教学效率和成功推进汉语国际推广的重要保证。随着我国经济的发展和国际地位的提高，来华留学生急剧增加，他们的层次、规格和学习要求及目的都呈现出多样化，每个学校都有自己的特殊情况，无法靠单一化教材满足所有人的需求，也无法靠单一化的教学方法解决所有问题。开展对外汉语教学的高等院校和从事对外汉语教学的教师进行校本教研的内涵就是从共同学校的实际情况出发，研究在教学实践中所遇到的各种问题，提高对外汉语教学质量。

教育行动研究是近年来国外教育界在行动研究的应用基础上产生的，旨在自我反思的教学模式下，探究和实践的一种教学理论和研究方式。教育行动研究的引入能使我们比较全面地掌握对外汉语教学的现状，并在此基础上发现教学科研中的空白点或薄弱环节，寻找出问题的症结和研究的切入点，使我们能在较高的起点上把问题思考得更深入，把理论基础打得更扎实、更牢固，并在更大范围内、更高层次上开展我们的研究工作。

第六节　高校商务汉语教学

一、高校商务汉语特定的教学目标

高校商务汉语教学是对外汉语教学中的一个组成部分，它是一门新兴学科，有其自身独具的学科特点，不同于一般性的对外汉语教学。因为商务汉语是特定的商务活动领域或是与商务活动密切相关的交际用语。既然是特定领域的交际用语，就有其特殊性。在商务汉语教学中，我们不难发现教材中有大量与商务活动或商务经济相关的知识内容。面对这种情况，我们是着力讲授那些专而深的商务知识，还是如同多数人一样仅单纯地传授汉语知识呢？

我们认为，无论采取哪种教学方式都有失偏颇。大家知道，语言最基本、最重要的功能在于发挥它的社会交际作用，而其交际用语是不能脱离特定言语交际环境而独立存在的。因此，我们进行商务汉语教学，务必要兼顾两头，突出重点。所谓兼顾两头，就是既要传授与商务活动或商务经济相关的知识内容，又要传授汉语知识或汉语文化知识；所谓突出重点，也就是说我们始终不要偏离商务汉语的教学目标，——培养学生娴熟地“运用汉语从事商务活动的交际能力”，达到以言行事之效。换句话说，在商务汉语教学中，我们应注重培养学生运用汉语进行思维和交际的能力，能解决商务活动或与商务有关的工作、社交、生活等实际问题，而非以简单的识记或储存各种知识为其最终目标。

二、高校商务汉语适宜的教学主体

那么，哪些学生适合学习商务汉语呢？通过教学实践，我们认为汉语初学者是不适宜的。原因就在于作为特定领域的交际用语——商务汉语，同样蕴含着丰富的汉民族文化内容。尽管人脑生理机能一样，其思维能力或思维规律相同，但思维方式不是完全相同的。譬如，汉语使用者和英语使用者的思维方式就存有一定的差异。对于同一事物，汉语使用者一般是先分析事实或现象，再得出相应的结论，其思维方式长于归纳推理；而英语使用者则不同，一般是先给出结论，然后再对事实或现象进行分析，其思维方式长于演绎推理。可以这样说，学习和掌握一种语言就是为了学会一种思维方式。

为什么说学习和掌握一种语言是为了学会一种思维方式呢？对于这个问题，我们必须要从语言和社会的关系中寻找答案。一位思想先哲曾经说过，语言是随着社会的产生和发展而产生和发展的。语言随着社会的死亡而死亡。社会以外是没有语言的。因此要了解语言及其发展的规律，就必须把语言同社会发展的历史，同创造这种语言、使用这种语言的人民的历史密切联系起来研究。也就是说，语言具有民族性，与一个民族的历史文化息息相关。同时，语言又是思维的工具，我们进行思维必须借助于语言，语言是思维的显性存在。

由于语言具有民族性，因而具体的思维方式也具有民族性，这就形成了不同的思维方式。

人类社会的进步与发展，向世人展示了其文明进程及其丰硕的文明成果。那么，人们是如何了解历史悠久、内容浩博的文明成果呢？毫无疑问，最主要的是通过语言文字这一媒介而实现的。因为人类的文明成果大都是通过语言文字记载、储存、传承下来的，所以一个人要了解另一个民族的历史文化，非得借助于这个民族的语言文字不可，这就决定了他必须先得学习这个民族的语言文字。只有掌握了语言文字这一基础性的工具，才能进而领略这个民族语言文字中所蕴含的历史文化魅力。毋庸置疑，在高校商务汉语比一般性汉语学习要求要高，难度要大，其中除丰富的汉民族文化内容之外，还包含着大量的专业性很强的商务知识，倘若不具有汉语基础就开设难度很大的商务汉语，无异于一开始就在学生面前横下了一道难以逾越的关卡，他们势必会望而却步，丧失学习热情与信心，这无论对他们的汉语学习还是汉民族文化的传播都是有百害而无一利的。

三、高校商务汉语应采用的教学策略

选择课程相适应的学习主体是高校商务汉语教学中的一个重要方面，但要达到良好的教学效果，实现预定的教学目标，还得讲究一定的教学策略。

采取什么样的教学策略进行商务汉语教学才能行之有效呢？这关涉到如何正确处理两大关系：教和学、教师和学生之间的相互关系。我们认为，学生具有很强的思想敏锐性和主观能动性，他们是学习的主体，而不是被动接受信息的机器；教师所起的应是主导作用，其责任是引领学生进入知识的殿堂，培养他们获取知识的能力，而不是用一把尺子以一个统一的标准钳制他们活跃的思想。所以，在教学活动中，我们应该充分调动学生的积极性，让其思想在激烈的交锋中碰撞出智慧的火花。

那么，如何激发他们的学习热情？我们认为，首先应把商务汉语的课程内容与学生的兴趣爱好和实际需要结合起来，使之在学习中既轻松自如，又学有所得。实践中，我们的具体做法是：

第一，问卷调查，收集学生最为关切的实际问题。开课前，设置一些相关的问题对学生做一次问卷调查，要求他们认真做出回答。问题可以分两大类：一是针对学生自己的，如有何兴趣爱好、学习特长、实际需求等，要求每个学生具体说明；二是根据学生对商务汉语这门课的期待提出问题，诸如：(1)以前你接触过商务汉语吗？如接触过，请谈谈你对它有何认识？或者在商务汉语学习过程中，有什么困惑？如从未接触过，请谈谈你理解或想象中的商务汉语应是怎样的？（2）你希望老师如何教商务汉语？（3）你希望从商务汉语课堂上学到什么？（4）你认为学习商务汉语有什么作用？等等。通过这样一问一答的方式，我们收集到了一些有用的信息。此外，我们还将教师的各种联系方式告知学生，以便他们能用自己喜爱的方式就学习中的问题及时地与教师沟通。掌握了学生的基本情况后，我们有的放矢地安排我们的教学内容，使教学内容既满足学生的实际需求又紧跟时代的发展步伐。当然，仅仅做好以上工作还不够，还应做到以下一点，而且是最重要的一点，那就是要充分尊重学生的主体地位，让他们积极参与到教学的各个环节中来，使他们能在实践中不断地提高自己。

第二，对症下药，以案例教学为突破口，使其学而有用。具体操作是：每次上课结束时，我们便为下次课堂讨论提供3、5个案例。这3、5个案例是时下的热点话题，具有较高的关注度，能真实地反映目前商务领域里的实际交流问题。学生可以根据自己的爱好投票选择其中的案例，得票最高者即为下次课堂讨论的教学内容。其余案例，学生若感兴趣则可作为课外扩展阅读的练习，随时可与同学或教师交流。当然，案例的选择不限于教师提供的，学生也可推荐一些认为可行的案例。之所以这样做，目的是让学生有充足的时间去预习。预习过程中，他们可以根据案例中提出的问题去阅读、查找工具书，还可借助网络技术收集与案例相关的资料对其进行分析，以此完成一个自我学习的过程。另外，我们还强调学生必须将感想以及存疑写下来，哪怕是片言只语，也要写成自我学习收获的心得报告。我们采用的是小班教学，每次案例讨论之前，每个学生以 2–3 分钟发表自己对案例的看法。当某个学生发言时，其他学生须做笔记，为随后的课堂案例讨论作准备。事实证明，案例教学成功与否，关键在于学生是否积极主动的参与，如果没有学生积极主动的参与，那案例教学就成为空话，无功而言了。所以，在案例教学中，我们努力为学生创造一个内外宽松的学习环境。而要营造一个课堂内的良好环境，就得下足功夫先把课堂外的良好环境营造到家。也就是说，我们一定要抛弃那种好为人师的心态，对学生应抱一种亦师亦友的亲善态度，在相互学习中给予他们赞扬和鼓励。学习环境宽松了，他们就由不敢表达变为勇于表达，又由勇于表达跃升为善于表达，能在不断锤打的激烈雄辩中锻造出自己的应变智慧和处事能力。

第三，以学生为主体，让其参与内外教学的各个环节。我们的教学原则是，让学生尽情自由地发表意见，教师只是将其思想表达的核心内容笔录下来，不作任何表态，一旦学生表达上遇到了困难则加以引导或点拨，而不应主观臆断地改变他们的思想。

上述环节完成之后，我们便趁势将案例引入课堂。此时教师运用多媒体如音频、视频等手段将教材中涉入的商务知识以及汉语文化作为一种背景知识向学生展示、讲解。课件制作须遵循简洁明了的原则，核心要点简明扼要，讲解主次分明，重点突出商务领域与日常交际中的不同点，以引起他们注意。有关商务知识的讲解不过于专，主要考虑以下几种情况：（1）在开设商务汉语的同时，已经开设了与之相关的一些必修课，如当代中国经济、经济学原理、国际贸易实务等课程，这些课程的开设在一定程度上弥补了学生商务知识方面的空缺。（2）最新情况研究表明，商务汉语发展趋势具有几个特点：①最典型、最常见的商务汉语交际，其语境一般是发生在公司内部管理、协商、讨论及情感交流那样的场所；②口头表达是商务汉语交流中最常用的方式；③在一般的商务汉语交流中虽涉及一定的商务知识，但更多的还是汉语文化知识。（3）根据以往的教学经验，学生普遍认为商务知识枯燥乏味，如过多过专地讲授，则会产生一定的负面影响（如表现为学生畏惧、消极、懈怠这样的不良现象），也有本末倒置之嫌。所以，在简要介绍背景知识之后，我们便根据所选案例的长短再给学生 5-10 分钟的阅读时间。在这重读过程中，新的背景知识会对学生预习中形成的认知产生一定的冲击，而冲击的结果是形成新的认知图式，使原有的知识结构重新构建，从而深化自己对有关事物的认识。

第四，双方对垒交锋，使其迅速提升汉语实际交际能力。如果说第一次冲击使学生重构了新的认知结构，那么接下来不同观点的碰撞以及唇枪舌剑的论辩将带给他们的是认知结构上的第二次、也是最为深刻的一次重组。在这案例的讨论与辩论过程中，我们将学生分成小组，每组 5-6 个，他们来自不同的国家，汉语水平也参差不齐。我们认为，只有这样汉语才能为他们架起一座相互沟通、相互了解的桥梁，也只有这样才能促使他们有更浓厚的兴趣来学好汉语。那些同一小组的学生，按其不同的观点还可再次将其分化重组。为了维护自己的立场观点，重组后的小组成员往往会通力协作，以充分的论据来论证自己一方观点的正确，同时对其他一方不同观点提出质疑并予以反驳。这时，我们教师也参与其中，不时地向学生提些问题，借以推动讨论朝着纵深方向发展。每当此时，案例讨论便将课堂的热烈气氛推向高潮，学生在这不断的思想交锋中大大提升了自己的汉语思维能力以及汉语交际水平。论辩过后，我们及时分析点评学生在案例论辩中表现出来的可圈可点之处，予以鼓励，以激发他们的热情；即使一些观点有失偏颇或过于偏激，我们也加以正确引导，使其不仅知其然，还知其所以然。

第五，总结规律，不断提高学生的理性认识。课程结束时，我们对案例意义作总结性归纳，让学生对这堂课的实质内容有一个明确的把握。与此同时，还要求每位学生就本次案例讨论撰写一篇完整的分析报告，这对提高学生的汉语交际能力和写作水平很有好处。除了以上环环相扣的教学活动外，还让学生养成自我积累知识的习惯。为了将其落实，每次上课前 5 分钟，我们先请一位学生就其收集的商务汉语小知识或汉语文化小故事进行演讲，或在案例教学中由学生以商务汉语交际活动为场景自导自演小戏剧。

四、高校商务汉语教学亟待解决的实际问题

经过如此一年的教学实践，原班学生的实际商务汉语水平有了很大的提高，取得了超乎寻常的好成绩，完全改变了学期之初那种默不作声、懒于思考、学习兴趣不高的状况。诚然，取得这样的教学效果固然值得欣慰，但是我们还应正视制约高校商务汉语这一新兴学科发展的瓶颈。就目前而言，主要存在以下问题：

第一，高校商务汉语师资力量亟待加强。由于高校商务汉语是一门新兴学科，有其自身的特点，以前培养的师资不能完全适应这一学科的教学要求，国家主管部门应加大高校商务汉语教师的培养力度，进一步拓宽教师进修的渠道，教师自身也应加强知识储备与专业素养，努力提高教学水平。

第二，应该尽快解决高校中教学与实践脱节的问题。商务汉语是商务领域里的交际用语，日常生活中很少使用，尽管课堂上教师设法营造商务汉语的交际环境，但与实际商务场景的交际环境还是存有一定差距，在一定程度上导致了教学与现实的脱节，这与高校商务汉语的教学宗旨是相违背的。为了解决这一问题，我们应积极创造条件，为学生提供企业实践的机会。然而，目前的情况是大多企业因怕影响其工作的正常运行而不给提供实践机会。我们认为，如果我国与留学生所在国或培养方与中外合资企业加强合作，签订相关协议，提供实践场所，那么学生就能顺利地从一个准商务人员成为一个真正的商务人员，这在双方的文化交流中也会起到牵线搭桥的重要作用。

第三，必须加快高校商务汉语的教材建设。目前，高校商务汉语教材的编写与修订严重滞后，既不能反映当下社会的新变化，也难以跟上时代发展的新步伐，缺乏实用性与时效性，这就加大了教学案例选择的难度，也对教师提出了不切实际的过高要求。就当前而言，仅靠教师的个人努力是难以解决这一根本性的问题。因此，国家主管部门应该积极行动起来，组织一批既具权威性又有教学实践经验的专家学者，就教材编写与修订问题制定一个切实有效的解决方案，并尽快付诸实施；或者借助网络手段，在国家汉办官网上

开设高校商务汉语教学专栏，不时地更新教学案例，教师可以此为依据，结合所教学生汉语水平的实际，选择合适的商务案例进行教学。如此一来，不仅解决了教材更新滞后的问题，而且还对教师教学起到很好的指导作用。

第七节 基于任务型的对外汉语口语教学

在众多的对外汉语课程设置中，对外汉语口语课一般被定位为一门培养学生在实际生活中运用汉语进行口头交际的能力的单项技能课。口语是一项技能，必须通过大量的训练才可能真正掌握。我们在韩国教授汉语的过程中，发现韩国学生具有高度自尊、高度监察，追求完美，极其重视自我形象，爱面子，特别怕说得不好，怕出错等心理，这种心理特征使他们不能积极主动地进行口语操练，有些人甚至因怕出错而拒绝当众说话，这严重影响了他们的汉语学习，特别是口语表达能力的快速提高。针对韩国学生的性格特点和学习现状，我们在对外汉语口语课教学中采用任务型语言教学法，营造环境气氛，帮助学生克服畏惧心理，维持并强化他们学习汉语的兴趣，鼓励学生大胆开口，取得了一定的教学效果。本文就任务型语言教学在对外汉语口语教学中的设计原则、教学步骤等进行一些探索和研究。

一、任务型语言教学法阐释

任务型语言教学法是20世纪80年代外语教学法研究者和第二语言习得研究者在大量研究和实践的基础上提出来的有重要影响的教学法流派，它把语言应用的基本理念转化为具有实践意义的课堂教学方式，强调通过交流来学会交际，将真实的材料引入学习环境。学习者不仅注重语言的学习，而且关注学习过程本身。

1. 任务型语言教学法的理论基础

任何一种教学法都需要吸收多方面的理论养分，综合各种教育经验。要全面理解并正确运用某一理论首先要把握它的理论基础。任务型语言教学法的理论基础来自多方面，有心理学、社会语言学、课程理论、教育论等。我们认为其中最主要的是第二语言习得理论和建构主义模式下的社会互动学习理论。

语言习得的研究成果显示，语言习得包括第二语言输入、被注意的输入、摄入、融合和第二语言输出等几个阶段。只有当语言习得者接触到可理解的语言输入略高于习得者现有的语言水平的第二语言输入时，才能促成习得。而其中起关键作用的是意义协商、互动活动过程，也即交际任务给学习者提供语言输入和输出的机会，促进语言习得。任务型语言教学旨在为学习者提供自然的语言环境，当学习者试图完成任务时，他们有充分的互动机会。言语互动构成学习者的语言环境，学习者从中获得过渡语发展所需的语言输入并形成可理解输入；而且能在互动中得到检验形成语言输出，从而习得语言。

建构主义学习理论是继行为主义之后产生的教育心理学理论。该理论认为“情境”“协作”“会话”和“意义建构”是学习环境中的四大要素，知识不是通过教师传授获得，而是学习者在一定的情景即社会背景下，借助他人（包括教师和学习伙伴）的帮助，通过人际协作活动，利用必要的学习资料，采用意义建构的方式而获得。教学活动中的“任务教学”恰好为学习者提供了这种体验过程。学生对布置的任务依据自己已有的知识结构和认知图式进行理解，从而对任务的意义进行自我构建，产生对任务的独特理解和感悟。又由于“任务”中包含有待实现的目标和需要解决的问题，必然激发学习者对新知识和新信息的渴求和摄入，并与自身已有的知识互动、连接、交融与整合，建构起对语言客体的认识，从而完成学习者的“重组”与“构建”，在运用中学会语言。

2. 任务型语言教学法的任务内涵

任务型语言教学法关键在于对“任务”的理解和把握。对“任务”的定义有很多，《现代汉语词典》中的解释是“指定担任的工作；指定担任的责任”；《朗文教学及应用语言学辞典》中的解释是“（语言教学中）指为达到某一具体的学习目标而设计的活动”。许多专家学者也对“任务”做了不同层面的界定。如Nunan（1989）从交际的角度认为，任务是学习者使用目标语来理解、使用、产生目的语或用目的语交际的一种课堂教学活动。Skehan（1999）则从自主学习的角度来界定，认为任务是一种可以受到学习者选择的影响、可以根据学习者自己的理解而变化的活动，它要求学习者使用语言，使用时注重意义并达到某种目标。我们认为，从语言学习的角度出发，任务可以看成是含有学习目标和学习内容的活动环境。具体来说，任务有以下特点：①对语言学习者而言，任务是以目标为导向的工作计划。换句话说，学习者需要用语言完成任务。②任务的重心是意义，即任务特点及其认知过程与真实世界的任务是一致的。③任务的完成需运用这种知识和技能。④任务的完成涉及认知过程，尤其是高端的认知能力。⑤任务完成后会得到一个结果，并需要对这个结果进行评价。因此，在任务型语言教学中，“任务”不同于一般意义上的“作业”“话题”“活动”，不是机械的语言形式的反复操练和模仿，也不仅仅是有一定局限性的情景交际会话。它的覆盖面很广，是紧密结合生活实际的真实行为、行动，它把整个教学活动置于真实生活的背景中，并以一定的目标为导向、以活动为基础，为学生以习得的方式获得外语能力创造可能。

3. 任务型语言教学法的实施步骤

按照任务型语言教学法的要求，Willis（1996）提出了任务型语言教学的三个阶段，即任务前（Pre-task）——任务准备和设计、任务中（Task-cycle）——课堂任务展示及任务学习和运用、任务后（Post-task）——任务运用评估。

（1）任务前——任务准备和设计

教师引导学生做一些简单的词汇学习活动，输入语言材料，激活学生已有的生活和学习经验，把该语言的使用环境及与任务有关的思维脉络、思维发散方向也同时提供给学生。教师提供必要的材料和范围对任务进行介绍，确定学生在任务中的角色。这一环节时间不宜过长，可让学生提前准备。关键是要结合学生的能力培养目标，制定和设计好任务。

（2）任务中——课堂任务展示及任务学习和运用

在展示语言材料的过程中组织学生对语言材料进行学习讨论，并掌握与任务相关的知识、技能，鼓励学生从中寻找出可以帮助完成任务的语言形式。教学内容的选择和教学材料的组织要有交际价值，尽可能接近生活真实，使学生感到身临其境。再把语言任务置于一定的情境中，让学生以个体或小组的形式带着具体任务去学习，最后完成任务。这是任务型语言教学的中心环节，关键是要围绕课堂主题进行学习并完成相应任务。

（3）任务后——任务运用评估

任务完成后，全班学生进行自我评价或小组评价，教师结合任务对重点语言项目进行归纳和总结，目的是对教学任务的完成进行及时反馈，了解学生的学习程度，规范教学行为，发现问题后及时纠正和强化。

任务前准备阶段是为任务的成功执行做准备；任务中阶段是学生以个体或小组为单位来执行任务；任务后阶段跟总结任务和语言分析有关。任务型语言教学以任务和话题为主线，以语言结构为暗线完成一个“任务链”，让学生在解决实际问题的过程中不仅掌握所需的语言知识，而且自觉运用这些语言材料和以前学过的语言材料来完成新任务。

二、基于任务型的对外汉语口语教学原则

口语课是大部分学生最主要的锻炼口语的机会，我们需要充分利用课内教学环境组织好课堂教学，加强课堂任务设计的研究，力求更加科学、合理、有效。基于任务型的对外汉语口语教学应该遵循一定的原则。

1. 以学生为中心的原则

任务型语言教学以“任务”组织教学，强调“教师指导下的以学生为中心的学习”，一切教学设计均围绕着有利于“学”而展开，学生的活动贯穿始终。在任务的履行过程中，需要充分发挥学生主体性，调动他们已有的目的语资源，以参与、体验、互动、交流、合作的方式感知、认识、应用目的语，在“学”

中做，在“做”中学。课堂上，“教师中心”让位于“学生中心”，学生享有主动权，有机会真实地表达自己，和同伴进行意义协商互动，建构自己的语言体系，可以最大限度地激发学生的学习兴趣，发挥学生的主观能动性，进而提高学习效率，有利于学生交际能力和交际素质的提高。

2. 情景原则

建构主义认为创设情境是建构意义的必要前提，应把它作为教材设计、教学设计的一个重要内容。语言是在情景中表达意义的，只有在真实或接近于真实的语言环境中习得的交际能力才是有生命力的。情景能激活学生已有的知识结构、语言图式、文本图式、事件图式或角色图式，对意义、语言结构的理解和预测发挥着重要作用。在任务型语言教学中，要把教学内容转换为课堂教学的各种语境和交际环境，通过制造各种言语环境来提供言语技能的练习机会和学习条件。

3. 互动原则

建构知识的过程其实也是互动与合作的过程。Nunan 认为通过目的语互动学会交际是任务型语言教学的特征之一。孤立的学习难以导致知识和能力的增长，而要通过互动与他人合作。只有通过与周围的人进行互动、与同伴进行合作才能激活内在的各种因素，发挥内在的主观能动性，主动积极地构建自己的话语体系。互动是师生之间、生生之间相互作用，互牵互动，共同来完成某一特定的教学内容。体现了教师为主导,学生为主体的双向教学原则，这与国际公认的所谓“沟通式”的现代语言模式相吻合。

4. 情感原则

语言学习是一种非常复杂的心理过程，整个认识活动受到情感因素的调节。许多研究成果表明，情感因素与语言学习主体的语言能力密切相关，情感是语言学习的原动力。积极的情感对学习主体发挥动力作用，可以有效地作用于语言创造实践活动,加快语言获得的速度与效率。在任务型语言教学中，要使学生真正体验到使用汉语进行交际的成功和愉悦，在快乐中学习。

三、基于任务型的对外汉语口语教学实践

在母语环境中学习目的语，缺少大的外语环境，很难安排结合生活实际的课外任务。再加上成人学生之间的关系相对松散，课后完成合作任务也有一定难度，因此，课堂教学环境有特别重要的意义。就语言学习内容本身而言，汉语口语课要提供给学生言语环境和说话机会，而只有在宽松愉快的环境中，学生才会放松自己，积极主动地参与进来，用已学过的单词组织成句，来表达自己所要述说的话题，达到使用汉语进行口语交际的目的。

我们在韩国上汉语口语课时，发现学生坐得很分散，都选择靠窗或后排的座位远离老师，很少积极主动发言，发言时瞻前顾后，畏首畏尾，担心出错，或者是每说几个字都要看一下老师，试图从老师的表情中确认自己正确与否。针对这种情况，我们积极营造一种宽松舒适愉快活泼的课堂教学环境和一种能让学生放下包袱、消除顾虑、踊跃参与操练的氛围。让学生尽量往前坐，坐在一起，彼此熟悉，互相帮助；每个人每次发表（발표）都到讲台前，使之逐渐适应在大众面前开口，并使他们意识到人人都要说而且可以随时大胆地说。

1. 初级汉语口语教学实践

初级班学生大多为二年级学生，没有去过中国，水平相差不大。有一定的汉语基础，可以进行简短的日常会话，但毕竟所学有限，开口表达的信心不足，特别是有些学生性格比较内向，难以开展复杂的练习，这极大地阻碍了任务的内容和方式。我们根据学生现有的汉语水平和将要学习的内容来设计任务，采用两人一组自由会话的形式，鼓励学生大胆地用学过的词汇和语言结构跟同伴说话。

例如初级口语会话班在准备讲《汉语会话 301》下册第二十六课《祝贺你》时，我们先请学生说一说什么时候表示“祝贺”，该怎样表示“祝贺”，引出与此相关的单词和句型，并把他们的话总结板书在黑板上。学生列举了很多比如“考上大学、过生日、考到好成绩、找到工作、找到男（女）朋友、结婚、生

孩子……”，“祝你生日快乐、祝贺你、羡慕你、祝你幸福”等等。根据学生自己列举的材料对“祝贺”这一任务进行介绍和说明后学习课文，鼓励学生在课文中寻找可以帮助完成任务的语言形式，熟悉和掌握相关的语言知识，并以此提供给学生完成任务的参考模式。学生进一步掌握了“祝贺你！”“祝你生日快乐！”“祝你身体健康！”等句型和使用环境后，把时间给学生进行言语实践，请学生自由组合成两两互动小组，自己设计情景和话题完成任务。由于我们是两节课连着上，学生可以利用课间休息时间进行准备和操练，第二节课就一组一组到讲台上来表演。在表演过程中，引导学生关注话题的交际性和语言形式的正确性；当表达遇到困难时，给予一定的指导和帮助；表演结束后，及时总结和评价，针对学生出现较多的语言错误进行集体纠错并重点练习。

2. 中级汉语口语教学实践

这个阶段的学生，汉语水平有了较大提高，能够说出完整的语段，但除了要求他们掌握汉语的语义外，还要注意语用。而由于韩国大学教学课程的设定，汉语口语中级班学生的汉语水平往往因其学习重点和强度的不同而各有差异。有些学生去过中国，又有比较多的机会与中国人保持联系，因而说得比较流利；有些人没去过中国，也不太喜欢用汉语来表达，但书面语言功底较为扎实，阅读文章没什么大问题。因此，在中级汉语口语教学中我们充分考虑学生之间的差异，利用学生之间的“信息差”，尽可能调动他们的生活体验，使他们进入目的语交际的会话活动中，积极充当相应的角色，进行模拟表演。

例如在讲《很高兴能到您家来做客》这一课时，我们先请同学说一说在中国（如果没有去过中国，就讲韩国）朋友家里做客的经历，让他们想想去别人家做客要注意什么，主人是怎么招待的，引出“邀请、拜访、告别”等几个语言点和学习任务。在整体把握课文内容之后，请同学以讲故事的形式复述课文，加深理解。在完成任务过程中，让学生自由组成合作小组进行讨论，然后分角色、按顺序表演“邀请”“拜访”“告别”等几个环节。在表演过程中，根据学生水平适当增减难度。如在“邀请”环节，要求汉语水平较高的同学在邀请朋友来家做客时遇到“邀请困难”，让他力图劝说朋友接受邀请以完成自己的交际任务。再如“告别”，角色 A 一定要走，而角色 B 一定要强留 A，让他们自由发挥，阐述自己该走还是该留的理由。这往往能激发他们的表达欲望，从而提高他们的口语表达能力。表演结束后，我们请学生指出表演过程中出现的语言错误，在学生分析的基础上加以总结，注意礼貌用语的使用。并在课后做一些引申练习如“敲门的客人是一位陌生人，而家里又只有你一个人在家，怎么办？”“客人不是自己的同学，而是找你爸爸妈妈的叔叔阿姨，你如何招待？”进行复习和操练。

3. 高级汉语口语教学实践

高级班的学生大多出于想进一步提高汉语口语交际能力而选择这门课，有较强的内驱力。学生人数相对较少，利于开展一些互动活动，但他们容易出现口语表达的“高原期”，即停滞不前的状况。这一方面是由于老生常谈的话题让学生产生厌倦情绪，另一方面是学生难以摆脱表达上的程式化。从教学的角度上来说，是教学内容不符合学生的“最近发展区”。我们在教学过程中采用辩论的方式把学生分成正反双方对某一问题进行讨论。每次课引出一个有一定深度而又比较热门的话题如中韩文化及当今社会、经济、科技发展的专题性话题，组织学生进行辩论、讨论或个人演讲。在学生自由表述之后，对这些句子中出现的词汇、句型、语法、文化现象进行有选择地分析和操练，同时对学生学习过程中概念不清的地方进行梳理，对相关知识进行有目的地扩充。

例如，我们针对韩国民众反对进口美国牛肉进行示威事件引导学生思考“出现这一问题的原因是什么”“民众示威游行有何利弊”“我们应该怎样做”，进而“评价一下李明博政府”。这些问题也关系到他们的切身利益，与他们的生活密切相关，并对此有了相当丰富的背景知识，谈论起来只需调动头脑中储存的材料，用正确的汉语形式表达出来即可。因此，课堂气氛活跃，讨论紧张而热烈。在学生讨论结束后，我们再简单总结出现这一情况的社会、政治原因；引导学生掌握“依我看……”“与其……不如……”“在我看来……”“我也这么想，但是……”等句型来表达不同的观点，并加以操练。

四、基于任务型的对外汉语口语教学反思

通过一年多的教学实践，我们认为大多数学生对这种教学方式持肯定态度，增加了对汉语学习的兴趣，乐于参与操练，汉语口语表达能力有了一定程度的提高，特别是学习的主动性得到了加强。但在实施过程中也要注意：

1. 任务设计

任务型语言教学“基于任务”，任务的设计和安排非常关键。任务的设计一方面要符合学生的兴趣点，接近学生的“最近发展区”，另一方面也不应过于简单，而要在学生原有水平上有所提高，需留出足够的空间让学生遇到挑战而激发他们的学习兴趣与创新精神。任务目标要明确，要有可操作性；尽可能调动学生的生活经历和实际交际经验，并以激发成就动机为出发点，使学生在感知、认知、使用过程中提高语言表达运用能力；任务活动要有交流互动和团队合作，应尽可能接近或类似现实生活中的各种活动，使过程紧扣真实场景。

另外，由于学生内向型和外向型性格的区别、习得母语和其他外语经验的不同，其学习汉语的方式方法、各自创造的交际气氛也不相同。因此设计的任务要注意任务类型的丰富性和难易程度，并合理安排任务的复现，使学生可以对先前习得的知识重新识别和巩固，并能利用新环境的刺激促使语言表达水平进一步提高。

2. 教师角色

基于语言的交际性、汉语口语课的特殊性，教师原有的传统角色应予以修正和扩展。教师在“任务”中应主要是帮助者和指导者，对学生的计划和分工进行建议和指导，起一个导向作用。有些学生在会话或表演过程中，总是要不时地看着老师，希望从老师的表情中确认自己表述是否正确，老师应该时刻与学生进行情感上的交流，用眼神、手势等肢体语言给予鼓励，引导他们表达和沟通。在表演或讨论过程中，经常会出现一些意外情况，讨论或辩论结果不一定也不必是意料中的，教师对独特的观点要有一定的容忍度。

教师要富有激情，充满热情，要放弃教师“权威”，把自己降为和学生平

等的“交流者”的地位，是学生平等的交流伙伴，必要时要参与、配合学生的表演，充分调动学生表达和倾听的积极性、主动性。教师要对学生的兴趣爱好、性格特点等方面充分了解并适当根据他们的特点设计任务、展开教学。教师要帮助学生摆脱心理束缚，使之充分发挥和依赖自己的学习潜力，轻松快乐地学习。

有些学生口语水平较高，喜欢表达，而另一些学生则水平较低，性格内向，不善表达，这种情况下该怎么平衡要做到心中有数。有时，学生在前台表演，有些学生针对刚刚出现的问题进行讨论、补充和完善，不能全身心地观看和评价，甚至影响了正在表演的同学。这种情况老师也要认真考虑如何控制。

3. 效果评价

由于任务型语言教学要求学生解决面临的现实问题，学习过程就是解决问题的过程，即由该过程可以直接反映出学生的学习效果。因此对这种教学效果的评价只需在学习过程中随时观察并记录学生的表现即可。在小组活动时，教师只需提出有关的评价标准，给出词语或句型等文字提示或口头提示，巡视各组讨论情况，了解各组未能解决的疑难问题，重点参与一两个小组的活动，及时肯定、推广小组学习的成果和有效方法。总结评价不是教学目的，而是一种教育学生积极向上的手段，要在充分肯定的基础上指出不足，尽量避免带有严厉批评色彩的评价，以免挫伤他们的积极性。评价要尽量考虑学生口语水平的个体差异，体现出评价标准的多样化和层次化。

任务型语言教学是双边或多边的交互式语言活动，能最大限度地平衡语言意义与形式之间的关系，有利于学生相互沟通，打破长期处于个体的学习状态，培养学生的合作精神，促进学生的情感交流。而且在充分发挥学生主动认知性的前提下，能提高学生运用语言的综合能力，兼顾口语的流利度和准确度。Harmer 认为任务型教学法和传统教学法的最大不同在于，任务型教学法能使语言在真实的交际中得到运用，其模式是把听说读写各种技能结合起来并从流畅到准确和流畅；而传统教学法只是把重点放在某一形式上，其模式是从准确到流畅。无论从教学目标看，还是从教学模式看，任务型语言教学都综合了传统教学法和交际教学法的一些优势，体现了新的语言学习观和教学观，具有极大的吸引力，因其既有语言输入又有语言输出，从而促进学生加快语言习得的过程，使他们在合作与竞争中共同收获和进步。

同时我们应该注意到，任务型语言教学也仅仅只是一种教学方法或者说是一种教学理论，在对外汉语口语教学中不能解决所有的问题，只有在适当的环境中对不同的效应加以整合，使其发挥优势，才能真正实现较好的教学效果。

第八节　对外汉语量词教学

量词，不少语言学家称之为“华人所独”，是以汉语为代表的汉藏语系所特有的词类，并指出汉语量词是汉语的特征之一，也是汉语表达体系中最具民族特色的词类。“什么量词和什么名词搭配”“什么情况下使用什么量词比较合适”，这个在我们以汉语为母语的人看来根本不是问题的问题，却总使得外国学生丈二摸不着头脑，百思不得其解。量词对于外国学生这样难以掌握的症结究竟在哪里？作为教学者和研究者应该如何改进我们的教学呢？本文侧重从汉语名量词的研究入手分析对外汉语量词教学的难度和方法。

一、对外汉语量词教学难点分析

汉语量词不像其他语言的量词那样，从产生到使用都有一个独立的体系，汉语量词绝大部分都是由其他类的词转化而来的。早在三千年前的甲骨文里就有了一些由名词转化而来的量词，如：“人十人”“玉十玉”。汉语个体量词产生很早，个体量词大多是从名词、动词或其他词类中借用而来。“一般说来，单位词是由普通名词演变而成的，并且它们的语法意义就是由它们的本来意义引申的。例如，‘颗’的本义是‘小头’（据《说文解字》），后来用作单位词，就是指小而圆的东西，如‘桔’‘柑’‘荔枝’等”这种对其他词类的借用，有着将抽象概念形象化、类别概念具体化的作用，它对名物词的形象暗示，使汉语词汇中日益增多的抽象概念变得具体和生动可感。而且“每一个量词的用法都与它在转化为量词之前所具有的本来意义以及在转化过程中所遵从的引申线索有着密切的关系。”它们在成为量词之前，曾作为其他类的词在汉语中存在着、使用着。转化为量词之后，在许多情况下，它一方面用作量词；另一方面，在不同的语言环境中，它的本来意义及用法还仍然保持着。

量词的这一特点决定了它与其他语言，尤其是印欧语系语言中的量词有本质区别。外国学生在学习的过程中并不了解这些词的本义和转化过程，难以掌握它们的用法。当然，有些词只要我们把它们的名词或动词本义讲述清楚，并把它们转化为量词的过程与它们成为量词之后的应用范围与本义之间的对应关系讲述清楚，一般学习者是很容易理解的；但也有一些量词，在长期的历史发展过程中，由于假借、简化等种种因素，虽然我们也知道它们是由其他词转化而来，但却对它们的本义及其向量词转化的缘由不甚了然，对它们成为量词后的应用范围与其本义之间的关系也不能透彻地加以解释，因此我们在讲解的过程中，总是感到力不从心。

汉语量词除了具有表示数量的意义外，还蕴含着一定的文化意义，也就是社会赋予量词的引申义、比喻义、联想义、象征义、感情色彩等特有的含义。伴随着人们对事物特性认识的不断深化和语言表达上的日趋精细，量词在由其他词转化的过程中不仅逐渐被赋予了新的鲜明、具体、可感的形象色彩，而且在被选用来修饰所描写的对象时必然承载着汉民族的历史文化内涵和民族思维方式。汉人在认识和改造客观世界的过程中善于抓住客观事物的主要形态特征和适用对象之间的内在联系，运用客观事物之间的相似性和相关性原理来比附事物。例如“头”，作量词一般用来修饰“牛、羊、猪”等家畜。据《说文解字》“头”是个会意字，上部像人头，头中间是眼睛，头上面有几根头发，下部是向左跪坐着的人形，整个“头”字上部很大，突出其“首”的意义，本义指人的头部，后来引申而泛指各种动物的头部，尤其是一些头部特征非常明显的兽类。又如“根”作为名词指的是树根，因为树根指的是长条形的，转化为个体量词后用于表示长条状的事物。在“一根绳子”中，“绳子”与“树根”是两个性质不同的事物，只因二者有相似的地方，就借助“树根”的形来显示“绳子”的形。

差不多每个汉语量词都深深根植于汉文化的历史背景之中，都有自己复杂的意义演变史。中国人在语言习得过程中从小在母语环境的熏陶下靠口耳相传能逐渐熟悉和自然掌握；而外国学生由于对每个量词的成词历史和语义演变过程等文化背景知识缺乏足够的了解和准确掌握，因此在学习量词的过程中，常常陷入既不知怎么用也不知为什么要那么用的困境。

与其他语言相比，汉语量词是一个庞大的家族，现代汉语常用的量词有600个左右，除了表示度量衡单位的量词外，还存在着大量的临时量词，数量之多，无法估算。如“一碗面”“一桶水”“踢一脚”“砍一刀”，等等。其中的“碗”“桶”“脚”“刀”既是名词，又是临时量词。汉语量词不仅数量众多，而且使用情况非常复杂，外国学生尤其是印欧语系的学生，缺少汉字文化圈的大背景，仅靠单纯的记忆和背诵是无法掌握的。

而语言学家对汉语量词内部构成的划分一直存在着很大的分歧，有的分为“个体量词”“集体量词”“度量词”和“临时量词”四类；有的分为“物量词”“动量词”和“复合量词”三类；而较多的则分为“物量词”“动量词”两类，对量词的分类多到9类，少到2类。应该说这些不同的分类结果，基本上反映了汉语量词的类别情况，但仔细考虑一下，它们只不过是从某一个或某几个角度作了揭示，都有一定的片面性，对人们在交际活动中准确认识和全面把握量词尚缺乏更有效的指导。缺乏一个科学的理论指导对我们的对外汉语量词教学也产生了一定的影响，外国学生较难认识汉语量词的规律，特别是在具体的语境中选用量词时感到困惑。

二、对外汉语量词教学方法探讨

在目前的对外汉语教学中，量词的教学任务一般安排在汉语初级阶段进行，而且所出现的量词数目也极为有限。据统计，在《汉语水平等级标准和等级大纲》（试行）的甲级语法项目里总共只出现了19个名量词：斤、公斤、克；些、点儿；个、位、本、件、间、杯、棵、课、张、把、只、条；种、样等。以后在乙级和丙级语法项目中就不再有量词内容的出现了。另外，在教学方法上，侧重于语法功能：首先是规定了“数+量+名”的结构形式；其次指出了“名词一般都有自己特定的量词”的规律，并未把教学重点转移到分析量词的语义和结合语境选用量词上来。仅仅通过对19个名量词的学习，外国学生难以掌握量词的规律，在碰到具体问题时更是难以驾驭。

汉语的量词大部分是从名词、动词等借用来的，相对于所修饰的名词、动词而言，量词原有的意义被虚化了，但是，“量词在转化的过程中以及在转化之后的使用中,都或多或少地保留着它们在造字之初的原始意义”,如用“条”所称量的事物都属于条状范畴,用“块”所称量的事物都属于块状范畴；用“段”所称量的事物都属于可以断开的范畴等。

根据汉语量词的这个特点，我们首先应该立足于语言本体，调动学生的认知能力。因为我们在具体的授课过程中，量词可能是一个一个地碰到，并一个一个地教给学生，针对学习者的不同情况通过选用简单实用的例句，适当讲解某一量词的本来含义、转化过程和它在转化为量词之后的应用范围及其内在关系，让学生在直接感受语言材料形成感性认识的基础上去理解某一量词的具体含义。

“兴趣是最好的老师”，也是学习任何知识所不可缺少的原动力。中华民族具有五千年的灿烂历史，并以其璀璨的光芒吸引着众多的汉语学习者。来华留学生多是出于对中国的兴趣或自身的需要而学习，有的干脆就是为了追求中国文化而来。他们在留学期间对于单纯的语言学习并不满足，而是希望借此良机尽可能多地了解中国，熟悉中国文化。他们的学习目的为我们在对外汉语教学中渗透文化知识提供了可能。因此，在教学中做到寓教于乐，激发学生的学习兴趣就是摆在老师面前的一个实际问题。

汉语量词绝大部分是由其他词转化而来，本身蕴含着非常丰富的文化意义，在对外汉语教学过程中充分挖掘量词的文化内涵显得尤为重要。把文化知识化整为零，在不知不觉中自然引入，相互渗透，浑然天成，学生乐于接受，也容易接受。同时，文化也为枯燥的语言课平添乐趣，课堂气氛活跃，加深了形象记忆，学生的学习兴趣自然能够提高。例如，在教量词“头”“匹”时，我们问学生为什么同是四足动物，牛用“头”，而马却要用“匹”。这样一问引起了学生的思考和兴趣，我们就不妨在教学过程中充分挖掘量词的文化内涵，告诉学生：牛，在我们的祖先造字时，就已注意到了它那弯弯的犄角所独具的传神效果，因而将其象形为“ ¥ ”（突出了“牛”的角），到了现代汉语中，人们也就很自然地用“头”来限定它，突出它的特征；马的皮毛光亮滑爽有如绸缎，于是它与绸缎共享“匹”字而无愧。通过这种形象有趣的讲解和联想，学生往往能够比较容易地掌握，并产生继续学习下去的兴趣。

当然，在对外汉语量词教学过程中，量词文化意蕴的挖掘要注意一个适时适度的问题。汉语量词的文化底蕴依托于历史文化背景，要在课堂上对外国学生讲清讲透有相当的难度。当外国学生对中国历史文化极缺乏感性和理性认识的时候，文化底蕴的分析势必受到很大的障碍，那么在教学过程中就不该一味挖掘量词的文化内涵了，应该给学生最必要的信息，否则会影响教学进度和效果。量词文化底蕴的挖掘主要安排在中高级阶段进行。

汉语量词不仅丰富多彩而且有一定的搭配，形式虽然简练，但内涵丰富，有独特的语用色彩，常常涉及到汉语的结构形式、语义、句法以及中国人的思维习惯等多种因素。但是客观条件和第二语言教学特点都不允许教师在课堂上长篇大论地讲解，机械重复的练习又不能使学生抓住要领，真正掌握量词的用法。因此对外汉语量词的教学必须创设具体的语境。

在语言交际过程中，交谈的时间、地点、场合、气氛，听说双方的身份、地位、职业、文化修养、情绪、心态等情况的不同，往往使得量词与所修饰的词也要有选择地搭配。

例如：量词“个”和“位”

A. 你们两个去不去

B. 你们两位去不去

从词义和语法的角度上来看，这两句并没有太大的区别。但在使用过程中，

“个”往往用于比较随意的非正式的言语交际场合,“位”则明显带有表示尊重、尊敬意图的特点。因此“个”与“位”的选择，在不同的场合哪一个更得体，却受到了听说双方的身份、地位、关系或心态等因素的制约。“位”比“个”显得更有尊重对方的意思。

又如：量词“条”“块”和“尾”

A. 一条鱼

B. 一块鱼

C. 一尾鱼

这三个量词都可以修饰名词“鱼”，但同是对鱼的外在形态的描写和修饰，却体现了不同的语用色彩。“一条鱼”和“一块鱼”就存在着现实情况的不同：“一条鱼”，鱼可能是活的也可能是死的；“一块鱼”，则必须是没有生命的，而且在大多数情况下已不再作为“鱼”的完整形状而存在；“一条鱼”和“一尾鱼”也存在着侧重点的不同：“一尾鱼”，则必须是有生命的，因为“尾”作量词将鱼儿在水中泼剌剌游动的情景显现出来了。在具体的句子里选用名量词时，必须根据具体的语境进行选择，不可混用。通过这样的比较和分析，能帮助学生理解同一对象可用不同量词限定的问题。

邵敬敏先生曾说过：一个名词可以有若干量词供其选择，形成量词选择群；一个量词也可以有若干名词供其选择，形成名词选择群，二者相互交叉，形成双向选择组合网络。名量词这种组合特点必然涉及量词选用的具体语境问题。教师在对外汉语量词教学过程中，在介绍名量词的一些既定规范之后，要介绍量词和相关名词在意义上的联系，引导学生对量词的语义特征进行分析，确定可供选择量词群，进而理解同一名词使用不同量词可以表现出数量、范围、形状的差别以及语体、风格和感情色彩的差异。

总之，量词因其是汉语所特有的词类，蕴含着非常丰富的文化内涵和使用环境的复杂而成为对外汉语教学的难点，不仅外国学生难以掌握，老师讲解也颇感头疼。但是只要我们不断深入研究，充分挖掘量词的文化内涵，并在教学中注意吸收这些研究成果，充分调动学生的积极性，帮助学生牢固树立“量词选用必须进入语境”的概念，肯定会促进我们的对外汉语量词教学。

第九节　语言比较视域下的对韩汉语量词教学

一般认为，汉语是一种量词丰富的语言。作为一个独立的词类，量词在汉藏语系语言中，特别是现代汉语系统中有着重要的地位。韩语是词汇语素和语法语素结合而解决句子里面技能的黏着语，存在着专门用以表示数量的量词系统，但直到现在也没有“量词”这个独立的体系和明确的称谓。因为这种表示数量的单位名词缺乏独立性，要依靠其他成分的性质，所以称之为“依存名词”，属于名词的下属范畴。这样一来，对于存在着量词系统却没有量词词类而又深受汉字影响的韩国学生来说，汉语量词常常成为其学习过程中的难点。我们认为，根据汉语量词的研究来比较韩语量词与汉语量词的异同点，通过比较认识中韩量词与名词、动词的各种错综复杂的配合关系，了解量词使用范围的异同，对提高对韩汉语量词教学效果是很有必要的。

一、探究中韩量词的语义源流，挖掘汉语量词的文化内涵

中韩两种语言量词的来源大致相同。有的是借用事物的形状如“头”“条”，有的是借用容器如“瓶”“杯”，有的是借用有关的动作如“次”“下”等。虽然这两种语言量词具体到借用的事物则不完全相同，但借用方式大致相同。

汉语量词绝大部分都是由其他类的词转化而来，一开始也没有一个独立的体系。早在三千年前的甲骨文里就有了一些由名词转化而来的量词，如：“人十人”“玉十玉”。根据王力先生的研究，汉语个体量词产生很早，个体量词大多是从名词、动词或其他词类中借用而来。他说：“一般说来，单位词是由普通名词演变而成的，并且它们的语法意义就是由它们的本来意义引申的。例如，‘颗’的本义是‘小头’（据《说文解字》），后来用作单位词，就是指

小而圆的东西，如‘桔’‘柑’‘荔枝’等”这种对其他词类的借用，有着将抽象概念形象化、类别概念具体化的作用，它对名物词的形象暗示，使汉语词汇中日益增多的抽象概念变得具体和生动可感。而且“每一个量词的用法都与它在转化为量词之前所具有的本来意义以及在转化过程中所遵从的引申线索有着密切的关系”。它们在成为量词之前，曾作为其他类的词在汉语中存在着、使用着。转化为量词之后，在许多情况下，它一方面充作量词；另一方面，在不同的语言环境中，它的本来意义及用法还仍然保持着。

韩语量词的来源大致有三种情况：从汉语而来的汉字词、纯国语的固有词和其他外来词。韩景熙（2002）对两部韩语辞书进行了量词统计，韩国民众书林著《国语词典》共收 369 个依存名词，其中单位名词（量词）262 个；纯国语 57 个，借用汉字词 81 个，借用其他外来词 124 个；《延世韩国语词典》共收 310 个依存名词，其中单位名词 163 个，纯国语 49 个，借用汉字词 85 个，借用其他外来词 29 个。韩语量词当中，多数来源于汉语，而且跟汉语量词的用法和语义相同，跟名词的理据也完全相同。

在对韩汉语量词教学过程中，我们就应该抓住这种来源相同性的特点，适当挖掘汉语量词的文化内涵。把文化知识化整为零，在不知不觉中自然引入，相互渗透，浑然天成，学生对此有兴趣乐于接受，也不会觉得陌生而容易接受。同时，文化也为枯燥的语言课平添乐趣，课堂气氛活跃，能加深形象记忆，学生的学习兴趣自然能够提高。例如，在教量词“头”“匹”时，我们问学生为什么同是四足动物，牛用“头”，而马却要用“匹”。这样一问就引起了学生的思考和兴趣，我们就在教学过程中适当挖掘“头”“匹”的文化内涵，告诉学生：牛，在我们的祖先造字时，就已注意到了它那弯弯的犄角所独具的传神效果，到了现代汉语中，人们也就很自然地用“头”来限定它，突出它的特征；马的皮毛光亮滑爽有如绸缎，于是很自然地联想到光滑的绸缎，共用“匹”字而无愧。通过这种形象有趣的讲解和联想，学生往往能够比较容易地掌握，并产生继续学习下去的兴趣。

二、比较中韩量词的搭配特点，注意汉语量词的句法位置

与韩语相比，汉语量词是一个庞大的家族，现代汉语常用的量词有 600 个左右，除了表示度量衡单位的量词外，还存在着大量的临时量词，数量之多，无法估算。如“一碗面”“一桶水”“踢一脚”“砍一刀”，等等。其中的“碗”“桶”“脚”“刀”既是名词，又是临时量词。汉语量词在数量上比韩语量词多，而且分布广泛、分类复杂，使用情况更具强制性。汉语言学家对汉语量词内部构成的划分一直存在着很大的分歧，有的分为“个体量词”“集体量词”“度量词”和“临时量词”四类；有的分为“物量词”“动量词”和“复合量词”三类；而较多的则分为“物量词”“动量词”两类，对量词的分类多到 9 类，少到 2 类。这种分类的不明确也给我们的对外汉语量词教学带来了一定的难度。本文采用“物量词”“动量词”两分法来比较这两种量词和所修饰词之间的搭配特点。

中韩两种语言中，量词都不能直接和修饰的名词或动词组合使用，而要先和数词组合构成数量短语，再跟修饰的名词或动词组合。不过，这两种语言量词的组合并不完全相同。

先看物量词。在汉语中，物量词一般后加名词组成一个定中短语，构成“数词 + 量词 + 名词”的格式，如“一个人、一本书、一头牛、一节课”等等。在韩语中，量词是名词的一个组成部分，位置可以放在名词前，构成“数词 + 量词 + 名词”的格式,如“두자루연필”。也可以放在修饰的名词后构成“名词 + 数词 + 量词”格式，如“연필두자루”。

再看动量词。在汉语中，动量词短语可以跟在动词的后面形成一个述补结构，构成“动词 + 数词 + 量词”的格式，如“跑一趟、谈一次、看一下、检查一遍”等等。而在韩语中恰恰相反，动量词组成的量词短语要放在动词前面，形成“数词 + 量词 + 动词”的格式，如“한끼 식사를 했다”。

金珍我（2002）通过比较总结说，汉语的量词短语与名词（动词）组合，它的句法位置比起韩语来较为固定，汉语的名量词和韩语的动量词的格式相

仿。相反地，汉语动量词的格式和韩语的名量词的格式相仿；韩语量词的语序和韩语量词的语序有同有异，有交叉。而且汉语量词短语和名词、动词的组合都具有一定的强制性，量词短语一般要出现在句子里，而韩语则没有这种强制性，非常自由，量词短语不出现也能表达意义。

中韩两种语言在量词搭配位置上具有形式上的相似性，韩国学生刚开始学汉语量词时比较容易。但实际上，由于母语迁移的负影响，恰恰是这种同中有异的细微差别成为韩国学生汉语量词学习中最难的地方。伏学凤对日韩学生使用量词情况进行了调查统计，分析后总结说："对于母语中存在量词系统的日韩学习者来说，最容易出现的偏误类型还是量词位置不当类偏误，比例高达53%，占所有类型偏误总量的一半以上。"

由于汉语和韩语语序差异较大，韩国学生在学习汉语量词，特别是动词后面带有宾语时，常会发生动量词位置不当的偏误。因此，我们在教韩国学生学习汉语量词中，要注意比较这两种语言量词结构的句法位置，要让学生明白区别在什么地方，并有针对性地进行巩固练习。比如在初级阶段，学生刚接触汉语量词，作为教师，必须要求学生下苦功夫，让学生熟练地完成简单的"数词+量词+名词"或"动词+数词+量词"的结构搭配形式，并把这种结构牢记在心。在熟悉了基本的结构之后，学生很容易掌握在没有语境条件参与下，某个名词（动词）可以和哪个量词搭配，不可以和哪个量词搭配。

三、分析中韩量词的搭配理据，理解汉语量词的选用心理

无论是汉语，还是韩语，"什么量词和什么名词搭配""什么动量词修饰动词""什么情况下使用什么量词比较合适"从来都不是随意的。邵敬敏（1993）曾说过：一个名词可以有若干量词供其选择，形成量词选择群；一个量词也可以有若干名词供其选择，形成名词选择群，二者相互交叉，形成双向选择组合网络。但恰恰是这种选择上的多样性又成为母语为非汉语学习者的难题。

伴随着人们对事物特性认识的不断深化和语言表达上的日趋精细，量词在由其他词转化的过程中不仅逐渐被赋予了新的鲜明、具体、可感的形象色

彩，而且在被选用来修饰所描写的对象时必然承载着该民族的历史文化内涵和民族思维方式。中韩一衣带水，同属于东方文化，深受儒家传统文化的影响；而韩语量词大多数来自于汉语，因此在搭配理据上有些非常接近。两种语言中，各自的名词和量词之间存在着相互作用的关系。名词与量词短语组合时，名词总是处于主导地位，对量词的选择起决定作用。一个名词前边的量词短语中用什么量词，不是随意的。因为我们总是在先确定了描述的对象（名词）之后才接着选择何种量词与之组合。同时，量词也对名词起反制约作用。因为量词作为事物量范畴的特征标记，在标识对象事物时表现出的稳定性和排他性，使它与某一对象事物形成了一种特定的匹配关系；只要这一量范畴标识（量词）在具体语境中出现，它所匹配的对象事物就会一同出现。

汉语量词和名词之间具有一种相似性和自相似形。汉语“名词跟它相配的个体量词之间有的时候在意义上有某种关系。”量词和它所修饰的名词有某种意义上的联系。汉语的量词大部分是从名词、动词等借用来的，相对于所修饰的名词、动词而言，量词原有的意义被虚化了，但是，“量词在转化的过程中以及在转化之后的使用中，都或多或少地保留着它们在造字之初的原始意义”，如用“条”所称量的事物都属于条状范畴，用“块”所称量的事物都属于块状范畴；用“段”所称量的事物都属于可以断开的范畴等。

韩语名词对量词的选择同样起主导作用，量词也会对名词起到某种反制约作用。如有些韩语量词的语义类别也和汉语量词一样着眼于事物客观呈现的外在形态，按照形状来区别使用，像“月”。但是韩语量词和汉语量词在习惯上、表达上或者分类上还是有些差异，它们搭配的理据并不完全相同。

比较而言，汉语量词系统中具有丰富的近义量词，一个名词可以由多个量词来修饰，不同的量词表达不同的语义，语义功能更加丰富。而韩语量词中的量词具有多义性和交叉性，一个量词可以修饰更多的名词，具有广泛的适应性。韩语量词在有些方面与汉语量词有交叉之处，有些量词和名词的搭配在汉语和韩语中是一致的，有些量词在汉语中和名词的搭配比在韩语中范围更广，有些量词在汉语中和名词的搭配比在汉语中范围小。韩景熙对中韩量词比较后得出以下结果:1、中韩量词用法相似的共64个，占总数的46%;2、汉语与名词范围比韩语大的共54个，占总数的38.8%；汉语量词与名词搭配的范围比韩语小的占8个，占总数的0.6%；3、中韩量词字形相异，与名词搭配的范围相当的却有13个，占总数的0.9%。这就给韩国学生学习汉语量词时带来了一定难度。

由于汉语量词大多数都不是单义的，因此在对韩汉语量词教学过程中，特别要注意名词、动词与量词之间“一对多”“多对一”的搭配关系。首先，要教学生对量词进行语义特征分析，明确同一个量词各层语义之间的派生关系，理解“数词+量词+名词”搭配“一对多”的现象，并能够举一反三。如“这是一张两块的邮票”中的“张”表示一个平面的对象，但是“张”还表示“可张开”的意思，如“一张嘴”“一张弓”等事物。其次，要教学生明白同一名词可以和不同的量词搭配，表现出数量、范围、形状等的差异。

四、着眼中韩量词的语用色彩，明确汉语量词的使用语境

中韩量词在句法上一般都不单独使用，经常同数词或指示代词结合起来作为语言的运用单位。量词除了具有表示数量的意义外，还蕴含着一定的文化意义，也就是社会赋予量词的引申义、比喻义、联想义、象征义、感情色彩等特有的含义，因此还具有多种修辞功能。中韩量词的语用色彩包括形象色彩、感情色彩和格调色彩，在描写人物、景物和抒发感情等方面，表达效果贴切鲜明、形象生动，富有感情色彩。

汉语量词不仅丰富多彩而且有一定的搭配，形式虽然简练，但内涵丰富，有独特的语用色彩，常常涉及到汉语的结构形式、语义、句法以及中国人的思维习惯等多种因素。或以“比类取象”的方式来比喻客观事物外部的整体形态特征，或以“援物取象”的方式来比喻客观事物的部分特征，抓住客观事物的主要形态特征和适用对象之间的内在联系，运用客观事物之间的相似性和相关性原理来比附事物。例如“头”，作量词一般用来修饰“牛、羊、猪”等家畜。据《说文解字》“头”是个会意字，上部像人头，头中间是眼睛，头

上面有几根头发，下部是向左跪坐着的人形，整个“头”字上部很大，突出其“首”的意义，本义指人的头部，后来引申而泛指各种动物的头部，尤其是一些头部特征非常明显的兽类。再如“根”作为名词指树根，因为树根是长条形的，转化为个体量词后用于表示长条状的事物。在“一根绳子”中，“绳子”与“树根”是两个性质不同的事物，只因二者有相似之处，就借助“树根”的形来显示“绳子”的形。这种表达方式在韩语里也较多，如韩语里表达“月”有“초생월”（初生月）和“반월”（半月），使用不同量词的表达方式，但这两个量词不是用来表量、计量，而是突出形态的变化，采用虚度表达方式，突出“月”的形象色彩。

中韩量词还可以表达人们对该事物的爱憎意味和褒贬评价，这种主观的意味就是量词的感情色彩。量词的感情色彩有的是静止的，有的是由人的主观性在具体语境中临时产生的。在语言交际过程中，交谈的时间、地点、场合、气氛，听说双方的身份、地位、职业、文化修养、情绪、心态等情况的不同，往往使得量词与所修饰的词也要有选择地搭配。例如：量词“个”和“位”在汉语里都可以用来表人，但在使用过程中，“个”往往用于比较随意的非正式的言语交际场合，“位”则明显带有表示尊重、尊敬意图的褒义色彩。而在韩语中，表人不能用“个”，而要用用“名、人、位”。同样，“位”也带有敬意和赞扬的感情色彩。两种语言在对量词“位”的选用上存在着一致性。在教学中，我们就应使学生意识到，量词的感情色彩和其后的中心词的意义关系密切，量词的选用要注意中心词的词汇意义，受到听说双方的身份、地位、关系或心态等因素的制约，必须符合该社会全体成员的习俗。

“词的构词理据、寓意背景、所在语体等等因素不同，从而形成词特定的意趣和风格，这种意趣和风格，就是格调风格。”量词的格调是由于人们出于不同的交际目的、在不同的交际场合，通过选用不同格调的词语来表情达意形成的。如汉语量词“条”“块”和“尾”这三个量词都可以修饰名词“鱼”，但同是对鱼的外在形态的描写和修饰，却体现了不同的语用色彩。“一条鱼”和“一块鱼”就存在着现实情况的不同：“一条鱼”，鱼可能是活的也可能是死的；“一块鱼”，则必须是没有生命的，而且在大多数情况下已不再作为“鱼”的完整形状而存在；“一条鱼”和“一尾鱼”也存在着侧重点的不同：“一尾鱼”，则必须是有生命的，因为“尾”作量词将鱼儿在水中活泼泼游动的情景显现出来了。在具体的句子里选用名量词时，必须根据具体的语境进行选择，不可混用。通过这样的比较和分析，能帮助学生理解同一对象可用不同量词限定的问题。

量词这种组合特点必然涉及量词选用的具体语境问题。我们在对韩汉语量词教学过程中，在介绍量词的一些既定规范之后，要介绍量词和所修饰词在意义上的联系，引导学生对量词的语义特征进行分析，确定可供选择量词群，进而理解同一名（动）词使用不同量词可以表现出数量、范围、形状的差别以及语体、风格和感情色彩的差异。我们要让学生接受并牢固树立“依靠语境选用量词”的观念，并在实际中自觉运用，根据名词、动词和量词意义上的联系，适应语境的需要，在其可能的“量词选择群”中做出正确的取舍。

汉语量词作为汉语一个独立的词类，蕴含着非常丰富的文化内涵和使用环境的复杂而成为对外汉语教学的难点，汉语量词教学不是单纯的机械性的记忆所能掌握的，还涉及语境、语义、语用等方面的分析，要求学生不仅要有一定的汉语读写知识、还要有丰富的汉字文化背景知识和一定的语言学知识，不可能让留学生一下子具有准确、得体的运用量词的技能，而只能由对量词的基本运用到准确、得体的运用。我们在对韩汉语教学过程中，需要在对汉语量词进行本体研究的基础上，进行对比分析和偏误分析，纵向考虑学生母语和汉语的异同，把相异之处作为重点难点，相同之处作为突破点，以达到举一反三的作用。再进一步分析探讨韩国学生出错的原因，加强量词的理论研究和个案研究，充分考虑学生的母语和文化背景，制定一个符合韩国留学生学习规律的对韩汉语量词教学语法体系，有针对性地实施教学。只要我们不断深入研究，充分挖掘量词的文化内涵，并在教学中注意吸收这些研究成果，充分调动学生的积极性，帮助学生牢固树立“量词选用必须进入语境”

的概念，肯定会促进我们的对韩汉语量词教学。当然，这还有很长的一段路要走，还有待今后进一步的研究。

第十节 对外汉语教学的调查与实证研究

一、来华留学生自主学习能力实证研究

1981年，Holec将“自主学习”概念引入外语教学领域。自此，语言自主学习已成为外语/二语教育研究领域的热点话题，世界上许多国家明确地把培养学生的自主学习能力作为语言教学的重要目标之一。

自主学习可以视为一种事件或活动。它要求学习者自己确立学习目标，确定学习内容、进度，选择相应的学习材料、手段和策略，监控学习过程，评价学习结果。又可以看作是一种能力，一种学习者自己把握学习的能力。因为外在的、形式上的完全的自主学习成功与否，取决于学习者绝对意义上的独立能力，因此，从本质上说，“自主学习是学习者对学习过程和学习内容的心理关系问题，即一种超越、批判性的思考、决策以及独立行动的能力。”自主学习无论是作为一种活动，还是一种能力，均以独立自主为核心，能对自己的学习动机、学习内容 、学习方法、学习时间、学习过程、学习结果、学习环境等方面都能够主动做出选择、控制或调节，兼具个体性和社会性特征，需要学习者内在认知心理机制与外在因素积极互动。一方面，自主学习与学习者的自控、自律、自省、主动性、积极性、创造性等个性化特征紧密相关，个体的内在认知心理机制在促进自主学习能力的发展中发挥着举足轻重的作用。另一方面，自主学习并不等同于独自、孤立的学习，自主学习具有鲜明的社会性特征。

国内关于自主学习的研究始于20世纪90年代初，相对集中在英语教学领域。迄今对影响自主学习能力的内在因素进行过大量扎实有效的研究，但鲜有学者运用实证研究方法探讨学习者所感知的外部环境对自主学习能力发

展的影响。由于对外汉语教学界对自主学习的关注较晚，研究成果并不多见，且多为一般性的理论介绍或阐述培养汉语学习者自主学习能力的重要性等问题，探讨影响汉语学习者自主学习能力内外因素及如何提高自主学习能力的文章更少。但值得一提的是，王淑红结合对外汉语教学，进行“我的博客 My blog”实践，并取得了良好的效果，也证明了在汉语言环境下培养留学生自主学习能力是可行的。丁安琪利用问卷调查了 184 名汉语教师对留学生自主学习能力培养的状况，研究发现留学生的自主学习能力普遍较弱，而教师的性别、年龄、专业等因素均会影响他们对培养留学生自主学习能力所采取的措施。

既然“自主学习引入对外汉语教学是必要的，在汉语言环境这一有利条件下更是可行的”，那么，在汉语国际推广的大背景下，在目的语环境中，“留学生的自主学习能力普遍较弱”的原因是什么？哪些外界因素影响了来华留学生汉语自主学习能力？外界因素如何与动机、自我效能感、目标设置、学习信念与态度、学习策略等内在因素相互作用，共同构成复杂的自主学习能力模型？

（一）研究设计

1. 研究方法

本研究主要采用叙事研究（narrative research）和半结构式采访调查（semi-structured interview）的形式来收集所需数据。叙事研究方法是诠释论观点下的一种研究取向，聚焦于研究对象个人的经验特殊性和主体性，通过研究对象的叙事来组织和建构个人的生活经验，并研究这些叙事对于个人和社会的启示和影响。Barkhuizen 认为语言经历的叙事文本体现了学习者语言学习过程动态的、社会文化特征，叙事中包括了学习者与外语学习相关的学习行动和身份构建。Pavlenko 认为叙事文本包括书面形式和课内 / 课外、过去 / 当前两个维度。叙事研究作为一种质性研究方法被介绍到对外汉语教学领域是近几年的事。这说明汉语教学研究已开始重视以人作为知识载体的主体性，以及个人差异、社会环境等诸多因素对语言学习的影响。本研究侧重叙事研究中的个人叙事法，因为所调查对象在中国待了一年以上，所学专业均属人文社科领域，如汉语言、城建、心理、历史、商贸等，对目的语环境下的汉语教学有较深的了解，均具有较好的反思和叙述能力，能够简单地使用元语言对自己的学习过程进行分析和评论。我们请调查对象撰写书面的汉语学习经历（400 字）以外，每月还上交一次 200 字左右的书面材料，内容包括时间上（过去 / 当前）和空间上（课内 / 课外）的经历，主要介绍汉语学习者的自主学习情况，内容涉及学习过程的了解、学习态度和信念、学习策略等。

半结构式采访方式是指采访者在采访前预先粗略设定好大致的问题，然后采访中根据被采访者的回答进一步进行详细的询问的一种量性调查方法，既可较好把握采访的大致方向，同时又可通过被采访者的回想获得较多的信息。

2. 研究对象

本次研究对象为江西师范大学的 12 名来华留学生，其中包括不同层次、不同专业、不同国家的语言生和学历生。具体信息参见表 1。

表 1　访谈对象基本信息

序号	性别	国籍	年龄	专业
S1	女	印尼	19	国际商务（本科二年级）
S2	女	印尼	21	汉语言（本科三年级）
S3	女	乌克兰	25	汉语国际教育（硕士二年级）
S4	女	马里	21	心理学（本科二年级）
S5	女	马达加斯加	18	中国历史（本科一年级）
S6	女	马达加斯加	26	建筑系（本科四年级）
S7	男	马达加斯加	30	应用语言学（博士二年级）
S8	男	韩国	34	应用语言学（博士一年级）
S9	男	韩国	27	汉语国际教育（硕士一年级）
S10	男	日本	58	语言进修生（中级）
S11	男	荷兰	22	语言进修生（中级）
S12	男	泰国	28	汉语国际教育（硕士二年级）

我们作为对外汉语教师和留学生管理员，在教学和管理中观察（有些是非参与式的课堂教学观摩）了解这12位学生在课堂内外的近一年的表现后，邀请他们参加半结构式的个人访谈。访谈在2015年12月到2016年3月这一期间进行。采访时的主要问题基本一致，即：（1）在来华留学期间在学习上遇到了哪些问题；（2）这些问题有哪些受到外界因素影响；（3）这些外界因素如何影响你的学习；（4）如何处理这些问题的。但会根据采访过程中被采访者的提供的信息灵活调整，进一步加深对相关问题的询问，因此采访时长因人而异，约30分钟到一个小时不等。采访均在教室或被采访者宿舍进行。采访时用录音笔全程录音，并根据研究需要对全部或部分内容进行了文字化处理。

（二）结果与分析

本文对12位学习者的书面叙事文本和访谈资料进行分析和整理，并对访谈转录文稿进行资料登录和类属划分，然后从内容中提取主题、中心思想或意义单位并加以解释，了解他们的自主学习情况，分析汉语学习者自主学习与外界因素之间的关系。

1. 来华留学生自主学习情况

第一，学习目标的确立与学习计划的制定执行

语言学习对学生来说既是一项巨大的系统工程又是繁重的任务，正确合理的学习目标和切实可行的学习计划是学习成功的重要条件。来华留学生在中国学校接受中国式教育时，常常受控于外部力量，更需要制订适合自己的学习计划，并严格按计划执行。但只有2名博士生（S7，8）有明确的学习目标和书面学习计划，而且是在导师的监督指导下确定的。S7说“博士第一个学期快结束时，老师要我们在网上填写提交了学习计划，毕业后要做什么我还不清楚。”3位硕士生（S3，9，12）表示有大致的学习目标，申请硕士研究生时，提交了书面学习计划，但基本没有严格执行。S12表示“我是拿孔子学院奖学金的，两年毕业后要回去当老师，教汉语；如果成绩不好，可能会没有奖学金。”另外7位留学生没有明确的目标，学习计划性不强，盲目随意性较大，S6说到“我在这里学习两年语言，再学这个专业，我就想在中国多待几年。

我没有计划。”通过访谈，我们也进一步了解到，有些同学虽然制定汉语学习计划，但却不能自主、合理地安排学习时间。例如，S11 提到宿舍不够安静，朋友聚会等外部原因使自己放弃原来的学习计划。

第二，学习方式和辅助手段的选择

江西师范大学语言进修生每周 20–24 节课，本科生每周 24–28 节课，硕士一年级约 20 节、二年级约 12 节，外国博士生由于没有公选课，每周课程较少。他们有自主学习的时间和空间，尤其是语言生和研究生，下午基本上没课，但他们缺少自主学习的意识，对自己的内在学习能力不够重视，12 位汉语学习者无一例外以课堂教学为主，依赖于教师和课堂，课外学习就是完成老师布置的作业。S1 说“我的学习方式就是上课，老师如果没有给我作业，在宿舍就不学习。”这表明留学生的自我监控能力如自我管理能力、自主学习能力有待加强。

在学习辅助手段的选择上，12 位学习者都能利用现代信息手段如手机词典、百度搜索辅助学习，但很少主动利用这些工具完成自主学习任务。S1 提到“可能是我比较懒，练习中不会的生词喜欢等着老师来讲，也不太愿意向中国朋友请教。”12 位学习者都喜欢通过观看中文电影、听中文歌曲来学汉语，但却很少在课外使用教材中附带的光盘。语言进修生和低年级本科生很少阅读课外书籍。

第三，学习过程的监控与评估

自我监控能力是学生学习自主性的重要表现，直接影响着学习质量和效果。6 位学习者在访谈中提到了在学习中进行反思、自我评估，然后改变学习方法、调整学习策略的经历。S2 说“我的综合课老师喜欢鼓励同学，每次得到鼓励，我就更有兴趣学习，课堂上就更认真积极。”S9 表示“我在考试后会找一找自己与别人之间的差距，但很少与他人合作、交流，以提高学习效果。”

研究结果表明，来华留学生的汉语学习倾向于课堂教学，能较为积极地完成老师布置的各项任务，有一定的自主学习意识，但较少主动安排学习时间，调整学习策略，自主学习能力总体上还比较薄弱。

2. 影响来华留学生自主学习的外界因素

由于本文研究目的语环境下学生学习的自主性，所以着重探究外界因素对来华留学生自主学习的影响。研究结果显示，影响来华留学生自主学习的外部因素主要有三类：学习环境影响如和中国人交际的需要和困难；社会文化因素如中外文化之间的冲突、不同的宗教信仰、所感知的社会支持力度；学校教育因素如学校的教学管理方式、教师的教学模式、师生之间的关系、教材等。

第一，学习环境与社会支持

目的语环境可以提供给语言学习者直接、真实、动态的语言材料，丰富的社会文化环境和大量、即刻的目的语使用机会，使目的语环境成为最理想的语言学习环境。

来华留学生是在目的语环境中学习汉语，无论课堂内外，学生都有足够的机会接触、使用汉语，学习环境应该非常理想，应该有利于促进学生自主学习。但实际上，自主学习能力差的同学常常不能自主控制学习环境。12 位学习者均表示，课堂上遇到困难寻求同伴帮助时，会使用母语或英语进行交流、询问，而大部分老师对此采取默认态度。但有些老师“把来自不同国家的学生安排坐在一起，避免学生在课堂上使用母语，而尽量使用目的语进行交流。”S5 说“课堂上，我很想和来自别的国家的同学坐在一起，可以多说汉语。不希望和自己的同胞坐在一起，但不坐在一起又觉得不好意思，怕别人误会。”在课外，他们同样面临如何积极主动创建汉语学习环境的问题。一方面要尽量避免使用母语进行交流，另一方面又担心用汉语交流遇到困难。访谈中，多名同学反映，刚来中国，一切都是陌生的，既新鲜好奇又紧张害怕；既希望多用汉语和中国人交流，却又担心听不懂。S6 反映，在校园里，有些同学太热情了，见到我都用英语和我交流，甚至都不问我懂不懂英文。我说中文，他们还是跟我说英文。这让我很苦恼，我是来学汉语的。

第二，学校管理与归属感、疏离感

对留学生的管理主要包括教学管理、住宿管理、纪律管理、中国文化教育、课外活动和联谊团体管理及心理干预等。10 位学习者对学校管理是否影响学习发表了看法。其中，6 位提到积极的、尊重留学生文化差异和个性特点的教育管理对自主学习有促进作用。S6 提到“在国际合作与交流处的领导下，我与一位师大老师家庭结成了对子，在异国他乡找到了家庭归属感。中国爸爸妈妈帮我解决了很多问题。中国家庭为我创建了一个非常好的学习汉语的氛围。”S4 说“我参加了学校的留学生民歌民舞艺术团。学校为我们配备了指导老师，在活动中加深了对中国文化的认知，增进了和中国学生之间的交流和友谊，汉语水平感觉进步很快。这是很好的学习锻炼机会。”学生所感知的社会支持和鼓励与学生的自主学习有显著的正相关作用，S11 提到“学校让我担任迎新晚会的节目主持人，并推荐我上当地电视台做节目，参加比赛。这些都使我认真地学习汉语。”这说明学生的自主学习需要社会文化环境提供更多的给养和调节。

然而，学生同时也表示，所在学校师生有意无意地关注过多或关注不当（如平时关心较少，当在迎新晚会、校运动会等需要他们这些老外露脸时就找上他们），让他们觉得不自在，不舒服。不好的管理甚至是态度不好的留学生专管员都会影响自己的学习。S9 说“从 2010 年在这里读本科，到现在马上研究生毕业，我在这里待了六年，搬了三次家，好麻烦，很头痛。”S10 也抱怨“我们原来和中国学生住在同一栋宿舍，现在搬到学校的周转房，1 到 8 楼是留学生住，9 楼以上是中国老师和他的家人住，完全被隔离开来，中国朋友不能进来，不便串门，就是留学生同学之间的交流也减少了。”这种宿舍管理让学生感到被排除在外，有一种被疏离感。S5 说到“留学生专管员好像总是很忙，我们很难找到他，高高在上又凶巴巴的样子，让我害怕，有很多问题得不到及时有效的解决，我感觉自己不受尊重。这不能使我认真学习，甚至想回国。”

第三，课堂教学与教师情感支持

课堂教学是留学生学习的第一阵地，留学生主要依赖于教师和课堂。“教师对自主学习的成功推进有着至关重要的影响”“教师如果对自主学习有着极大的热情，那他的学生必将受到这种热情的感染；而教师如果被动地接受自主学习这一概念，将很难对学生的学习起到推动和促进作用。”这些看法已成为第二语言教学界的共识性认识。教师对培养学习者自主学习能力的作用是学习者自主学习研究的重要的组成部分。

教师的情感支持与留学生的自主学习呈现出显著的正相关关系。如果学生获得了教师较强的情感支持，对老师在课堂上的教学就会抱着积极学习的态度，极大地改善学习行为，有效提升自主学习能力。S4 提到“我和中国学生一起上课，老师和同学都对我很关心。我们交流密切，不仅谈学习，也谈生活、风俗习惯、家庭、今后的职业，课后经常串门互访，老师经常参加学生的生日 party、我们的传统节日等各种活动。”喜欢欣赏某位老师，就会喜欢上他的课，进而主动学习老师所教的课程，课前预习，课堂上积极参与，课后认真完成老师布置的任务。S2 提到“我们都喜欢上综合课，因为老师熟悉我们每一个人，很懂我们，知道我们的爱好，甚至给我们每个人都起了可爱的绰号。”S5 说“老师加了我们班的微信群，在群里回答我们的疑问，给我们发一些有趣的学习材料，引导我们讨论。”

教师的情感支持还体现在角色的转变和教学模式的选择上，“以学生为中心”的教学模式更有利于学生自主学习。在这种模式中，教师是学生学习的指导者、帮助者，给学生创造更多的自主学习机会，让学生真正感受到自己是学习的主人，让学生主动把教师的教学目的转化为自己的学习目的。只有学生有了自己的学习目的和需要时，他们才能为自己的学习负起责任，从而激发他们的学习动机。

（三）建议与对策

本文以社会文化理论为框架，通过叙事研究和半结构式访谈法，对 12 位在中国学了一年以上的汉语学习者进行了调查，分析探讨学习环境、学校管理、教师情感支持等外界因素对来华留学生汉语自主学习能力发展的影响。研究表明：（1）影响来华留学生自主学习能力的外界因素包括来自学校的教育管理、教师和同学的社会支持、同学间的合作与互赖，教学模式、教育技术、文化背景等；（2）留学生所感知的社会支持与其汉语自主学习能力存在正相关关系；（3）目标积极互赖、资源积极互赖均与留学生汉语自主学习能力存在正相关关系；（4）以学生为中心的语言教学模式比传统教学模式更有利于促进留学生汉语自主学习能力;（5）留学生的归属感与汉语自主学习能力存在正相关关系，疏离感与汉语自主学习存在负相关关系。我们也相信，来华留学生所感知的社会支持、积极互赖、归属感、疏离感、教学模式等外界因素与动机、自我效能感、学习策略等内在因素对留学生汉语自主学习能力既存在各自有主效应，又存在交互效应，且这些因素对自主学习能力的影响既有直接的也有间接的。当然，这有待进一步研究。

根据本文的调查和分析，结合目前来华留学生自主学习情况，我们提出如下几项建议：

1. 充分利用目的语环境，提高学习效率

来华学习汉语的最大优势在于有着良好的目的语环境，然而在本研究中，通过研究对象的叙述，我们发现无论是教师还是汉语学习者都没有充分利用目的语环境，甚至还缺乏这样的意识。培养来华留学生自主语言学习能力，正可以充分发挥和利用这良好的汉语学习环境。教师要引领学生充分利用各种学习资源和汉语语言环境的优势，倡导他们大胆尝试各种学习方式，布置可以利用目的语的环境进行拓展学习的课内外作业和学习任务。

2. 改善教学管理，让学生有归属感

Powell & Arriola、Pittman & Richmond 等认为集体归属感与学业成就存在直接而显著的相关，以及 Stevens 等研究表明集体归属感对学习动机及目标取向影响深远，Uwah 研究结果表明学习者学校归属感是其学业自我效能感的显著预测因子。本研究亦表明了学习者集体归属感的强弱关系着来华留学生汉语自主学习能力的高低。教学管理者要注意保护学生的独立自主意识，发挥他们的主观能动性，鼓励他们自己解决问题，避免让学生感到“被干涉”“被强制”。学校要采用多种形式，营造良好的课余学习实践氛围，把开展留学生的课余学习活动作为学校隐性教育的一种重要形式和校园文化的重要组成部分。不仅利用课堂时间以小组形式组织留学生在一起探讨问题、交流汉语学习心得和体会，还要开辟各种渠道，以多种形式开展深入广泛的中外学生交流活动。积极引导他们开展合作学习与丰富多彩的课外学习活动，促进学习者在学习与生活等方面的互相鼓励、帮助、关心与支持，提升汉语学习者学习中的社会支持感与班级归属感，为汉语学习者自主学习能力的培养营造一个积极和谐的环境。

3. 提高课堂教学质量，提供情感支持

高质量的课堂教学与培养学生自主学习能力是相互依存的。对外汉语教师多思考通过什么方式培养学生的自主学习能力，才能促使学生在获得汉语基础知识和听、说、读、写基本技能的过程中，形成汉语自主学习能力。教师应在教学中重视对学习者提供学业指导与帮助、开展学习策略培训，在进行语言知识与技能传授的同时应充分重视师生情感交流，并且适时给予学生鼓励、关怀、尊重、友情与精神支持。在课堂教学中，应结合具体的教学内容有意识地引导学习者拓展学习内容，鼓励他们参与各种学习实践活动，为他们推荐适合留学生的图书杂志、网站和广播电视节目，帮助他们结识中国朋友、了解中国文化，培养他们的学习兴趣、学习能力和交际能力，等等。

二、韩国高校汉语会话课调查研究

在日常交际活动中，听和说是主要的交际方式。语言教学的主要任务之一就是培养学生的口语交际能力。作为第二语言教学（或外语教学）的对外汉语教学，其培养学生口语交际能力的重要性就不言而喻。在对外汉语教学诸多课程设置中，对外汉语会话课被定位为培养学生在实际生活中运用汉语进行口头交际的能力的单项技能训练课。这一课程的性质要求通过大量的口语实践活动培养学生的语感，培养他们用汉语思维和交流的习惯，达到实际交际目的，进而培养实用人才。因此，各大高校都把会话课定为从初级到高级的必修课。

韩国与中国一衣带水，源远流长，在韩国的汉语教学历史也非常悠久。如今在韩国，政府、教育界都非常重视汉语教学，几乎所有的大学都设置了中语中文学科，教授中国语言学、中国文学等课程，大力培养汉学人才。近些年来，韩国许多大学正在将以理论基础知识教学为主的教育模式逐步向以职业教育为主的教育模式转变。在这一趋势的影响下，人文学科的中文专业课程设置中，以实用为主要目的的现代语言技能训练课程所占比例也随之增大。为更好地促进韩国汉语教学的发展，我们有必要对韩国大学汉语会话课的教学情况做一个全面确切的了解，分析存在的问题。

（一）调查之基本情况

1. 调查项目

我们以某大学中文系学生对2008年下学期汉语会话课的综合评价、该大学中级汉语会话班去过中国留学的学生所写的对汉语会话课的感受为研究对象，并随机采访了几所大学担任会话课的部分老师和上过这门课的学生，以期反映韩国高校汉语会话课教学情况并对存在的一些问题提出自己的看法。

我们以该大学的讲义评价为调查项目，按班级分别进行，由学生在网上进行评价。由于网上评价的隐蔽性和独立性，评价不受他人影响，因此在很大程度上保证了评价结果的真实客观性。

表1：调查项目表

项目序号	调查内容
①	교수는 매시간 마다 실험（실습）의 목적과 내용을 분명하게 제시하였다
②	교수는 실험（실습）수업 중 어려움을 겪는 학생들을 적극적으로 도와주었다
③	교수는 실험（실습）과정을 시범과 함께 체계적으로 지도하였다
④	나는 수업을 통하여 해당분야에 대한 이해가 깊어졌다
⑤	교수는 성실하게 수업에 임하였고 학생들이 수업내용을 쉽게 이해할 수 있도록 진행하였다
⑥	교수는 원활한 수업진행을 위해 수업준비를 충실하게 하였다
⑦	수업내용이 전문적이며 해당분야의 지식을 넓히는데 도움이 되었다
⑧	교수는 강의내용을 알기 쉽고 흥미있게 설명하였다
⑨	수업방법은 내용의 이해와 습득에 도움이 되었다
⑩	수업은 전체적으로 유익하였다

原讲义评价项目共有11个，其中第一项只是调查对象个人是否积极参加上课的一种反映，因其不计入分值，我们不把它列入调查项目。这十个调查项目涉及该课程的教学内容、教学方法、教学效果等评价，比较全面地反映对该课程和任课教师的一个总体评价。评价分很差、差、普通、好、很好五个等级。

2. 调查对象

调查对象即为选修汉语会话课程的学生，根据所选课程分为初级会话班、中级会话班和高级会话班。由于学校并没有硬性规定学生必须参与评价，有些学生可能对此不关心或者错过网上规定的评价时间而没有参与评价。初级会话班授课学生为30名，参与评价的学生为26人；中级班授课学生为24人，参评学生为16人；高级班授课学生为16人，参评学生为14人。

3. 学生对汉语会话课的综合评价结果

表2：初级汉语会话课综合评价表

项目序号	评价结果					
	很差	差	中	好	很好	所得分值
①	0	0	0	7	19	9.46
②	0	0	1	5	20	9.46
③	0	0	3	4	19	9.23
④	0	0	0	11	15	9.15
⑤	0	0	1	4	21	9.54
⑥	0	0	1	10	15	9.08
⑦	0	0	2	9	15	9.00
⑧	0	1	1	6	18	9.15
⑨	0	0	2	6	16	9.23
⑩	0	0	2	8	16	9.08
总计						92.38

表 3：中级汉语会话课综合评价表

项目序号	评价结果					
	很差	差	中	好	很好	所得分值
①	0	0	0	6	8	8.75
②	0	0	3	3	10	8.88
③	0	0	3	3	10	8.88
④	0	0	2	6	8	8.75
⑤	0	1	3	3	9	8.50
⑥	0	0	3	4	9	8.75
⑦	0	0	2	6	8	8.75
⑧	0	0	1	7	8	8.88
⑨	0	0	3	6	7	8.50
⑩	0	0	2	4	10	9.00
总计						87.64

表 4：高级汉语会话课综合评价表

项目序号	评价结果					
	很差	差	中	好	很好	所得分值
①	0	0	0	5	9	8.64
②	0	0	2	3	9	8.56
③	0	0	1	4	9	8.24
④	0	0	1	4	9	7.84
⑤	0	0	0	5	9	8.56
⑥	0	0	0	4	10	8.40
⑦	0	0	0	7	7	8.24
⑧	0	1	0	5	8	8.40
⑨	0	0	0	4	10	8.24
⑩	0	0	0	7	7	8.56
总计						83.68

4. 汉语会话课感受之资料

2009年上半期两个中级会话班共有学生59名，其中22名在中国留过学，留学时间最少6个月，最多的18个月，学习汉语的时间都在三年以上。我们请这22名学生以“汉语会话课的感受”为题，写一篇不少于500字的作文，共收到作文22篇，其中1篇是关于寒假赴香港旅游的见闻，与汉语会话课的感受无关，被视作无效卷。在有效的21篇感受文章中，主要内容涉及汉语会话课的目的、学习的好处、教学方法和学习方法、存在的问题以及改进的意见等方面。我们将在下面的分析章节中参考这些感受文章。

（二）调查结果分析

1. 调查结果概述

总体来看，学生对汉语会话课比较满意，最低评价分为83.68。对所评价的10个项目，无论是初、中级会话班，还是高级会话班，没有人做出“很差”的评价。在三个不同等级的汉语会话课中，满意程度随着等级的提高而降低，初级最高，达到92.37分，中级次之，为87.64分，而高级最低，为83.68分。（见表5）

表5：初、中、高三个班级所得分值比较

班级	总分值
初级班	92.37
中级班	87.64
高级班	83.68

这说明学生汉语水平的高低与对汉语会话课的满意程度不成正比，对汉语会话课的期望值随着汉语水平的提高而增加，期望值得不到满足，满意度就会降低。

2. 对教师的评价分析

教师形象、教师活动及教师的素质，无时无刻不在接受学生的评价。评价的范围大至教师的学识、修养、经历、经验、性格、能力等，小到言谈举止的点滴习惯特征。学生从这些评价中确认自己是否满意或喜欢哪位老师以及满意或喜欢的程度，并且自然而然地影响到对该教师所担当的课程的兴趣。对教师的评价主要是项目①、②、③、⑤、⑥、⑧。

对学生进行学习目的和要求的教育是组织教学的积极手段，教师在开始一门新课、一个单元或一个问题之前，都要说明学习的意义和目的。第①项“教师上课的目标是否明确，内容是否具体”的调查结果显示：初级、中级和高级三个班的参评学生全部认为“好”或“很好”；第②项“教师上课时是否积极帮助学生”的调查结果显示：初级班有 25 人认为教师在这一点上做得“好”或“很好”，所得分值为 9.46；中级班有 13 人认为教师在这一点上做得“好”或“很好”，所得分值为 8.88；高级班有 12 人认为教师在这一点上做得“好”或“很好”，所得分值为 8.56；第③项“教师是否在授课过程中指导学生”调查结果与①、②相类似。

这反映学生对上课内容都满意，这也许完全和中国教师讲授会话课有关。韩国各大学几乎所有的汉语会话课都由中国教师担任。学生在课堂上听到的和使用的几乎都是目的语。在课堂上学到几个生词、几个句型，或者学会了某种表达都会让他们富有成就感。

第⑤、⑥、⑧三项则主要是关于教师是否认真准备、专业知识是否宽泛、讲解是否深入浅出等方面的调查。结果表明，在不同的学习阶段，学生对老师的期望值不同，对同一老师的评价也不同。初级班的学生对老师的依赖程度要高于中高级阶段的学生。这是符合第二语言教学规律的。初级阶段的学生，因为刚开始学习，缺乏自信，还不知道如何学习，再加上汉语水平的不足，在理解老师方面还有些困难。所以希望从老师那里得到更多的关爱、鼓励和支持，甚至对老师产生强烈的依赖感；而中高级班的学生不像初级班的学生那样依赖老师，更容易理解教师的活动。因此，教师在课堂教学活动中要特别注意针对不同水平层次的学生选择合适的教学方法，尽力做到因材施教，要提高教学艺术。

3. 对课堂教学的评价分析

课堂教学其实是一个比较宽泛的概念，不仅仅是指课堂教学行为，还包括课堂教学活动、教学内容、教学方法、教学效果等。对课堂教学的评价主要是项目④、⑦、⑨、⑩。

第④项“上课对内容的理解和能力的提高”的调查结果显示：初级班有25人认为“好”或“非常好”，所得分值为9.54；而中级班有14人认为“好”或“非常好”，所得分值为8.75；高级班有13人“好”或“非常好”，所得分值为7.84。第⑨项“上课的方法对内容的理解和习得有否帮助”的调查结果显示：初级班有22人认为“好”或“非常好”，所得分值为9.23；中级班有13人认为“好”或“非常好”，所得分值为8.50；高级班虽然14人全部认为“好”或“非常好”，但所得分值仍只有8.24。第⑦、⑩两项的情况与④、⑨类似，均是初级班所得分值高于中高级班所得分值。

这表明：初级班学生对课堂教学的满意程度、对课堂学习的热情均要高于中高级班的学生。其主要原因是初级会话班的学生均能充分体验到目的语学习的收获感与愉悦感，几乎每天都向着既定目标前进。而进入中级阶段之后，由于随着汉语水平的提高或学习时间的延长，这种前进的步伐随着内容难度的增加而放缓，学生内心再没有体验到初级阶段那种令人鼓舞的、显而易见的成就感；甚至在高级阶段停滞不前而气馁。另外，中高级班学生的学习已经从有意识的“学习”向自然习得发展，因此学生不再把上课作为最主要的学习手段，他们可以通过其他手段如与中国人交流、看影视作品、阅读报刊、收听广播等来促进学习；而初级班的学生对上课的兴趣明显大于其他学生，他们对课堂的依赖性较大。这种现象是符合第二语言习得规律的，教师对此应有充分的思想准备，并努力提高课堂教学效率。

（三）综合讨论

本文以某大学中文系学生对2008年下学期汉语会话课的综合评价、该大学中级汉语会话班去过中国留学的学生写了对汉语会话课的感受为研究对象，考察了韩国高校汉语会话课教学情况。调查结果表明，韩国高校汉语会话课的总体情况是令人满意的，但还存在一些问题。影响教学的因素是多方面的，除了调查所反映的教师方面的原因外，我们还需从汉语会话课的教学环境、课程设置和教学方法、教学内容等方面做进一步的探讨。

1. 汉语会话课的教学环境

在外语教学中，语言环境是极为重要的一个因素。但在母语国学习第二外语都面临着一个语言环境缺失的问题。学生整天生活在单纯的母语环境中，虽然在课堂上能从外国老师那里听到目的语，使用目的语，但课后接触的几乎还都是同胞，根本体会不到用目的语进行交际的必要性，致使学习与交际脱节，学用分家。这是一个必须面对的客观事实。因此在单纯的母语环境里要学好外语更需要积极营造一个良好的语言环境。

韩国学习汉语的历史悠久，特别是中韩两国建交以后，在韩国学习汉语的人有增无减，政府、教育机关和热爱汉语的民间人士都非常关心支持汉语教学事业。各大高校纷纷成立中语中文学科，开设汉语课程。韩国国际广播电台开设了中文广播，通过电视随时可以收看中文节目，韩国放送通信大学（广博电视大学）并开设了不同水平等级的中国语讲座。另外，近年来在“韩流”的深刻影响下，赴韩留学的中国学生增多，韩国学生在学习生活中接触中国人、使用汉语的机会也随之增多。有些学校组织本国学生和赴韩留学生结成对子，互相帮助，这大大增加了练习汉语的机会。教师应该布置一些课外练习，“逼”学生去找中国学生用汉语进行交流。

很多去过中国留学的学生反映，担心回国后汉语会话能力下降。事实上，有不少学生随着时间的推移，回国后汉语会话水平确实出现了不同程度的下降。那么如何保持呢？还是要提高学生的开口率。除了会话课，其他课的教师主要是韩国教师最好采用直接教学法，即用汉语授课，这样可以大大增加学生听汉语的机会。虽然这对初级班的学生来说，开始时理解起来必然有些困难，但教师不宜贪图方便，或为了节省时间，便用韩语进行讲解，应该尽量使用汉语，亦应该创造说汉语的语言环境，在校园内鼓励学生多用汉语进行交谈，营造一个“人工的语言环境”。

2. 汉语会话课的课程设置

汉语会话课与其他课型一样必须分等级进行，根据不同的等级确定学习目标和训练策略，进而因材施教，这是有理论依据和现实意义的。中国国家汉办规定的《汉语水平等级标准》对各项技能的等级标准做出了界定，且与HSK的初、中、高三级，具有对应关系。之所以把汉语会话课分为初级、中级和高级三个阶段，是基于在不同的阶段对学生的口语表达有不同的要求。一般来说，初级阶段应重点培养学生的汉语语言能力，教学重点是语素学习和言语技能，如语音、基本词汇、句型和单句操练等。中级是承上启下的阶段，语音、口语的特殊成分和组织规则、有语法形式标志的语段、提高学生在词汇量、成段表达、适应对象等方面的交际技能等都是应该重视的。高级阶段，应该培养运用汉语口语进行高层次口头交际能力，要纠正“词汇教学为中心”的基本模式。按照第二语言由易到难、循序渐进的习得规律，学生应该先学初级会话，然后中级会话，最后过渡到高级会话。

韩国高校中文系都非常重视汉语会话课，每个学期都安排了会话课提供给学生锻炼汉语口语的机会。会话课按照训练目标的不同分为初级会话Ⅰ、Ⅱ，中级会话Ⅰ、Ⅱ，高级会话Ⅰ、Ⅱ，并规定中级会话Ⅰ、Ⅱ为必修科目。初级会话Ⅰ、Ⅱ共4个学分，分两个学期开设，每学期每周4个课时，按每学期16周计算，一个学期就要学习64个课时，一年下来就128个课时。中级会话和初级会话一样，学完也是128个课时得4个学分。高级会话也分两个学期开设，但课时和学分则减半，学完是64个课时到2个学分。也就是说，汉语会话课学完共需320个课时得10个学分。这种从初级到中级再到高级的汉语会话的课程设置是对外汉语会话课的一个完整教学过程，无疑是非常正确的。

但必须指出的是，由于韩国大学学生选课的自由，学生选课完全可以不顾自己的汉语水平而任意选修。比如有些三年级的学生在某学期同时选修中级和高级会话，或者初级和中级会话，有些学生先学了中级会话Ⅱ再学中级会话Ⅰ，甚至有些学生在学完了高级会话课之后再选修初级会话，而他真正的理由只是为了毕业修满学分。同一个学生在某个阶段同时选择对能力要求、教学重点各不相同的同一课型，这并不利于学生汉语口语水平的提高。或者他在能力要求最低的初级阶段学得得心应手，而在能力要求较高的阶段则由于难度的加大而倍受挫折，焦头烂额；或者他在能力要求最高的高级阶段学有所获，而在能力要求较低的阶段则因内容的简单而索然无味，学习内容过于容易或过于困难，脱离了他的“最近发展区”都会使他丧失学习的动力。同时，这也给课堂教学带来了一定程度的不良影响。

还需注意的是，学生一般在二年级上初级会话课，会话课一般由中国教师担任。由于汉语会话水平的欠缺，习惯了韩国教师用母语讲解汉语的韩国学生，刚开始对中国教师全用汉语授课的方式很不适应，甚至连理解教师的操练指令都有困难；再加上韩国的韩语课大多数是大班（30人左右）授课，致使个人操练时间不足，练习不够。不但教师组织教学不易，也很难产生出好的教学效果。而中级会话课是必修课，所有学生不论汉语口语水平高低，在毕业前都要修习该课程。因此中级班的学生常常分成两个极端——一半去中国留学过水平较高，另一半没去过中国水平相对较低。水平较低的学生常常觉得学习压力很大，更担心出错而不敢在水平高的学生面前表演；而水平较高的学生可能产生一种骄傲情绪，不积极参与教学活动。这就造成客观上学生虽然上了中国教师的课，但他们的听说能力却未见明显提高，学生听、说、读、写、译能力发展不平衡的现象继续存在，不得不靠去中国留学来切实提高会话水平。

我们认为，这种选课制度应加以调整。应该严格按照学生汉语会话水平的高低选择课程并循序渐进，由易到难，而不是相反。先从初级会话学起，成绩合格者才能选择中级会话课；中级汉语会话合格者才能选择高级汉语会话。学过中级和高级会话的学生不能再回过头来选修初级会话，既然初级和高级只是选修课，那么超过初级会话要求或达不到高级会话课要求的学生都不可以选。

3. 汉语会话课的教学方法

在对外汉语教学中，教学法流派颇多，而不同的课型自然也有不同的教学方法。但是什么样的教学法才是最好的教学方法，向来莫衷一是，从"语法翻译法""直接法"发展到七十年代后的"交际法"、九十年代的"任务法"。每一种方法都有科学的地方，也有其不足之处。

会话课不是单纯的"听"和"说"，而是一种面对面的及时的交际和表达，更重要的是学生要能用一定数量的词语在一定的规则下进行交际活动。影响汉语表达的因素很多，根据周红、周继圣的调查，韩国学生开口难的主观原因主要有：①很多韩国学生的学习动机往往不是"学以致说"；②韩国学生的学习风格多为审慎型；③韩国学生的高度自尊在口语操练过程中变成了弱点；④缺乏自信、有一定的畏惧感；⑤学习方法和记忆方法上有明显的差异。我们也在教学中发现韩国学生具有高度自尊、高度监察，追求完美，极其重视自我形象，爱面子，特别怕说得不好，怕出错等心理。学生也反映不是不想上会话课，而是怕上课，尤其是那些还没去过中国的同学，因为他们大部分都不敢说，最让他们惶惑不安的莫过于说错了而在大家面前丢面子。这种心理特征使他们不能积极主动地进行口语操练，有些人甚至因怕出错而拒绝说话，这严重影响了他们的汉语学习，特别是口语表达能力的快速提高。

针对韩国学生的性格特点和学习现状，我们在对外汉语口语课教学中采用任务型语言教学法，营造环境气氛，帮助学生克服畏惧心理，维持并强化他们学习汉语的兴趣，鼓励学生大胆开口，取得了一定的教学效果。学生们反映，基于任务型的汉语会话课使他们的学习兴趣提高，通过任务型分组会话活动，原本互不认识的同学变成了好朋友，他们由此喜爱会话课，喜欢这个集体，乐于在这样的环境中学习汉语。他们根据"任务"认真准备，主动预习复习，积极参与表演，课堂气氛轻松活跃，而且通过交流，开阔了思路，加深了对汉语言乃至汉文化的认识与理解。但是这种方式仍然具有局限性。学生跟老师在课堂上的会话练习，实际上带有师生对话的特点，缺乏社会语境的真实感，即使师生之间或同学之间按情景进行会话练习，各自扮演不同的角色，学生所说的话还是不自然的，是演戏式的，其中不仅有虚假的成分，并且还受课文中或教师所拟定的模式的束缚和影响，彼此无法摆脱已存在的社会身份关系。另一方面，有些学生为了表演而忽视了具体的说，而有些学生则难以自由发挥或临境发挥。

随着现代教育理论的发展，教育方法也在不断发展，对外汉语教学界需要针对韩国学生的母语文化背景和特点，从比较语言学和比较文化学的角度进行两种语言和文化的比较研究，进一步研究对韩汉语会话教学的理论与方法，树立适合韩国学生的教学方案，从而提高教学效率和韩国学生学习汉语的态度和汉语水平。

4. 汉语会话课的内容和教材的选择

汉语会话课通常要展示两种不同的语境。一种是真实的，因学生每周经历的不同、时事的变化所提供的简短的所谓的"日常讨论语境"，另一种则是围绕课堂中所要谈论的主题、使用的参考数据而虚设的所谓"专题讨论语境"。这两种语境的展示都需要借助一定的教学内容来体现。汉语会话课的教学内容不仅包括单词、表达形式和句型等一般的语言知识，还必须有对汉语中所蕴藏的文化知识的导入。当然，教学内容又都需要通过教材来体现。

目前我们在韩国所常见的汉语会话教材主要有两种类型：一是中国国内常用的用韩文注释的教材；二是任课老师从网上下载的有关中韩的新闻报道类材料。据王尧美、张进军两位先生的统计：在韩国，初级汉语会话的教材和中国国内的情况差不多，主要使用北京语言大学出版社出版的《汉语会话301句》。这种教材在中国国内使用的范围非常广，可做的工作是对教材重新修订，使之更加完善。中级汉语会话大多使用北京大学出版社出版的《中级汉语口语》，但据使用该教材的教师和学生反映，北京地方性的口语味很重，字面上难度不大，但是编排和语言点的训练缺乏系统性，学生接受起来也有难度，更谈不上学完后流利地表达了；还有些内容过时、陈旧。至于高级汉语会话教材，没有相对统一的教材，前些年大多使用北京语言文化大学出版社的《听和说》（下），或者是章纪孝编的《高级汉语口语——话题交际》（中），这本教材没有韩国语注释。据师生反映，这本教材的编写体例较好，但是内容十分陈旧、过时。现在这两种教材一般都不使用，很多教师从网上下载一些内容来讲解使用。总的来说，目前韩国汉语会话的教材中，初级、中级情况较好，高级汉语会话教材比较缺乏，这个课题有待于中韩两国的教材编写者和研究者共同努力，在编写原则、编写体例等方面做论证和探讨。

根据学生所处的不同学习阶段和不同的汉语口语交际能力的要求，汉语会话课的教学内容和教材的选择也应有不同的侧重点。

初级会话班应初步满足最基本的日常生活、社会交际和有限的学习需要，以日常生活和学习中的小对话为主。

中级会话班应基本满足生活、学习、各种社会交际活动和一般性的工作需要，以介绍中韩两国国情及其差异的对话性课文为主，以帮助学生更好地了解中国，为去中国留学做好铺垫。

高级会话班则应满足较高层次的学习、社会交际活动和带一定专业性的工作需要，以反映中韩两国文化、当今社会热点时事的专题性文章为主。

因此，汉语会话课的教材既要让学生感兴趣，又要适合学生不同阶段的汉语水平，需要把语言理论同语言运用的实际结合起来，让学生感受到语言是活生生的，有用的，而不是枯燥无味的，脱离社会生活的。只有这样，学生才会把对语言现象的感性认识上升到理性认识，并运用所学的汉语知识去指导自己运用语言的实践，把知识转化为能力。

会话课在培养学生口头交际能力方面至关重要，韩国高校对此都非常重视。我们在调查问卷和访谈的基础上，全面考察了韩国高校汉语会话课的教学情况，结果表明学生对汉语会话课都很满意，但随着学生汉语水平的提高其满意程度有所不同，教师在授课过程中对此要有清醒的认识，并根据教学对象的不同、学生汉语水平的不同选择不同的教学方法。同时，由于学生是在单纯的母语环境中学习汉语，我们还要积极营造一个汉语环境，并根据韩国学生的母语文化和心理特点，加强教材建设，运用各种有效的方法，帮助他们克服学习心理障碍，勇敢地开口，尽可能地把所学的各种书面语知识转化为汉语口语表达的能力。

第五章

语言学理论对接基础语文教学

第一节　语言学理论对语文教学的指导作用

语言学是研究语言现象和语言规律的一门科学。这一科学理论来源于实践，又服务于实践。在人们的实践活动中，语言学理论的指导作用是多方面的，其应用领域也是广泛的，它不仅与哲学、社会学、人类学、历史学等社会科学关系密切，还同生理学、物理学、心理学、神经学等许多自然科学也有联系。在诸多的关系之中，我们认为它对语文教学实践尤为重要，是语文教学中的理论武器，具有重要的指导意义和应用价值。

语言学理论与语文教学关系究竟如何，它在语文教学中具有怎样的指导意义和应用价值，我们择其二三，谈一点粗浅的认识。

一、语言学理论在语文教学中的智能培养作用

语言学基本原理告诉我们，语言是音义的结合体，是人们意识活动的物质手段，它有助于人们认识物质世界，在人们的认识过程中起着十分重要的作用。众所周知，人对客观世界的认识即反映，是一个由低级向高级不断深化的过程。这个过程要经过感觉、知觉、表象和思维几个基本环节，这也是人们对事物的认识由感性上升到理性的必经阶段。尽管各阶段的作用不同，但作为认识事物的基本形式必须在语言的参与下才能实现它的反映，不论是直接的还是间接的，也不论是具体的还是抽象的。思维是认识过程中的一个核心，它能使人们对事物的认识由感性上升到本质认识。语言对思维这一认识形式在反映事物的过程中显得特别重要，除其基本过程需要语言参与外，它的基本形式——概念、判断、推理的形成与实现，也离不开语言。

语言在认识过程中不仅作用于抽象思维，还作用于形象思维，这是同一事物的两个方面。形象思维不直接运用概念，而是运用感知经验和表象活动

来反映外在事物的联系与规律，是一种在理性认识控制下的基本形式。由于人的理性认识是借助语言符号而存在的，所以理性认识对形象思维的控制具体表现为语言系统的控制。换句话说，理性认识对形象思维的控制是以语言为其物质手段的。事实上，在人们反映事物的过程中，抽象的“理性思维”要受到意识的感性环节支持、作用，“理性思维”从来就不是超感知、超表象的；另一方面，运用感知经验、表象活动的形象思维，也不是与抽象的理性认识无关，而是在理性认识控制之下进行的。语言对这两种认识形式是不可缺少的，只是所起的具体作用不同而已。在抽象思维中，语言是作为直接的操作手段；在形象思维中，语言则是一种控制手段。没有这种物质手段的作用，人们就不可能完成对事物的反映。斯大林（1981）曾经说过：“不论人底头脑中会产生什么样的思想，以及这些思想在什么时候产生，它们只有在语言的材料底基础上、在语言的术语和句底基础上才能产生和存在。”

语言是思维的物质外壳，而思维又是智能的核心因素，这三者共处于一个统一体。所谓智能，就是以思维为核心的各种能力的综合（包括观察力、注意力、思维力、想象力、记忆力等等），实质上是大脑对信息加工的能力。根据语言学理论，语言教育涉及对青少年思维的优化培养与训练，这是发展他们智能最重要、最基本的手段。如果他们没有受到良好的语言教育，其思维能力就得不到充分发展，大脑的信息加工能力就要受到影响，这就意味着智能发展受到限制。语言是思维的工具，是意识存在与意识活动的物质手段。没有语言，就没有思维活动，也没有意识和意识的整体活动，感性认识也不会上升为理性反映形式的认知。也就是说，大脑对信息的加工、对事物的反映就不可能得以实现，其原因是大脑对信息的加工，必须借助语言符号的作用。离开了语言符号，这种信息加工是不可能的，人类也就不可能有自己特有的智能活动，不可能取得对外部事物的认知。对于个人而言，语言越是得到发展，他对事物或现象的分析、综合能力就越强，他的智能就越能得到发展。可以这样说，语言是人的智能活动必不可少的要素，是人们摄取外部信息进行加工不可或缺的手段。的确，人的智能水平是由多种因素决定的，但语言发展水平对促进智能的发展却是一个十分重要的因素。

语文教学是对青少年进行语言教育的一种实践活动，也是培养青少年智能的一项最基本、最重要的活动。这一活动是由语文科的性质、体系、内容所决定的。“语文”是一种语言科学，即口头语言和书面语言的结合体，它的知识结构是以语言学、文章学、文学、逻辑学等学科的理论为基础，其内容包括字、词、句这些基本语言材料和听说读写知识、文章知识以及语音、文字、词汇、语法、修辞诸方面的知识。语文科的教学对象、任务、规律也决定了语文科的教学特点。如中学，一般是十二三至十八九岁的青少年，他们思维敏捷，反应快，正处于发展变化时期，可塑性强，对他们进行语言教育，能使他们受到良好的思想陶冶，提高他们对美好事物的感受能力，更为重要的是培养他们听说读写能力，促使他们思维的快速发展，从而提高他们的智能水平。这是符合实现语文教学科学化、高效化基本原则的，也是进行语言教学最终要达到的目标。语文教学是以语言活动为基础，而语言活动又会大大促进思维的发展。这是语文教学中听说读写离不开感知过程，离不开理解过程，也离不开记忆过程的缘故；而整个过程中，包括表达过程都始终贯穿、伴随着思维活动。不可置疑，语文活动是一种以智力为前提条件、以思维为核心的智能活动。另一方面,语言是产生和发展人类思维的主要动力。掌握语言，发展语文能力，不仅是学生获得知识经验的必要条件，也是他们思维尤其是智能发展的重要条件。由于语言的构成及其能力的形成，是世代系列社会进步信息与优化思维的集合，因而语文教学包含着对受教育者摄取进步信息能力以及优化思维能力的培养，是形成青少年智能的十分重要的因素。在语文教学中，如果一个教师有意识地把语言训练和思维培养紧密地结合起来，这对增进青少年的智能是大有裨益的。

二、语言学理论在语文教学中的语境分析作用

语境是语言学理论中的又一基本问题，它在语言教学中起着一定的制约作用，能使语义图式中不充分赋值的语义关系获得具体的意义解释。语言教

学是以分析语言的基本材料和基础知识为主要内容的，而语言又是音义构成体。语音是语言的形式，语义是语言的内容。内容决定形式，反映事物的本质。因此，我们分析语言，应重视语义的分析和研究，尤应重视具体语境作用下的语义分析研究。

语境谓之语言环境，既包括特定的言谈现场、话语语境，也包括特定的社会文化背景知识等。就语言发生学而言，任何语言现象都出现在特定的语境当中，并且通过组合、聚合等线性或非线性手段最终成为表达特定意义的符号形式。在实际的语言教学中，我们既要分析语言中的静态语义，更要分析具体语境中的动态语义。也就是说，我们要把语言体系本身所具有的词汇意义和语法意义同语言单位在特定语言环境中实际所传递的信息结合起来分析。而语境是句子动态语义的基础，人类语言行为的多变性决定了语境的多样性，语境的多样性又决定了它对生成语言单位动态语义作用的多方面。关于语境对语言的影响和作用，人们早就注意到了。20 世纪 60 年代，转换生成语言学大师乔姆斯基在他的转换生成理论中就提出了“语境自由”和“语境制约”的理论。

那么，语境对于理解句子的动态语义究竟有何意义呢？下面我们主要以语文课本为例来简要分析这一问题。

首先，利用语境有助于推断句子的言外之意。例如：

（1）老梁歪着脑袋看着儿子，怎么这么不顺眼？啊，对了！黑眼镜！他呼地伸出手，扯下儿子的眼镜，啪地摔到地上：“这玩意儿叫你看不清！”

“看不清”字面上是指戴墨镜看不清，骨子里是说有了坏思想就会看不清前进的方向，就会走上邪路。

鲁迅在《阿长与山海经》中有一段话：

（2）一到夏天，睡觉时她又伸开两脚两手，在床中间摆成一个“大”字，挤得我没有余地翻身，久睡在一角的席子上，又烤得那么热。推她呢，不动。叫她呢，又不闻。

“长妈妈，生得那么胖，一定很怕热罢？晚上的睡相，怕不见得很好罢！……”母亲听到我多次诉苦之后，曾经这样问她。我也知道这意思是要她多给我一些空席。

“我”的母亲想指出阿长挤得“我”没有地方睡觉，要她多给“我”一些空席，又不好直说，只好拐弯抹角地说“晚上的睡相，怕不见得很好罢”。

又如，鲁迅《故乡》里有这样的句子：

（3）我似乎打了一个寒噤；我就知道，我们之间已经隔了一层可悲的厚障壁了……我只觉得我四面有看不见的高墙……

这些语句若不置于具体的语境里，就不会有这样的理解：封建社会等级制度和尊卑观念的毒化，造成了人与人之间的冷漠，相互不信任。“这正如地上的路；其实地上本没有路，走的人多了，也便成了路”，也不会理解为：地上的路，其实是指新的生活道路，人生的希望之路。

其次，利用语境有助于推断与句子意义相反的信息。例如：

《黛玉之死》写宝玉成亲那一天，林黛玉气息奄奄，晚上出现回光返照现象。这时，林黛玉紧紧拿住紫娟的手，使劲地说：

（4）我是不中用的人了！你伏侍我几年，我原指望咱们两个总在一起，不想我……

极度的悲伤和虚弱使她说不下去了。过了好一会，她才直声喊叫起来：

（5）宝玉！宝玉！你好……

说到“好”字两眼一翻就死了。弥留之间，一时找不到恰当的言辞，满腔怨愤绝望凝聚成“你好……”这两个字。这个“你好……”的后面隐含着痛骂宝玉负心的话语，被后人叹为神妙之笔。

又如，鲁迅在《记念刘和珍君》里写道：

（6）中国军人的屠戮妇婴的伟绩，八国联军的惩创学生的武功，不幸全被这几缕血痕抹杀了。

从上下文来看，作者在这并非赞美那些刽子手，而是揭露批判他们滥杀无辜的残暴行径。这样的例子很多，兹不一一列举。

再次，利用语境还能推断语句中的准确信息。例如：

曹禺《日出》里有这样的对话：

（7）陈白露 这个东西，简直——好，你去吧。

王福升 是。

旅馆的茶房王福升跑来告诉陈白露，说张乔治醉酒吐了她一床。陈白露听了极为恼火，正想发作，猛然想起王福升也不是个好东西，所以一说出“这个东西，简直——”时，就赶紧把话打住。对方当然听得出，下边没说出来的话是臭骂纨绔子弟张乔治的，只是没说出来，别人抓不到把柄而已。

在《生命的支柱——张海迪之歌》中，作者在叙述了张海迪战胜消极悲观思想之后，满怀激情地写道：

（8）对啊，不排除杂质，怎么能炼出纯钢呢！

文中的“杂质”是指各种消极悲观的思想情绪，“纯钢”则指坚强不屈的战士，生活的强者。没有具体语境的制约，也就失去这种语意了。

很显然，语境在句子的语义分析中是举足轻重的，要透彻地理解一个句子的实际意义，绝不可撇开具体的语境。否则，那将是徒劳的。

著名语言学家张志公先生（1989）说：“语言总是在一定的交际环境中使用的，因此，分析语言现象必须把它和它所依赖的语境联系起来，离开一定的语境，把一个语言片断孤立起来分析，就难于确立这个语言片断的结构和意义。”这就精辟地阐明了分析语言现象与语境的辩证关系。有的人甚至认为，语言交际时所依赖的语境，就像人呼吸时依赖的空气一样重要。语言学原理再次告诉我们：语言中的静态语义（句子本身的意义）与动态语义（句子在特定语境中实际传递的信息）常常不完全相同，甚至是完全不同的。由此看来，在语言教学中，我们不只要注意静态语义的分析，更要重视动态语义的把握。只有这样，我们才能真正理解语句中的真实内涵。

三、语言学理论在语文教学中的文学欣赏作用

语言学理论除上述作用之外，还对提高学生的文学欣赏水平也具有十分

重要的作用。大家知道，文学作品是作家运用语言材料，通过想象（包括虚构）来塑造形象、反映生活、表达感情的语言艺术。因此，可以毫不夸张地说语言是文学的第一要素。语言学基本原理告诉我们，语言不单是抽象思维的操作工具，还是形象思维的控制手段。作家在文学创作中是离不开这两种思维形式的，只是形象思维占首要地位而已。我国古代著名文艺理论家刘勰（2006）认为："文之思也，其神远矣。故寂然凝虑，思接千载；悄焉动容，视通万里。吟咏之间，吐纳珠玉之声；眉睫之前，卷舒风云之色：其思理之致乎！"他认为作家进行文学创作，其思维活动是离不开事物形象的。毛泽东同志（1978）也说过："诗要用形象思维，不能如散文那样直说，所以比、兴两法是不能不用的。"事实也是如此，这正如高尔基（1978）所指出的："想象在其本质上也是对于世界的思维，但它主要是用形象来思维，是'艺术的'思维。"诚然，文学创作虽以形象思维为特点，但这不等于没有抽象思维参与，事实上两者是相互渗透、相互作用的。戏剧大师曹禺（1979）在谈《日出》的创作时说，在生活中"我看见多少梦魇一般的可怖的人事，这些印象我至死也不会忘却，它们化成多少严重的问题，死命地突击着我。""我想用片段的方法写起《日出》，用多少人生的零碎来阐明一个观念。"这个观念就是"人之道损不足以奉有余。"而这观念"人之道损不足以奉有余"就是抽象思维的表现。这就是说，在创作过程的形象思维中有抽象思维在起作用。只要深入研究语言现象，充分认识语言特点，我们就能更好地理解、欣赏文学这一语言艺术。

文学这一语言艺术有其特殊性，它能净化人的灵魂。学生阅读文学作品，不光能认识客观事物，还能受到思想熏陶和审美教育。众所周知，文学是社会生活的反映，不论直接的还是间接的，都是对现实生活的艺术创造，而不是简单的复制，它比普通的实际生活更典型、更理想、更具普遍性，因而也就更富有教育意义。文学是以语言塑造形象来反映社会生活的，而其形象是具体可感的。在具体可感的形象中，倾注了作家的思想情感。优秀的文学作品是一部"生活的教科书"（车尔尼雪夫斯基语），它总是通过生动精粹的语言来创造典型形象。通过阅读、欣赏这些文学作品，学生就可以从对社会生活的赞美中、从对丑恶现象的鞭挞中来认识艺术形象所反映的社会生活的面貌和本质。这样，他们不只得到了艺术上的享受，还能受到思想上的启迪和教育。譬如，阅读契诃夫的《变色龙》，学生对那个狡诈多变，媚上欺下的沙皇警官奥楚蔑洛夫种种丑态，会嗤之以鼻，并在嘲笑声中激起他们对那沙皇走狗厌恶、憎恨的情绪。莎士比亚的《威尼斯商人》以揶揄调侃的笔调，深刻地揭露了夏洛克贪婪、吝啬、残忍、固执、冷酷的卑劣行径，学生读后表现出一种怒不可遏的愤激之情，认清了夏洛克极为阴险、十分凶残的丑恶本质。可见，文学中的反面人物、丑恶事物，由于作者以正确观点真实地描写了他们的面貌，揭露了他们的本质，这对学生是会起到很好的教育作用。而杨振宁的《邓稼先》通过回忆两弹元勋邓稼先不平凡的人生经历以及他研制两弹的巨大贡献，表现了邓稼先的爱国情怀，学生被他那英勇无畏、身先士卒的人格品质所感动，所鼓舞，所激励。成功的文学作品，往往是一幅自然景物、社会生活的绚丽画图，具有很高的艺术审美价值。作品中的正面人物特别是英雄人物的英勇行为，能激发学生的思想情感，使学生感受到英雄人物的品质美。如《钢铁是怎样炼成的》中的保尔·柯察金，《刑场上的婚礼》中的周文雍、陈铁军，《谁是最可爱的人》中的志愿军战士，早已成为千百万青少年心目中的楷模，具有巨大的教育意义和鼓舞力量。列宁称文学的这种作用是一种“教导人、引导人、鼓舞人”的作用，它能使人们“自觉勇猛发扬精进”（鲁迅语）。高尔基（1983）在谈到文学对人们的作用时也说：“文学的目的就是帮助人了解他自己；就是提高人的信心，激发他追求真理的要求；就是和人们中间的鄙俗做斗争，并善于在人们中间找到好的东西；就是在人们的心灵中唤起羞耻、愤怒和英勇，并想尽办法变得高尚有力，使他们能够以神圣尚美的精神鼓舞自己的生活。”不过，无论文学作品有着怎样的特殊功能，它都离不开语言这个第一要素在其中所起的作用。懂得了这一点，我们就会正确地对待文学作品的教学，就会自觉地把文学作品的教学看作是语文教学中的一个重要组成部分，它不但有利于学生扩大知识领域，提高思想觉悟，培养审美能力，更为重要的它还是学生学习语言，提高语言运用能力的有效途径之一。

了解了这一点,就不会把语文教学中的“文学因素”和“语言因素”对立起来。这样，在进行文学作品的教学中，我们就不能仅仅停留在对作品字面的分析理解上，而要抓住作品的“文眼”，从语言的变化、结构、用词、语气等方面体会作者的感情变化，揣摩作者的言外之意，弦外之音，启发学生联想，使他们对文章所描写的生活景象有如身临其境的感觉，产生与作者情感上的共鸣，理性地把握作品的深刻寓意和思想内涵，最终达到提高文学作品欣赏水平并在言语实践中熟练运用语言的能力。

语文课本中的古诗如王安石的《泊船瓜洲》，历来为人们所传诵。诗中第三句“春风又绿江南岸”的“绿”字，是锤炼词语的范例。据说，先后改掉了“到”“过”“入”等词,最后才确定“绿”。这个“绿”字为什么比“到”“过”“入”等词好？其原因是,“绿”本是表示色彩的形容词,用在这作动词最富表现力,它生动而贴切地写出了生机蓬勃、春满江南的形象，语言清新而洗练，如果选用其他的词则达不到这样好的艺术效果。又如杜甫《送蔡希鲁都尉》诗中的“身轻一鸟过，枪急万人呼”两句，其中“过”这个动词具体而形象地刻画出蔡希鲁驰骋疆场的矫捷雄姿，它很难用“疾”“起”“下”等词替换。再看鲁迅的《孔乙己》，作者是这样介绍主人公第一次出场的:“孔乙己是站着喝酒而穿长衫的唯一的人。”孤立地看,我们看不出它有何重要。可在小说里,它是一个关键性的句子，它点明了主人公的身份、地位以及性格特点。“站着喝酒”的是贫困的短衣帮,尽管孔乙己是一个满口“之乎者也”的“读书人”,似乎与短衣帮截然不同，而此时身陷贫困、潦倒的孔乙己也只能与短衣帮为伍，无法挤入长衫客的行列;尽管这样，他却又偏偏不肯脱掉那件长衫，仍然要护着“读书人”的面子，摆着“读书人”高人一等的架子，以此从精神上显示他较短衣帮要略高一筹。孔乙己这种拮据的经济状况和迂腐的精神生活,使二者之间存在着难以调和的矛盾。显而易见，孔乙己之所以成为咸亨酒店“唯一”的上不着天，下不着地的这一特殊人物，除其深层的社会根源外，还与其存在的自身矛盾也是分不开的。又如“孔乙己是这样的使人快活，可是没有他，别人也便这么过。”这句话单独看也显示不出其重要性，而置于小说的具体语境中则举足轻重，它表明了孔乙己既是人家的笑料，又是社会的废物。其地位之低下，暗示了他悲剧命运的必然性。鲁迅先生以这样深沉的笔调，对吃人的封建社会进行了深刻的揭露和抨击，学生一经细细体味，会在心灵上产生强烈的震撼。如此一来，学生在领悟文学作品深邃思想内容的同时，还能学习语言大师运用语言艺术的高超技巧。

一句话，文学作品的艺术审美在人的精神生活中起着提升精神、完善人格、安顿灵魂、终极关怀的重要作用，而语言学理论在语文教学中不仅有助于对"文学的第一要素"语言艺术的分析，也有助于学生文学艺术欣赏能力的提高，进而达到学会语言、运用语言的理想境界。

上述问题，仅是一孔之见，略作不成文的刍议。任何一门科学都是博大精深的，论述它不可能以偏概全，语言科学也不例外。在此，我们仅以一斑之论，显示其功效在语文教学中的几个方面。随着语言科学的不断丰富和发展，随着人们对语言科学认识和研究的不断深入，我们深信，语言学理论在人们的实践活动中，会得到越来越广泛的应用，尤其是在今后的语文教改中，将更会起到其他任何学科难以替代的指导作用。

四、语言学理论在语文教学中的抽象思维发展作用

一个孩子从小学进入中学之后，随着年龄的增长，知识的积累，其心理特征是会发生一定变化的。他们不只在感觉、知觉方面有所发展，还在逻辑思维方面也会日益增强，并逐渐占据首要地位。这个阶段，由于学习内容的不断扩大和加深，他们分析问题和解决问题的能力也会相应地得到提高。可以这样说，他们的学习活动与思维特点既不同于小学生，又有异于大学生。他们的心理特征决定了他们开始从形象思维（即直觉思维）向着抽象思维过渡。

怎样根据这个阶段的学生心理特征进行教学以促进其抽象思维的发展呢？这既是教育工作者所面临的一个普遍性问题，也是中学语文教学过程中值得探讨的一个特殊性问题。众所周知，中学语文教学的对象有其独特性，他们正处于少年儿童向青年过渡阶段，其形象思维优于抽象思维，这就要求

我们只有采用与之相适应的教学方法，才能有利于其抽象思维的发展，从而增强其抽象思维活动的能力。诚然，尽管小学阶段他们已经掌握了一定的关于社会、自然等方面的知识，能够理解一些比较抽象的概念，也能独立地思考、分析一些问题，但是在进行思维活动时，他们仍然要借助于感性材料。一般地说，他们大多先要通过感性材料进行抽象思维，然后才能上升为理性认识，在事物表面现象的背后看到本质性的东西。在语文句子教学中，我们常常要以一定语境中的感性材料进行理性剖析，象掘地下矿藏一样不断地发掘其隐藏的精华。譬如，鲁迅《故乡》里有这样的句子："我似乎打了一个寒噤；我就知道，我们之间已经隔了一层可悲的厚障壁了。""我只觉得我四面有看不见的高墙……""这正如地上的路；其实地上本没有路，走的人多了，也便成了路。"这些语句，若不置于具体的语境里，那就不会有这样的理解：封建社会等级制度和尊卑观念的毒化，造成了人与人之间的冷漠，相互不信任；地上的路，其实是指新的生活之路，人生希望之路。在《祝福》里，作者塑造了一个勤劳、善良、坚强却又被践踏、被愚弄、被遗弃的劳动妇女典型形象——祥林嫂。小说开始写鲁镇年终大典，人们为拜求好运杀鸡宰鹅买猪肉，还要上香烛放爆竹，然后说："年年如此，家家如此，——只要买得起福礼和爆竹之类的——今年自然也如此。"这似乎是一句很平常的反映鲁镇风俗习惯的话，可它是有深刻含义的。那时候，大凡"买得起福礼和爆竹之类""祝福"的都是富人，而穷人是买不起那些"福礼"的，所以这就为祥林嫂的悲剧埋下了伏笔，揭示了造成祥林嫂人生悲剧的社会根源和必然结局。又如，小说写到祥林嫂第二次来到"四叔"家做帮工时，鲁四老爷嫌她"伤风败俗"，暗中告诫"四婶"说"这种人虽然似乎很可怜，用她帮忙还可以"，但"祭祀时可用不着她沾手，一切饭菜，只好自己做，否则，不干不净，祖宗是不吃的"。因此，"四叔"家祭祀，祥林嫂要去分配酒杯、筷子或取烛台时，于是就出现了"四婶"的："祥林嫂，你放着罢！""祥林嫂，你放着罢！"如孤立地看"祥林嫂，你放着罢"这句话，看不出它有什么重要作用，而在小说这一特定的语境中却至关重要，正是"四婶"的几次叫喊给祥林嫂带来了精神重压，这实际上已经预示了祥林嫂的结局必然是十分悲惨的。先前，鲁四老爷家祭祀时祥林嫂是最忙碌的人，而现在却是多余的“清闲”人，她为自己不被信任感到迷惑和痛苦。尤其是“捐了门槛”之后，祥林嫂本是怀着希望，“神气很舒畅，眼光也分外有神”，可冬至祭祖她“坦然地去拿酒杯和筷子”时，“四婶”竟大声呵斥：“你放着罢，祥林嫂！”结果她“像是受了炮烙似的缩手，脸色同时变作灰黑”，“第二天，不但眼睛窈陷下去，连精神也更不济了”，以致成了“一个木偶人”。可以说，没有什么比这打击更大，为什么呢？因为祥林嫂捐门槛所带来的一丁点希望，在“四婶”的呵斥下顷刻间化作了泡影，她的精神支柱完全坍塌了，陷入了绝境，最终死在人们“祝福”的鞭炮声中，从而揭露了这是一个冷酷无情、残忍杀人的罪恶社会。如果没有具体语境的制约，也就失去这种语义了。很显然，语义与语境是密切联系着的。语境在句子教学中是起着不可忽视的作用。

如何让学生在具体语境里从语言的表层意义领悟到它的深层含义，以直觉感受达到理性上的认识呢？这对于抽象思维还是雏形的中学生来说，确是一个十分棘手的问题，这也正是中学语文教学中所不可回避而必须正视的矛盾。这个问题不解决，就会给学生抽象思维的发展带来一定的阻碍作用。

怎样才能更好地解决这个问题呢？语言学原理告诉我们：语言是人们交际交流思想的工具，由于交际范围的扩大，交际内容的多样，交际对象的不同，因而语言也是发展变化着的。语言的发展变化，使语言中的语义不但有静态语义，还存在着特定场景下的动态语义。所谓静态语义，是指语言单位在语言体系中的意义，即句子舍弃了语言环境、交际内容等其本身所具有的意义；动态语义则是指语言单位在特定语境中的实际意义，即语言单位在运用时所传递的实际信息。静态语义是凝固的、不流动的，是一种语言意义；而动态语义则是活生生的，流动着的，是一种言语意义，它是推动语言不断向前发展的主要因素之一。

在中学语文教学中，如果教师能够有意识地运用语言学中的基础理论，这对教学大有裨益，它可以使语文教学中的许多实际问题迎刃而解，起到事半功倍的效果。诸如上述例句，我们不能只局限于静态语义的分析，更要注重句子动态语义上的把握。文章中每个语句都是有一定语境的，而语句中的动态语义就是在语境的作用下，并以语境为基础所产生的。句子一旦脱离了具体的语境，就仅存在静态语义，而其动态语义也就无法把握了。交际内容的丰富性决定了语境的多样性，语境的多样性作用于语言单位的动态语义也是多方面的。这样看来，仅仅掌握语言单位的静态语义是远远不够的。所以，在语文教学中我们依据特定的语境来深入地阐明语句的动态语义，是有着重要意义的，也是非常必要的，它能使学生透过语言的表层结构体会到它的本质，进而对语文教学中出现的许多疑而不解、悬而未决的问题得到落实，使其不仅知其然，还知其所以然。这样一来，学生的抽象思维能力就会在语文教学中得到发展，日臻完善。

我常想：沙里淘金，工人们的劳作是多么的艰辛，工序又是多么的繁杂，可最后获得的却是极其宝贵的东西；我们把语言学原理运用到语文教学中去，这不也是一项淘沙取金的工作么？毫无疑问，语言学原理不单在研究各种语言现象、规律中发挥其理论武器的作用，同时它在语文教学中也是有着不可用其他学科所能替代的指导作用。

第二节　语言学理论与语文教学的脱节与对接

语言是人类最重要的交际工具和思维工具。在语文教学中，语言文字是一个基础。因此，培养和提高学生正确理解和运用祖国语言文字的能力是语文教学的核心任务。语文作为一种工具性的学科，语言知识又是最基础的基础，而在现实的语文教学中，语言理论知识并未得到足够的重视。张志公先生（1994）曾经提到我国从古及今的语文教学历来不大重视或者很不重视甚至排斥语文知识（实则指语言基础理论知识）教学；张传宗先生（1995）多次呼吁要加强语言基础理论知识的教学；孙荻芬（1998）等在《关于“中学生语言学习现状调查报告”》中以大量事实说明摆正语言教学在语文教学中地位的重要性，认为要把“培养学生具有理解和运用祖国语言文字的能力”作为语文教学的根本任务；王宁先生（2000）更是强调语文的基础是语言，语文教学必然在很大与很深的领域要接受语言学理论的指导。此外，余应源先生（2001）认为语文课就是以工具性为本质的言语教学；陆俭明先生（2002）就语言知识分布与语文教学问题进行分析，明确指出：“一是字词方面的知识，二是词语选择方面的知识，三是句式选择方面的知识，四是有关虚词的知识，五是初步掌握分析句子结构的基本技能。”这也是学生最需要学习和掌握的语言理论知识；苏宝荣先生（2002）还就语言学理论研究对提高语文教学质量有着重要作用这一问题进行论述；刘大为先生（2003）对当下语言理论知识逐渐淡出语文教学的现实表示忧虑，并就语文教学为何需要语言理论知识提出了自己的见解；曹建召（2007）在对2004-2006年小学语文教学研究的基础上进行总结：“课程改革中，有重视人文性、忽视工具性，偏于人文内涵的开掘，疏于语言文字的理解、揣摩、积累、运用的苗头。”李琪（2014）在对现阶段中学语言理论知识教学与学习情况调查研究之后，也得出了存在同样问题的结论。当下的语文教学更多地强调它的文学性、思想性，而忽视它的工具性、应用性。语文教师对语言学理论知识常常处于一种不自觉的漠视状态，这就使语言学和语文教学都蒙受了很大的损失。基于这一点，我们对语言学与语文教学之间存在严重脱节的问题和深层原因以及语言学理论与语文教学对接的必要性和可能性、途径和方法作些探讨，并对其前景作些展望，以冀破解语文教学质量长期以来陷于低迷不振的僵局。

一、语言学理论与语文教学脱节的现状

为了获得真实可靠的数据，我们在南昌、九江、赣州等市中学发放了310份调查问卷，回收有效问卷310份，其中教师46份，学生264份。经调查分析，当下语文教学与语言学严重脱节主要表现在以下两方面：

1. 教师轻视语言理论知识，单一地重视文本思想内容

据调查统计，80.43%的教师课堂上很少涉及语言基础理论知识，76.09%

的教师认为“语文知识是辅助性的”。也就是说，语音、词汇、语法、文字、修辞等知识仅是辅助性的教学，而没看到其重要的基础作用。

第一，淡化语法理论知识。语文教学中，教师很少涉及与语法相关的理论知识，诸如句法结构、组合层次、句型转换等内容。因此，学生也无法学习和掌握基本的语法理论知识，以致造成了难以弥补的缺憾。

第二，讲解词义十分粗略肤浅。据调查，语文教学中，不少教师讲解有关词语时极少认真深入地分析其源流、意义、特征、关系、用法等基本内容，仅是孤立而粗浅地讲析词意，然后就让学生反复抄写，不断重复进行一些机械性的简单而无效的劳动。

第三，尚未建立一个完整而系统的语言理论知识体系。调查显示，97.83% 的教师自己从未构建一个完整而系统的——可供语文教学之用的语言理论知识结构，即便一时热情所致偶尔用之，也是零打碎敲而不成体系，唯有少数凤毛麟角者还“不识时务”地坚守语言理论知识阵地，能让一些涉猎新奇的学生有机会享用鲜见难得的语言理论知识美餐。

第四，极少操练与语言理论知识相匹配的功课。据调查，仅 2.17% 的教师布置与语言理论知识相匹配的功课练习，其数量可谓少之又少。做功课练习本是用于检测学生知识掌握情况的一个重要手段，通过这一功课练习可以巩固所学语言理论知识内容。然而，教师大多对此却未给予必要的重视，不仅如此，甚至还将其理论知识内容排除于语文教学之列。

与此相反，语文教学中，教师对文本的解读基本上还是沿用一套旧式而僵化的教学模式：交代时代背景，介绍作者生平，概括段落大意，总结中心思想，分析写作特点，领悟思想情感，而把作为语文底座的语言文字理论知识完全淡化了，没有它应有的位置。

《普通高中语文课程标准（2013 年版）》以全新的理念提出：“语文是最重要的交际工具，是人类文化的重要组成部分。工具性与人文性的统一，是语文课程的基本特点。”吕叔湘先生（1980）也强调过，语文课是工具课，不是政治课，也不是文学课，它应该实实在在地训练学生的语言交际能力。但就目前语文教学现状来看，往往仅强调它的“人文性”，而忽视它的“工具性”。其结果是：语文课最致命的丧失，恰恰是“言语工具性”——教学生学会使用语言工具技能的失落。

2. 学生的语言解读能力和语言表达能力严重衰退

王宁先生（2000）认为：“语文的基础是语言，语文课是通过语言认知、语言传意和语言训练（以书面语为主）来提高人的思维、认识与表达能力和素养的。”语音、词汇、语法、文字、修辞、文体写作等知识是构建语言能力的基础，没有这些方面的语言基础理论知识，学生就无法正确地理解和运用语言，口语交际和书面语表达就会出现词不达意或不合逻辑的现象，语言能力也就只能是空中楼阁。我们知道，中小学正是培养学生语言理解和语言表达的重要阶段，也是学习语言基础理论知识的重要时期。然而，据调查了解，学生中的70.34%不能熟练运用语言文字理论知识去解决实际问题，50.41%在与人交谈时不能正确而流利地表达自己的想法或观点，这就说明学生对语言文字理论知识的掌握很不够，语言文字理解和表达能力亟待提高。

二、语言学理论与语文教学脱节的原因

语言学理论知识在语文教学实践中的脱节问题是由多方面因素造成的。根据问卷调查的数据统计，分别从主观和客观两方面进行分析。主观方面：一是教师是否重视语言理论知识的教学，二是学生对待语言理论知识的兴趣、态度；客观方面：一是语言理论知识的难易度，二是应试教育的影响。

（一）主观存在的问题

1. 教师对语言理论知识教学不重视

语言理论知识是语文教学中的最基础部分，然而却往往被教师所忽视。通过几个问题的调查统计，我们发现大多数教师并不重视语言理论知识的教学，这也是语言学与语文教学实践存在脱节问题的重要原因之一。

表一　教师讲授语言基础理论知识情况统计

调查的问题	选项	回答情况 %
1. 您是否了解《义务教育语文课程标（2011）》或《普通高中语文课程标准（实验）》对语言理论知识方面的教学要求？	很了解	21.74
	有一定了解	67.39
	不太了解	8.7
	不了解	2.17
2. 您是否有意识地运用语言学理论指导自己的语文教学实践？	经常运用	28.26
	有时运用	52.17
	很少运用	17.39
	从未运用	2.17
3. 语文教学实践中，您是否自觉地运用语言理论知识来解决实际问题？	经常运用	17.39
	有时运用	67.39
	很少运用	13.04
	从未运用	2.17
4. 语文课堂教学中，您是否会涉及语言理论知识？	经常涉及	19.57
	有时涉及	63.04
	很少涉及	15.22
	从未涉及	2.17
5. 您认为语文课堂教学结合具体内容讲授一定的语言理论知识有必要吗？	很有必要	23.91
	有必要	41.3
	依情况而定	32.61
	根本没必要	2.17

（续表）

调查的问题	选项	回答情况 %
6. 您对学生是否会强调学习语言理论知识的重要性？	经常强调	19.57
	有时强调	52.17
	很少强调	26.09
	从不强调	2.17
7. 就您所知，您身边的语文老师重视语言理论知识的运用吗？	很重视	17.39
	有时重视	47.83
	不重视	32.61
	很不重视	2.17
8. 您会专门利用时间讲授语言理论知识吗？	经常会	4.35
	有时会	65.22
	从不会	30.43
9. 您会布置与语言理论知识相关的练习吗？	经常	2.17
	偶尔	67.39
	从不	30.43

从数据可知，教师并不重视语言基础理论知识的教学。教师中仅有19.57% 常对学生强调学习语言理论知识的重要性，而真正花一定时间讲授的教师却只有 4.35%，这对学生语言能力的培养是远远不够的。不少语言大师都强调语言理论知识是语文课的基础，而中小学阶段则是培养学生语言能力的关键时期。但是，长期以来，学生所接受的信息量却远未达到语文教学应有的要求，所以学生的语言理解和表达能力受到严重影响也就不足为奇了。

2. 学生对语言理论知识兴趣不浓

俗话说，兴趣是最好的老师，只有对自己感兴趣的东西，学生才会花时间和精力去学习；而态度又是决定一切的因素，学生有什么样的态度，就会有什么样的学习目标，因此良好的态度对学习具有重要作用。调查表明，学生学习语言理论知识的兴致不高，态度也不是很好，这也是导致语言学理论知识在基础语文教学中脱节的原因之一。

表二　学生对待语言理论知识兴趣、态度情况统计

调查的问题	选项	回答情况 %
1. 学习语文，你有兴趣吗？	很有兴趣	15.71
	有兴趣	46.19
	兴趣一般	33.82
	没有兴趣	4.29
2. 你会阅读与语言理论知识相关的书吗？	经常	24.24
	偶尔	64.53
	从不	10.23
3. 语文课中，你喜欢上语言理论知识课吗？	喜欢	44.32
	一般	48.86
	不喜欢	6.82
4. 你了解一些语言理论知识（如语音、词汇、语法、文字、修辞、语用等）吗？	了解	45.08
	不太了解	51.52
	不了解	4.29
5. 你认为有必要学习语言理论知识吗？	很有必要	43.94
	有必要	52.65
	不必要	3.41

（续表）

调查的问题	选项	回答情况 %
6. 语文课上，老师讲解语言理论知识你会专心听讲吗?	很专心	39.39
	有时专心	57.95
	从不专心	2.65
7. 你常做与语言理论知识相关的练习吗?	经常	19.32
	偶尔	70.45
	从不	10.23
8. 你常向老师请教有关语言理论知识的内容吗?	经常	4.92
	偶尔	57.95
	从不	37.12

从数据看，学生对语言理论知识兴趣并不浓厚，态度也不端正。虽然多数同学喜欢上语文课，但据我们了解他们喜欢上的是一些有趣的课文或文学作品欣赏等课程，而对语言理论知识方面的课程，他们一致认为枯燥难懂，提不起兴趣。尽管绝大多数同学认为学习语言理论知识有必要，但对其内容的了解极其有限，其中 55.81% 的同学不太了解语言理论的相关知识，真正认真听课的只有 39.39%，相关的练习只有 19.32% 的同学会去做。这些数据说明，学生对语言理论知识学得少，练得也少。

（二）客观存在的问题

1. 语言理论知识内容多而难

根据我们的调查，教师、学生都认为语言理论知识内容多而复杂，而且对提高语文成绩效果不怎么明显，这也是导致语言学理论知识在基础语文教学实践中脱节的客观因素之一。

表三　师生对语言理论知识认识的情况统计

调查的问题	选项	回答情况 %
1. 如果学生对您讲解的语言理论知识不理睬，您认为最主要的原因是什么？	自己不感兴趣	26.09
	内容偏多偏难	52.17
	教师没讲清楚	4.35
	学生基础差	17.39
2. 您认为学生学习语言理论知识最大的困难是什么？	内容难	23.91
	内容多	28.26
	不喜欢学	47.83
	其他	0
3. 你学习语言理论知识遇到的最大困难是什么？	内容难	17.42
	内容多	56.44
	不喜欢学	10.23
	其他	15.91

由数据得出，语言理论知识内容多而难是造成其在基础语文教学中脱节的一个重要因素。教师中的 52.17% 认为，语言理论知识点内容多、难是导致学生上课不愿听讲的原因之一；73.86% 的学生也有同样的看法，认为这是他们学习困难最主要的原因。由此可见，语言理论知识自身的特点也会造成它与基础语文教学存在脱节问题。

2. 应试教育带来的严重影响

以“中考”“高考”为指挥棒，直接导致语文教学与学习变得急功近利，这样使得语言理论知识从教学与学习中淡出。考什么教什么，考什么学什么，哪部分内容分值高就重点学习哪部分，与考试无关的就一略而过。而作为基础理论知识的语言文字运用这一部分，在中、高考试卷中所占比例很小，与阅读和作文相较而言其分值比重小很多，因此师生所投入的精力自然是极少的。尤其在高考压力下，学生把语文课堂当成考试“练兵场”，其目的不是为学习获得更多知识，而是为高考拼取更高分数。这样一来，教师忽视语言理论知识教学，学生轻视语言理论知识学习，就毫不奇怪了。

《义务教育语文课程标准（2011 年版）》规定："语文课程是一门学习语言文字运用的综合性、实践性课程。"以体现国家权力意志的课标强调了语言文字知识的运用在语文教学体系中的作用。可以这样说，语言文字运用是一个根基，任何科学（不论社会科学还是自然科学）的构建与发展都是在其运用中实现的。这正如巴赫金所指出的，任何文学文本的分析都"不能忽视语言学，而应该运用语言学的成果"。但是，不论从调查数据还是语文教学实情来看，我们都不难看到：当下的语文教学，教师和学生都在做着同一件舍本求末或者本末倒置的事情——极端地漠视语言基础理论知识，孤立而片面地侈谈意义内容与思想情感，严重地偏离了基础语文教学"培养学生的语言文字运用能力"目标。

因此，我们认为要从根本上改变基础语文教学这一现状，必须从以下几方面着手解决：

第一，要提高教师和学生的思想认识，着力解决他们认为语言基础理论知识不重要甚至可有可无的模糊观念，使他们真正认识到只有掌握了符合语文学科特点的语言学理论，并在语文教学中创造性地加以运用，才能真正实现语文教学的终极目标。否则，一切都是华而不实的空中楼阁。

第二，要进一步修订基础语文课程标准，从国家法律意志的层面上确立语言理论知识在语文学科中的基础地位，促使语言基础理论知识在语文教学实践中得到应有的重视，从而突显它的重要作用。

第三，发挥国家各类考试（如中考、高考等）的导向作用，加大语言基础理论知识运用的考试力度，从根本上扭转学生语言文字运用能力严重下滑的局面，真正把基础语文教育"培养学生的语言文字运用能力"落到实处。

第四，进一步开展基础语文教学改革实验，以改革促语文教学大变化，以改革促语文教学大发展，以改革促语文教学目标大落实。一句话，以改革加快解决制约基础语文学科中发展的薄弱环节和突出瓶颈问题。

诚如是，语文教学根除其顽症，语言学与语文教学解决其严重脱节问题，语文教学实现其大突破，才真正有希望。

三、语言学理论与语文教学对接的必要性

从语言学在语文教学中的缺位现状及其在语文教学中所起的作用来看，语言学与语文教学实现有效对接有其迫切性和必要性。实践证明，语言理论知识已经渗透到语文教学内容的每个方面，而语文教学实践也离不开语言学理论的指导作用。

1. 语言学在语文教学中缺位现状显示其迫切性

语言学是当今社会科学中一门领先学科，其研究方法以及研究成果往往被其他社会科学的学科所借鉴。与其他社会科学的学科相比，基础语文教学与语言学这一科学的联系更为紧密，二者都与语言运用有着密切的关系，其有所不同的是语言学重在理论建设，而语文教学则重在实际应用。正因为这样，语文教学应从语言学中汲取营养，如有的学者所指出的那样："语言教学需要建立在对语言的理性认识上，是语言成果最直接的应用。"但目前的实际情况并非这样，不少教师对语言学还缺乏理性认识，从而导致了语文教师在其教学中忽略了这方面的内容。例如，我们向教师问卷调查中有 1 项是：

（1）语文教学实践中，您是否自觉地运用语言学理论知识来解决实际问题？

①经常　　②有时　　③很少　　④从未

调查结果显示：46 位教师中有 31 位选择"有时"，8 位选择"经常"，6 位选择"很少"，1 位选择"从未"。而实际情况与这还有出入，不容乐观。

在语文教学过程中，学生获取知识尤其是语言理论知识，多是教师脱离语文教学实际而孤立地讲授。如调查所示，教师很少自觉地将语言理论知识应用于语文教学实践之中，这就使得学生大多不会熟练运用语言理论知识来解决实际问题。同样，我们对学生问卷调查中也有这么 1 项：

（2）你会熟练地运用语言理论知识解决实际问题吗？

①熟练　　②不熟练　　③根本不会

接受调查的264位学生中，66.7%不会正确运用语言理论知识去解决实际问题。本来语文是语言文字之学，它“起到规范语言，纯化语言，促进语言发展的作用”，它的特殊任务就是培养学生正确理解和运用语言文字的能力。而据教师讲，仅部分学生语言理论知识扎实，语言规范得体，表达清晰流畅；多数基础薄弱，其作文普遍存在错别字、词不达意、文句不通、标点乱用等现象。由此可见，掌握语言理论知识不仅是培养学生言语能力的手段和中介，还是语文教学中一项最重要、最基本的内容，这是保证语文教学质量的根本。因此，在语文教学过程中，加强语言理论知识的教学与应用，实现语言学与语文教学对接，不仅很有必要，而且也是十分重要的。

2. 语言学在语文教学中所起的作用显示其必要性

张志公先生（1992）指出：“语言理论的知识系统是从小到大的：语素—词—词组—句子—句组—篇章；而实际运用语言却恰恰相反，是从大到小再回到整体的。”从中不难看出，尽管二者顺序截然相反，但是语素、词、词组、句子、句组、篇章等语言或言语单位是语言学与语文教学二者共同研究的对象。因此，语文教学完全可以而且非常有必要借助于语言学的理论知识及其研究成果为我所用，以加快语文教学科学化的进程。

那么，语言学在语文教学中的作用有哪些呢？主要体现在以下几方面：

第一，在语音方面所起的作用

语文教学主要目标之一，就是要使学生具有正确运用语言表达的基本能力，其中既指书面写作，也指口语表达。口语表达则与语音息息相关，而语音学研究的成果对于学生掌握、运用民族共同语具有十分重要的意义。首先，语音学对音素发音特征的分析有助于方言区学生掌握共同语的标准音。例如，南方学生［n］、［l］普遍不分，两个音要么读［n］，要么读［l］，听力上也分辨不清。要掌握好这两个音，首先必须了解其发音的区别特征，如果缺乏语音学理论知识，就难以解决这个问题。语音学表明，［n］为舌尖中鼻音，发音时舌尖抵住上齿龈，形成阻碍，气流从鼻腔冲出；而［l］是边音，发音时舌尖抵住上齿龈，气流从舌头两边发出。只有弄清楚了二者的发音部位、发音方法，才能掌握其发音特征，而这又是语言学中一个重要的理论知识内容。可以这样说，语言学的理论知识实际上渗透到语文教学中的方方面面。

第二，在语法方面所起的作用

语法是语言的组织规则，它对语言理解和表达有着举足轻重的作用。语法研究可以使我们了解语言的结构规律，了解句法结构与意义联接规律，进而更好地解决实际问题。

检阅语文高考试卷，我们发现学生错误率最高的是语病。如 2016 年有道真题是这样的：

（3）下列各句中，没有语病的一句是（　　）

A. 近日刚刚建成的西红门创业大街和青年创新创业大赛同步启动,绿色设计和“互联网＋农业”设计是本次赛事的两大主题。

B. 最近几年，从中央到地方各级政府出台了一系列新能源汽车扶持政策，节能环保、经济实惠的新能源汽车逐渐进入老百姓的生活。

C. 实时性是以互联网为载体的新媒体的重要特点，是通过图片、声音、文字对新近发生和正在发生的事件进行传播的。

D. 广西传统文化既具有典型的本土特色，又兼有受中原文化、客家文化、湘楚文化共同影响下形成的其他特点。

通过分析我们知道，A 项“创业大街同步启动”主谓不宜搭配；C 项暗换主语，前半句的主语是“实时性”，后半句换成了主语“新媒体”；D 项“受中原文化、客家文化、湘楚文化共同影响下”几种句式杂糅在一起，去掉“受”或“下”。所以，选项 B 是正确的。这道题涉及的句法错误，实际上都是语言学理论知识中的基本问题——搭配不当，成分残缺，句式杂糅。

所以，语文教学中，如果教师运用语言学理论知识，并将方法授之于学生，训练他们的分析能力，毫无疑问，许多实际问题都能迎刃而解。

第三，在语用方面所起的作用

语用所研究的是一定语境中语言使用时体现出来的具体意义，其核心有二：一是意义，二是语境。也就是说，它研究语言理解和使用，研究特定情景中的特定话语，研究如何通过语境来理解和使用语言。由于其涉及的内容广泛，我们仅以语用理论中的会话原则为例进行说明。“言外之意”是文学作品中普遍存在的现象，语文教学时要解释清楚它的产生机制，就必须借助于会话原则。

例如，高中语文《红楼梦》“林黛玉进贾府”里，写到贾母问黛玉念过什么书，黛玉回答说：“只刚念了‘四书’。”而黛玉问姊妹们读何书时，贾母却说：“读的是什么书，不过是认得两个字，不是睁眼的瞎子罢了。”此时，黛玉意识到自己实话实说已有不谦之嫌了。所以，当后来宝玉问黛玉可曾读书时，她便说：“不曾读，只上了一年学，些须认得几个字。”如果按美国语言学家格赖斯（Grice）的“合作原则”，黛玉对宝玉的回答显然是不真实的，这无疑违背了“合作原则”中的“质准则”。但是，读者透过黛玉刻意贬低自己的话语，却能窥见她刚来等级森严的外祖母家时“步步留心，时时在意”的心理；与此同时，从其言谈举止中，也能充分表明黛玉的教养非同一般，其敏感、自尊的性格无形中得到了强化，读者由此可以获得一种言语表达艺术美的享受。

含蓄历来是汉民族崇尚的表达方式，日常生活中人们为了达到某一目的而有意违背语用原则，这样的事例屡见不鲜。听话者若要正确把握说话者的“言外之意”，除了掌握语音、词汇、语法等语言知识之外，往往还需根据社会文化背景、特定语言环境等因素才能领悟其话语真实而准确的含义。

上述例子说明，语文教学本质上就是语用教学。也就是说，语用教学就是师生在使用语言进行交际的动态过程中发展语言和自身的语文教学。而语用是语言学中一个重要的理论分支，因此语文教学归根结底离不开语言学理论的指导。

四、语言学理论与语文教学对接的可能性

语言学与语文教学实现有效对接既有新兴学科发展的实践经验，又有国家教育政策的大力扶持，此外还有一个重要条件就是人才资源的可靠保证。因此，在语文教学实践中，将语言学与之对接起来完全是有可能的。

1. 语言新兴学科的快速发展为其对接提供了实践经验

毫无疑问，语言学是研究语言的科学，也就是要研究语言的基本原理，诸如语言的结构规律和演变规律。尽管如此，但其一项重要的任务就是要阐述语言最首要的、也是最基本的功能——工具性、应用性。因此，以语言作为研究对象的语言学也相应地分为两大部类：理论语言学与应用语言学。理论语言学主要研究语言本体现象，其目的是让人们了解、掌握有关语言的理论知识；而应用语言学则运用语言学及其相关学科的理论、方法和研究成果阐明和解决其他领域中的语言问题，其目的是把语言学的基础研究成果转化为社会效益，它不仅关注语言动态的发展，而更为重要的是注重言语的实际应用。近些年来，语言学家们在言语和言语行为的广袤土地上，开拓进取，建立起一批批以言语研究为中心的新兴学科，如语用学、篇章语言学、语体学、功能主义语言学、交际语言学、社会语言学，等等。对于这一点，许国璋先生（1988）认为："应用语言学是语言理论和语言教学的一道桥梁。"事实确乎如此，学者们已经将语言学相关理论方法及其研究成果应用于我国的语文教学实践中，使之兴起了一个新的学科——"汉语应用语言学"。"汉语应用语言学"的建立，不仅对应用语言学乃至普通语言学的学科建设具有重要的理论意义，而且对于推动我国的语文教育教学改革，大面积提高语文教学效益，增进中小学生语文能力发展，提高全民族科学文化素质，也具有非常重要的现实价值。诚然，语文教学不宜、也不可能将语言学理论照单全收，而应从培养学生交际与思维能力的实际需要出发，择取其适用部分，吸收其实用理论来构建语文教学科学化的言语知识体系。

2. 国家教育政策的大力扶持为其对接提供了根本保证

国家教育部2011年制订颁布的《义务教育语文课程标准》指出："语文课程是一门学习语言文字运用的综合性、实践性课程。"初中学生阅读应达到如下目标之一：了解基本的语法知识，以帮助理解课文中的语言难点；了解常用的修辞方法，体会它们在课文中的表达作用。课标还在附录中专列"语法修辞知识要点"，以确定教学内容和范围。2013年，教育部颁布的《普通高中语文课程标准（实验）》也明确指出："高中语文课程应进一步提高学生的语文素养，使学生具有较强的语文应用能力……为终身学习和有个性的发展奠定基础。"根据以上表述，我们可以得出这样一个结论：语文课标的一个重要理念就是重视语言基础知识的积累，这是全面提高学生语文素养的重要途径。

另外，据我们调查，近年来，尽管语文高考题型不断发生变化，但同语言学密切相关的语言基础知识不可或缺，一直是其中一个重要的组成部分。不仅如此，而且其题型内容也越来越灵活，越来越注重考察学生的语言表达艺术和语言运用能力，而这显然离不开教师语言学理论知识的引导。

3. 高校合格人才的重点培养为其对接提供了现实基础

众所周知，现在中学教师很大部分来自高师院校，高师院校开设的课程大多是为基础教育服务的。而语言学不仅与语文教学密切相关，还对语文教学有着重要的指导作用。因此，高师院校相关的语言学课程，是为提高语文教师语言理论素养而开设的。据调查，江西大多数高校诸如江西师范大学、赣南师范大学、上饶师范学院、江西科技师范大学、南昌师范学院、井冈山大学、南昌大学科技学院、新余学院、宜春学院、九江学院等都开设了语言学理论课。下面是这十所院校师范类语文专业课程设置的调查数据。

江西十所院校师范类语文教育专业语言类课程设置调查数据

现代汉语	古代汉语	普通话	语言学概论	训诂学	文字学	词汇学
10	10	10	8	4	3	2

从上表看出，高校师范类语文教育专业开设的语言相关课程虽然参差不齐，但都是基础语文教学所必需的，这就为语文教学输送了大量的合格人才，它为语言学与语文教学实现有效对接提供了良好的现实基础。

总而言之，语言学与语文教学关系非常密切。实质上，语文教学中的内容诸如语音、词汇、语法、语义、文字、修辞、文体、写作、语用等方面，均属语言学理论知识范畴之内，是其不可分割的重要组成部分。早在20世纪90年代，张志公先生（1998）就认为"在语言学和语文教学之间构建桥梁性学科是一个很值得进一步探索的课题”，甚至还有一个要“在语言学基础知识、基础理论和语文教学之间建立一种桥梁性学科的构想”。由此看来，将语言学理论引入语文教学中实现有效对接，并非是主观臆断的空中楼阁，而是有其坚实的现实基础，现在不仅显示出其必要性和可能性，而且还是一件十分迫切的事情。如果真正实现了二者完美而有效地对接，它必将促使我国语文教育教学的大改革，解决制约语文学科发展的薄弱环节和突出瓶颈问题；它也必将推动我国语文教育教学的大发展，提高语文教学的社会效益，增强中小学生的语文能力，从而全面提升整个民族的科学文化素质。

五、语言学理论与语文教学有效对接的途径

2011 年《义务教育语文课程标准》“前言”中明确指出：“语文课程是一门学习语言文字运用的综合性、实践性课程。义务教育阶段的语文课程，应使学生初步学会运用祖国语言文字进行交流沟通，吸收古今中外优秀文化，提高思想文化修养，促进自身精神成长。工具性与人文性的统一，是语文课程的基本特点。”

语言文字是人类最重要的交际工具和信息载体，也是人类文化的重要组成部分，所以我们的语文课程更应致力于培养学生的语言文字运用能力。随着时代的发展，人们对语言文字运用能力提出了更高的要求，同时也将我们的语文教学推向了一个新的改革转型时期。2001 年开始新一轮课程改革，提倡“自主、合作、探究”学习，语文教学发生了革命性的变化。不过，在改革的同时，其“重视人文性，忽视工具性”的问题也越来越尖锐。具体表现在，语文教学过度重视文学情感与价值观方面的讲授，忽视语言文字方面基础知识的训练。下面是某重点中学高一语文《荷塘月色》的课堂实例，课堂分“诵读—赏析—讨论—总结”四个环节进行。教师在课堂中运用了包括配乐朗诵、多媒体演示以及小组讨论等教学方法，师生互动良好，整个课堂氛围轻松热烈。语文教师设定的教学目标有三个：

（1）知识与技能目标：了解作者，品味本文优美的语言和意境及作者的

散文风格。

（2）过程与方法目标：学习散文独特的语言技巧，通过学习培养学生鉴赏散文的能力。

（3）情感态度与价值观目标：领悟作者蕴藏在作品中的感情，学习作者的爱国品质。

从教学目标来看，这堂语文课没有什么问题。但在实际课堂教学中，朗读和多媒体演示之后，本应重点赏析四、五、六段课文，教师仅对文章修辞艺术的运用作了一个大略的讲解，接着就是小组讨论“文章体现了作者怎样的情感”，从作者的生平一直谈到教师自身的故事。从以上实际案例可以发现，语文教师把重点放在思想情感与价值观目标上。如果是一堂文学欣赏课这样做无可厚非，但这是一堂语文课，更多地应把重点放在训练基础知识和基本技能上，只有落实了基础知识，掌握了基本技能，学生才能深刻地体味作者的人生情感与价值观。有的语文教育者说：“语文课不但要让学生理解课文表达了什么，还要让学生理解课文语言是怎样表达的，为什么用这个词语，不用那个词语；为什么用这个句式，不用那个句式；为什么选这些材料，不选那些材料……如果丢掉了这些，那就不是真正意义上的语文课。”这是颇有见地的。

语言学理论与基础语文教学实践的密切关系毋庸置疑。近些年来，针对当下基础语文教学与语言学理论严重脱节以及语文教学中存在的其他问题，无论语言学界还是基础教育领域都做了一定的讨论。例如，有的学者认为，长期以来，由于语文教学缺少语境理论指导，教学仅是就语言教语言，因而严重制约了语文能力的提高，主张未来的语文教学要把语境教学作为一个发展方向。而更多的学者如王元华（2014）、刘仁增（2014）、谢建红（2015）、荣维东（2015）等则倾向从宏观上阐述语用理论与语文教学的关系及其在语文教学中所起的作用，力倡在语文教学中不仅应以语用理论来重建语文教学范式，而且还应结合语文教学来构建语用学理论，从而实现“语用型”语文课程体系的建立。毫无疑问，学者们所做的理论探讨和实践努力，对于促进语文教学改革与转型是有积极意义的。不过，语文教学是一个十分复杂的系统工程，究竟如何使之与语言学理论（而不仅仅局限于语用理论）实现有效结合或对接，还有待学者们去作进一步的深入研究。正是基于这一点，本文根据实地调查，从目前二者存在严重脱节的实际情况出发，试图在途径与方法方面就如何实现语言学理论与基础语文教学之间进行有效对接这一问题作些探讨，冀望在促使语文教学朝着科学化、高效化、实用化的正确方向发展方面提出一些建设性意见。

1. 高师院校在原有基础上适当增加语言学理论课的比重

众所周知，现有教育领域的师资绝大部分来源于高师院校，高师院校所开设的课程也是为基础教学服务的。而语言学理论不仅与语文教学有密切关系，还对基础语文教学实践起着重要的指导作用。那么，在高师院校的课程中，专业的语言学课程所占比例是多少呢？在对江西师范大学、江西科技师范大学、赣南师范大学、广西师范大学、海南师范大学、上饶师范学院、乐山师范学院、安阳师范学院、江西宜春学院、河南科技学院等十所院校师范类语文教育专业课程设置调查之后，我们认为有些基础课程设置时数过少，显然这不利于师范专业学生实际能力的培养。下面是十所院校师范类语文教育专业课程开设的调查数据，如表1：

表1　十所院校师范类语文教育专业课程设置调查数据

普通话	现代汉语	古代汉语	语言学概论	语音学	训诂学
10	10	10	7	1	4

上表可见，大部分高师院校语文教育专业开设了普通话、现代汉语、古代汉语、语言学概论等语言基础课程，只有少数院校开设了语音学和训诂学这类课程。

叶蜚声、徐通锵先生（2010）指出："语言教学需要建立在对语言的理性认识之上，是语言研究成果最直接的应用。"而在实际的语文教学中，我们教师缺少对语言的理性认识是造成基础语文教学与语言学理论严重脱节的一大原因。比如，在我们的问卷调查中，18—22项设置了语义指向、语言图式、语用预设等语言学中的基本内容，不少教师就对这些内容疑惑不解或一知半解。由此可见，教师的不解或半解必然会导致他们的教学有意或无意忽略这些方面的知识。如问卷调查19项是：

（4）进行词汇教学时，您是否有意识地运用语言学的语义指向理论（　　）

①经常　　②有时　　③偶尔　　④从未

调查结果显示：十五位教师中十一位选择“从未”，一位选择“有时”，两位选择“偶尔”。多位教师认为语义指向理论太难，在语文教学中没有意义。之前，我们把基础语文教学与语言学理论脱节的主要责任归咎于语文教师，但其实问题的主因还在于高师院校的课程设置。因此，增加语言学理论课的比重，加强基础语文教师语言学知识的储备，不仅是重要的，也是必要的。

2. 针对高师专业编写语言学教材，在教材方面体现师范性的特色

在整个基础语文教学线上，语言学专业的毕业生不占多数。从表1也显示出，高师语文教育的课程设置多以综合性理论课为主，缺乏专一的语言学专业课。而理论课又是极具概括性的，不能完全解决基础语文教学中的实际问题。

现代汉语是汉语言文学及相关专业必修的基础课，其教材主要介绍汉语的基本理论和基础知识；语言学教材也是综合性的阐述一般语言所具有的基本理论和基础知识。从所编教材看，我们发现几乎没有一部具有实用性的指导教材来教授师范类学生如何把这些基本理论与基础知识应用于语文教学实践中去。也就是说，语文教学一线的教师在很多情况下不知如何将已掌握的语言学理论及规律来解决语文教学中的实际问题。因此，针对高师院校培养基础教育师资力量的具体情况来编写一部富于一定实用性的语言学教材很有必要。

以语法而论，枯燥难懂，这是语文教学中教师和学生都避之不及的难点。针对这一情况，高师语言学教材可以适当地引进语文课本中的一些例句来进行分析。这样一来，师范类毕业生下到基础教学一线时就自然而然地知道如何把语言学理论贯彻到语文教学中去了。当然，现有教材中一些简洁有效的方法和图表也可利用。例如，汉语教材中名词、动词、形容词比较，用图表

做出辨别，一目了然。这类方法的运用，对学生学习和掌握语言知识是很有效果的。

3. 加强语文教师在教学实践中自觉运用语言学理论的意识

近十多年来，教师队伍专业化是教育领域的一项重要改革。教师资格认证和招聘都必须遵循“专业对口”的原则。下表是我们对江西省多所中学20位语文教师问卷调查的数据，如表2：

表2　20位中学语文教师专业对口问题调查数据

师范院校毕业	师范专业毕业	中文相关专业	跨专业
12	16	18	2

调查发现，20位语文教师中，12位来自师范院校，16位为师范专业毕业的。其中，18位是中文相关专业的，仅2位是跨专业的，这就说明我们的语文教师已经具有一定的语言学理论素养了。那么，那些语文教师是否会自觉地将语言学理论知识运用到实际的语文教学中去呢？请看表3：

表3　某重点中学高一学生运用语言基础知识情况调查数据

正确使用“的、地、得”	正确划分“主、谓、宾”
11%	8%

这是来自某省重点中学高一学生的问卷结果，从表中可以看到学生的语言基础知识非常的贫乏。很多教师表示语法难教，而学生则认为语法难学，所以在语文教学中对语言相关知识采取“回避”的态度。语文课程标准在“学段目标与内容”中对语音、文字、词汇、语法、修辞等语言基础知识提出了明确要求，在教学中应根据语文应用的实际需要，从所遇到的具体实例出发进行指导和点拨。要避免脱离实际应用，围绕相关知识的概念、定义进行“系统、完整”的讲授。为什么会出现教师难教、学生难学这一现象呢？我们认为，从根本上说是语文教师缺少自觉地把语言学理论知识应用于语文教学实际的意识，对相关知识点有意或无意地回避，或脱离课本去讲。比如讲修辞，教师通常采取的教学步骤是，先对比喻、借代、夸张等下定义，然后举例，

最后学生仿句。但是我们认为，许多相关的语言理论知识只有联系文本讲解，才能取得好的效果。同样以《荷塘月色》为例，在讲到“叶子出水很高，像亭亭的舞女的裙”时，教师可以指出作者运用了比喻手法来写荷叶的风姿，由“出水很高”联想到“亭亭的舞女的裙”，两者不仅神似，而且还写出了荷叶的动态美。另外，在这篇课文中，学生第一次接触“通感”这一修辞手法，教师将“通感”的定义联系“微风过处，送来缕缕清香，仿佛远处高楼上渺茫的歌声似的”这一句，引导学生理解由嗅觉向听觉转移：“缕缕清香”与“渺茫的歌声”在许多方面有相似之处，这样学生很快就能学会，并能更好地领悟课文。可见语言学理论知识在语文教学中有多么的重要，因此加强语文教师运用语言学理论知识的自觉意识是十分必要的。

六、语言学理论与语文教学有效对接的方法

1. 语言研究者要多参与语文教学实践，多培养研究型语文教师，加强语言研究和语文教学之间的交流与沟通

有人说，语文教师必须具有教学科研意识，要从实践型、经验型向理论型、研究型教师转变。而目前的实际状况怎样呢？其状况是：语文教师大多固然不是研究型的，就是语言研究者其基础语文教学经验也很少，甚至基本上没有，这就无法把语言学理论与语文教学实践有机地结合在一起。这正如有的学者所指出的那样：广大语文教育工作者对现代语言学比较陌生，而现代语言学研究者对语文教育也比较陌生。这种陌生的关系是语言学理论与基础语文教学脱节的另一重要原因。可以这么说，要实现两者之间的有效对接，改变基础语文教学的现状，使语文教学从现代语言学中汲取营养，就必须使双方有所沟通。双方要进行有效沟通，语文教育者就应加强现代语言学理论的学习，提高语言学理论素养和理性认识。而要解决这一根本性的问题，一方面要加强高校基础学科建设：师范院校要相应地增加语言学理论课程，并针对专业师范类学生编写为基础教育服务的语言学实用教材等，这在上文已经提出过；另一方面语文教师也应不断地提升自我：加强语言学理论学习，提高语言学理论水平。有的学

者说，语文教师如果“没有深厚的语言学修养，教学不可能丰富，更不可能有趣”。只有加强自身的语言学理论修养，语文教师才能有意识地自觉应用语言学理论来解决教学中的实际问题，并且使自己不仅成为一个教育者，还是一个研究者。另外，我们的语言研究者看似与语文教学没有太大的关系，但其实二者关系十分密切。王宁先生（2000）认为：“语文的基础是语言，它是通过语言认知、语言传意和语言训练来提高人的思维、认识与表达的能力和素养的。”正因为这样，语言研究者与语文教师有着共同关心的语言话题。语言研究者研究的多是生活中使用的语言现象，如区分语气词“的”和结构助词“的”：

（1）他是三班的（学生）。（结构助词）

（2）班主任今天会回来的。（语气词）

（3）这本书是新发的。（语气词）

（4）这本是新发的（书）。（结构助词）

这既是生活中经常听到的，也是语言研究和语文教学所关注的。也就是说，语言研究者要把研究成果运用到语文教学实践中去，仅仅单靠研究文本是远远不够的，还需到语文教学一线中去发现问题。所以，语言学专家应去中小学开展专业讲座，听取语文教学一线教师的意见，与基础语文教学的教师直接展开对话。

2. 语文教师课堂教学不仅教授语言理论知识，更多的应理论联系实际，授之以方法

无论语文教学过程还是语文学习过程，语言理论知识一直是基础语文教学中的一个难点，教师对之深感力不从心，学生则疑惑不解。在我们的调查中，有约 70% 的学生认为语言知识很重要，94% 的学生觉得语言知识很难。例如，调查中我们设置了一个句子成分的划分：

（5）小明在班上是跑步最快的学生。

（6）小霞看书看得废寝忘食。

结果是 150 个学生中没有一个正确划对主谓宾的，错误率竟达 100%。这种情况在语文考试中也有所体现，通过对省内某重点高一年级第三次月考语

文试卷基础知识错误率的统计，发现语病题的错误率高达64%。在口头访谈时，大部分学生基本能说出主谓宾的概念，而实际运用却不容乐观，所以我们认为教师在教授语言理论知识时不仅要教授理论，更应教授方法，让学生能运用所学去解决实际问题。

检阅语文考试卷，学生错误率最高的也是语病题。如下面一道考题：

下列句子中，没有语病的一项是（　　）

（1）由于河北运输烟花爆竹的车辆发生爆炸，致使连霍高速公路河南渑池段义昌大桥南半幅桥面垮塌，造成10人死亡，11人受伤。

（2）理科综合、文科综合的考试形式，对许多习惯了单科考试的高三学生，最初的确会感到不适应。

（3）中新记者看到，“桑迪”（飓风）带来的罕见狂风呼啸而过，凄厉的鸣叫令人心惊，大暴雨随着风势倾泻下来，漫天皆雨水。

（4）近日，有关延迟退休的多种备选方案已提交有关部门讨论，可是有一个非常现实却容易被忽视的问题，延退之后，有幼儿的家庭怎么办?

通过分析，我们知道选项（1）缺主语。选项（2）不合逻辑，主客体颠倒，应为“许多习惯了单科考试的高三学生，对理科综合、文科综合的考试形式，最初的确会感到不适应”。选项（3）谓宾搭配不当，“看到”不能用“鸣叫”搭配。所以，选项（4）是正确的。这一题中涉及的句法错误都属于黄伯荣、廖序东现代汉语教材里的第五章第七节“常见的句法失误”中的知识——搭配不当、残缺和多余、语序不当、句式杂糅。所以，教师课堂教学或试卷讲评应结合考试中出现的问题，教给学生解决问题的方法。比如，句法问题，不仅要掌握主谓宾的概念意义和句子结构规律，还应从反面分析为何不这样组织句子，通过训练以提高学生发现问题、解决问题的能力。

3. 将语义学、语用学理论与方法引入语文课堂，加强语境教学

关于语言理论知识，很多教师和学生的回答是“语法”和“词汇”，几乎无人提及“语义”“语用”，这也是语言教学中的一个缺失。北大出版的修订版《语

言学纲要》，全书九章概述了语言学理论的各个方面。在整个理论板块中，我们发现有关语义、语用的内容只占第五章的一个很少部分，而语义、语用理论在语文教学中却又有着非常重要的作用。对于这一点，有的学者是这样认为的："意义是语文教学永恒不变的旋律和核心，在母语的语文教学里，最有用的语言学知识是语义而不是语法。"比如说语境，我们的语言是在一定的交际环境中使用的，在分析语言现象时就必须把它和它所依赖的语言环境联系起来，而不能把一个语言片段孤立起来分析。另外，"语用"之重要在语文考试中也有所体现。如高考语文试卷第二大题小阅读，最常见的考题为："对文意理解不准确的一项是（ ）"。这一类题型往往看似容易，实际上学生失分率是很高的，它需要学生联系上下文语境分析才能得出正确答案。

语用学理论对学习语言其他方面的知识也是非常有用的，其中词汇教学表现得最为突出。如"一词多义"现象，正是这种复杂性导致学生很多时候不能正确运用词语，而"一词多义"又是针对不同语境中的实际语用现象而言的。所以，词语教学如能运用语用学中的语境理论进行，所谓问题就迎刃而解了。

总而言之，语言学理论与基础语文教学脱节是我们当今面临的一个实质性问题，语文教学改革多年并未取得明显成效，归根到底与二者之间在一定的程度上没有实现有效对接是有极大关系的。我们在实际调查的基础上，提出实现二者进行有效对接的基本途径和可行方法，旨在促使不论是语文教者还是语文学者"都必须坚持'从语言出发再回到语言'的基本教学原则，这是落实学科理论的关键，也是促进语文教学科学发展的保证"。如果实现了这一点，不仅现状有所改观，而且还会出现语言研究与语文教学良性互动的一个崭新的双赢局面。

七、语言学理论与语文教学实现成功对接的前景

语文教学是传统语言学重要的应用领域，语文教学的科学品位在很大程度上取决于语言研究的科学品位。而要解决这一问题，一方面语言学研究要切实重视语文教学问题，为语文学科提供行之有效的动态言语知识理论体系，

另一方面语文教学也要思考如何将动态言语理论知识转化为其教学范畴中的言语理论知识，从而实现语文学科与语言学理论的真正对接，而不是简单地抵触或一味地淡化语言理论知识。如果二者一旦实现了成功对接，其前景无疑是很广阔的。

1. 语文教学应对接语音学理论

“语文”这一名称是中华人民共和国成立时开始使用的。之前有两种称谓，小学谓之“国语”，中学以上谓之“国文”。至今港澳台及海外地区仍用前一称名。每人从幼儿开始就学习语言，此时主要受教于父母和周边的人，通过模仿他们的语音来进行言语习得。因此，在幼儿言语及小学语文教学中，我们应该充分发挥语音教学的作用。但遗憾的是，如今的基础语文教学未能达到理想的效果。语音教学大多仅停留在生字注音和朗读课文上，而中学连朗读也基本上没有了，仅在早自习让学生自由读二十分钟左右，根本没有朗读训练，更不用说运用语音学理论来指导了。我们知道，语音具有表意功能，是一种特殊的声音。基础语文的语音教学先要处理的是声、韵、调的教学。就声母教学而言，从我们收回的152份调查问卷可以看出，许多小学教师仍然是按b、p、m、f、d……这样的顺序来教学。在舌尖前音z、c、s与舌尖后音zh、ch、sh、r的教学上，他们教学生的发音是：z、c、s是平舌发音，zh、ch、sh、r是翘舌发音，其实这种方法是错误的。相对于舌尖前音来说，舌尖后音是舌头往后缩而非翘舌所发出的音。韵母教学可以由简到繁，从单元音韵母到复合韵母进行教学，主要教学生掌握元音发音这一基本原理，学会自主拼读。声调教学上，普通话声调主要学习赵元任“五度标记法”，让学生能直观地了解其调值。小学拼音教学主要通过一些有趣的情景以及口耳传授引发学生的兴趣，并从中渗透一些语音学基础知识，让学生正确拼读书写声韵母及音节，同时认识轻声、双音节及多音节连续变调等常见的音变现象，并能在短句的语调与声调关系的不同表达中领悟句意的细微差别。如“这是你的”在生活中常用，书面语有两种表达方法：

（1）这是你的？　　（2）这是你的。

（1）是个疑问句，读时句末音节读得大声一点，这样声调的调值就会升高，所以疑问句为升调；而（2）是个陈述句，句末音节读的声小了一点，调值下降了，所以表肯定的陈述句为降调。这就涉及语音学理论的基本句调问题。这是就一个简短的话语而言，而随着年级的逐步上升，语文教学以文本为基础，将各个教学内容贯穿其中，这时就需要学会如何有感情地朗读。因此，这就要求教师自身要储备停顿、节奏、重音、语调等语音节律知识，并且有意识地引导学生掌握这一基本技能。

2. 语文教学应对接词汇学理论

在语言三要素中，词汇作为语言的建筑材料是最丰富、最活跃的，也是最重要的。虽然词汇具有如此特征，但它有着严密的系统性。

首先，所有的词语都是由基本语素构成的，这些语素大多是词根，这是词汇外在的根本形式。例如，汉语中的语素“水”，可以构成数百个含“水”的词语，虽然其形式不一，但却万变不离“水”的基本含义。

其次，词语是各语素遵循一定规则构成的，如合成词复合式的基本构词类型——并列式、偏正式、补充式、动宾式、主谓式。

再次，那就是词义，这是词汇内核的根本形式。语言中每个词都有其特定的意义，词义是有其客观性、概括性、模糊性、民族性等特点的，同时还有其理性义与色彩义之辨。一个词从理性意义上讲一般有两种以上的意义。这时，我们就要从词义分析的角度，根据我们对该词所掌握的意义并结合相应的语境，来正确区分语境中所表示的是基本义还是转义。例如，“深”虽有八个义项，但仅有一个基本义：“从上到下的距离”，其余七个义项都跟“距离大”这个意义有关。另外，在语言运用过程中，学生所说的与所写的句子从理性义上是通的，但为何又有一定的错误呢？这可能是色彩义上出现了一定的偏差。如下例就将词的贬义错用为褒义：

（3）司机张师傅冒着生命危险解救乘客的事迹，一经新闻媒体报道，就被传得满城风雨，感动了无数市民。（2010年江苏高考卷）

“满城风雨”常用于指坏的、不好的事到处传播，到处议论，显然带有贬义，而句中是指英雄事迹，表达颂扬之义，因此情感意义不符。

文言词汇的积累也是基础语文教学的一大目标，高中阶段则要求学生必须建立完整的文言词汇体系。《全日制高中语文教学大纲》附录一列举了常见的文言实词 150 个，虚词 15 个。这些实词均属基本词汇范围之内的，对于这些实词的讲授，必须运用词汇学知识理论：

第一，文言词汇中，部分词语沿用至今，但随着时间的推移，词义已经发生了变化，学习这些词语时就应该考察其古今义的异同，掌握词义扩大、缩小、转移、褒贬义转换等内容。例如：

（4）河内凶，则移其民于河东。（《寡人之于国也》）

“河”古代是专有名词，专指黄河，而今泛指一切大小河流，其词义范围扩大了。

（5）开我东阁门，坐我西阁床。（《木兰诗》）

“床”古代兼指坐具和卧具，而现在仅指卧具，其词义范围显然缩小了。

（6）哙拜谢，起，立而饮之。（《鸿门宴》）

“谢”的本义，《说文》释之“辞去也”。而例中的“谢”则是“感谢”义，与其本义已无类属关系，词义发生转移了。

（7）将军者，国之爪牙也。（《汉书·李广传》）

“爪牙”古指“武臣”或“得力助手”，而今义为“帮凶”“走狗”，已由褒义转为贬义了。又如“锻炼”，古指“玩弄法律诬陷人”，今已由贬义变为褒义了，如“思想锻炼”“锻炼身体”等。

第二，文言词语大多以单音词为主，其所包含的义项要比现代汉语双音词多，因此一词多义是其普遍现象。文言一词多义现象会对学生的阅读造成一定的困难，因此这也成为词汇教学的主要内容。

第三，文言词语教学还涉及通假问题。“通假”就是以音同或音近的字代替本字的一种语言现象。在文言词语教学中，语文教师要引导学生分析通假现象，而不是生搬硬套地机械记忆。

此外，还有文言虚词问题。文言虚词缺少一定的系统性，不像实词那样有明显的词汇意义，它更多的是表达语法意义。如何让学生掌握、积累文言虚词，这是一个十分关键的问题。因此，对文言虚词的讲解，语文教师可以先引导学生通过理清词的演变规律来把握。虚词是由实词转变过来的，只要学生把握了虚词的演变规律，不仅知其然还知其所以然，这就可以避免死记硬背，也易分辨而不致混淆。如“之”是文言中用得最多的一个虚词。《说文》云：“之，出也。”段注之曰：“引申之义为往。”因此“之”的本义为“出生、滋长”，又引申为“往”或“到”等义，动词。例如：

（8）尝与人佣耕，辍学耕田之垄上。（《陈涉世家》）

由于“往”什么地方去，与之相对的就是从什么地方来，就是出发点，而出发点我们常说“这”、“此”，因此“之”始引申为“这”、“此”意，具有代词的功能。例如：

（9）闻之，欣然规往。（《桃花源记》）

此外，“之”作助词不仅用之最广，而且也最复杂，其与本义无关，显然为假借之用法。例如：

（10）句读之不知，惑之不解，或师焉，或不焉。（《师说》）

（11）蚓无爪牙之利，筋骨之强。（《劝学》）

（12）客之美我者，欲有求于我也。（《邹忌讽齐王纳谏》）

（13）久之，目似瞑，意暇甚。（《狼》）

上述例子中，或为宾语前置的助词，如例（10）；或作定语后置的助词，如例（11）；或位于主谓之间取消句子独立性，如例（12）；或无义仅起凑足音节的作用，如例（13），等等。

3. 语文教学应对接语用学理论

语文课程与教学，实质上是一种言语教育，应当属于语用研究的范畴。语文教学离不开语言的语音、语义、词汇和语法规则系统，但是语文课程的根本目的不是培养学生去研究语言，而是培养学生具有理解和运用祖国语言文字去进行交际的言语能力。因此，基础语文教学实际上是语用教学。从20世纪30年代语用学概念的产生到成为一门独立的学科，它为语言学研究和语言教学提供了广阔的前景。

多年来，语文教学以静态的语言单位作为主要的教学分析对象，并且重在词语、句子的书面意义上，从片段的上下文来理解阐释，而很少从整个语言使用行为的过程中去分析研究。这样一来，学生就不易理解教师的抽象讲授，也难以灵活而娴熟地运用其语言理论知识。而语用学则从整个语言使用行为过程中来考察词义或句义，当然其中最主要的是通过语境对其进行推理，捕捉词义或句义背后说话人的语用意图及语用效应。人们对其语用意义做出解读，就要涉及许多变量，因为它以实际的言语交际活动为主，更贴近实际活动中的语言生活。目前，语用学对各种不同类型的语用意义进行了一定的研究，研究得较为深入的有：指示现象、会话隐涵、规约隐涵、预设等。这些研究为我们深入解读文本的语用意义提供了有效的方法。

传统语言学研究的最大单位是句子，对句子功能的认识主要反映在句类（如陈述句、祈使句、疑问句、感叹句）的划分上。而语用学主张的则是言语行为，这一理论进一步深化了人们对语言功能的认识。言语行为理论给我们的启示是：语言表达功能远比上述四种功能大得多。言语行为理论认为，一个言说动词就是一个语言功能，一种语言里言说动词是成百上千的，如抱怨、威胁、邀请、建议、宣布、通知等。塞尔把言语行为的类别分为阐述类、指令类、承诺类、表态类和宣告类，就是一个有益的尝试。如果我们在语文教学中能区分这些不同的类型，分别展开实境化的练习，那么对提高学生的社会语用能力是大有裨益的。

语用学以言语行为作其研究对象，认为实施言语行为的单位不仅仅是一个个句子，也可以是局部语篇甚至整个语篇。它认为，唯有一个语篇才能完整地实现一个语用意图，因此语用学开创了比句子更为复杂的语篇研究范式。所谓语篇，通常是指一系列连续的话段或句子构成的语言整体，它是我们日常生活中语言的主要表现形式，短者两三句，长者洋洋万言。每个语篇都有自己的构造规律，通过语篇结构表现出来。语篇结构理论其实是运用整体的思想来研究言语行为。由于每个语篇都有主题，从整体入手就容易把握语篇的主题和结构。在语篇结构研究中，语用学发展了一系列新的理论方法，诸如宏观结构研究、衔接手段研究、主题推进程序研究，等等。这些语用研究的理论方法对于基础语文这种母语教学来说是非常有用的，因为文本的篇章感是语感的重要内容。根据我们的调查，中学生的语法感知能力一般没有问题，而篇章感知能力则有待进一步加强。例如，写作的问题主要不是句子的语法不通，而是篇章的文脉不畅，其病因可以通过语篇结构教学来解释。

社会在不断发展，语言学理论随之也不断地丰富，其应用领域越来越广泛，而且正日益发挥着重要作用，展现出美好的发展前景。我们深信，在这个新时代，随着教育事业的大发展，语文教育改革也必将进一步深入，语文教学实践不仅迫切需要语言学理论作指导，而且还会把语言学理论有机地融入于本学科的教学实践之中。诚如是，语言学理论与语文教学实践才是真正实现了成功对接，其前景一定是美好而广阔的。

第三节　中学语文篇目的语言学理论审视

在中学语文教学中，如何抓住篇名的规律或特点，并渗透语言学理论内核，是值得我们思考的一个深层次问题。下面，我们以中学语文（人教版九年义务三年制初中《语文》和高中《语文》新课标教材）篇名为例，试图做出语言学上的解释。

一、标记理论审视下的中学语文篇名

沈家煊（1999）在《不对称和标记论》中认为：语言中的标记现象（markedness）是指一个范畴内部存在的某种不对称现象，有关这种不对称现象的理论就叫标记理论，这是传统的标记理论；而新的标记论接纳标记的“相对模式”，注重若干个范畴之间标记的“关联模式”。

这里的标记，主要指的是显性的语词标记，属于沈家煊所说的传统标记

理论的范畴。刘云、李蕊（2006）认为：语词标记是一种重要的篇章化手段，指那些只能用在标题中或者用在标题中有特殊用法和特定意义的语词。从位置上来看，语词标记可分为以下三种：

1. 前标：《悼念玛丽·居里》《漫话清高》《记承天寺夜游》《题破山寺后禅院》《论“基本属实”》《谈骨气》《谈读诗与趣味的培养》《谈中国诗》《说“木叶”》《书愤》《记念刘和珍君》《读〈伊索寓言〉》。

2. 后标：《陋室铭》《师说》《数字杂说》《己亥杂诗》《旅夜书怀》《白杨礼赞》《木兰辞》《过秦论》《陈情表》《阿房宫赋》《报任安书》《其他诗歌读背篇章》；《观书有感》《〈枫桥夜泊〉新解质疑》《剃光头发微》《桃花源记》《项脊轩志》《五柳先生传》《滕王阁序》《〈红楼梦〉导读》《现当代戏剧鉴赏》《唐诗简介》。

3. 中标：《白雪歌送武判官归京》《宣州谢朓北楼饯别校书叔云》《破阵子·为陈同甫赋壮词以寄之》。

以上篇名标记，从词性上看，可分为动词性标记、体词（名词以及跟名词功能相类似的人称代词、名量词）性标记，前者可以“有感”“质疑”“漫谈”为例，后者可以“概况”“用法”“（两）篇”为例；从结构方面来看，可分为偏正式、述宾式、并列式、主谓式等，代表语词分别有：杂诗、发微、篇章、我说。

除了语词标记，还有一种是显性的结构标记，如《我说鲁迅》中的“我说 ××”。还有隐性篇名标记，往往带空格、冒号、间隔号，如《札记·随笔》《熵：一种新的世界观》等篇名。

尹世超（2001）在《标题语法》（10 页 -13 页）中认为，根据标题的功能，可分为：可识别标题、不可识别标题；根据标题的构成，可分为：有标记标题、无标记标题。并且认为，有标记标题最引人注目的一种标记是标题用词，举例有“例话、掠影、即景、面面观、拾零、记、浮想、记趣、闲话及其他”，据此认为“凡使用标题用词的言语片段必为标题无疑”。

我们注意到，标题（篇名）在构成方式上运用了一些手段来达到称名性的效果，我们认为这也是一种标记手段。除了添加标记性词语以外，还可通过变换的手段达到称名性：如果原来是动宾式的词语，就把它的位置进行调换，使“动词在前，名词在后”的动宾式（陈述）调换为“名词在前，动词在后（动词体词化）”的指称化的名词性成分。如，含有“后标”式标记语词的标题《〈枫桥夜泊〉新解质疑》《中国古代文学概述》，如果变成《质疑〈枫桥夜泊〉新解》《概述中国古代文学》，那么“叙事性”就加强。

二、认知理论审视下的中学语文篇目

1. 篇名中的隐喻、典型范畴观念。我们注意到这一类标题：《变色龙》《死水》《天上的街市》《时间的脚印》《气候的威力》《我是一条小河》《我愿意是急流》《岁月，在黄土地上流过》《谎言掩盖不住血写的事实》，它们都运用了比喻的辞格，在认知理论上我们往往把它们叫作隐喻。

隐喻是把一个领域的概念“投射”到另一个领域，或者说是从一个认知域（来源域）向另一个认知域（目标域）“投射”的认知方式，隐喻是两个相似认知模型之间的“投射”，是一种突变，是用具体的隐喻抽象的事物或者用更具体的隐喻具体的事物。

“典型范畴”指从模糊的概念中提取出来的某些代表性特征。客观世界有的范畴边界较明确；也有的范畴边界较模糊。范畴实际是围绕典型来建立的，典型是认知上的参照点，是不是某个范畴的成员只是具有不同程度典型性的问题。典型范畴观决定了我们在研究中不追求语言规律的绝对性；而是考察某个成分在多大程度上像是典型的成分。或者说，追求多大程度上的典型性或相似性。如“变色龙”，我们需要认知的是：“奥楚蔑洛夫”在多大程度上、在哪些方面像“变色龙”，或者说，“变色龙”的诸多属性、特点，具体所指究竟是哪一点。

2. 篇名中的“关系图式”“背景——事件图式”“事件图式”。唐善兰（2004）在《标题隐含的认知语用分析》中认为，并列结构的标题很容易推断出它隐含“……的关系”意义，这跟“关系图式”或意象图式有关，如中学语文篇名《个性与创新》《泪珠与珍珠》《美腿与丑腿》《山水与文化》《演剧与编剧》等。孤立结构隐含（在通常的上下文语境下，不能成句的语言形式）和分句隐含，这跟“背景——事件”图式有关，如介词短语篇名《从百草园到三味书屋》《在声音的世界里》，方位短语篇名《篱笆那边》，偏正短语篇名《济南的冬天》《故都的秋》；分句隐含的有《假如生活欺骗了你》《我若为王》等，这些篇名隐含的是事件而不是背景。语义角色隐含则跟“事件图式”有关，在“施事—动作—受事”的篇名认知框架中，有时隐含施事，如《纪念白求恩》《卧看牵牛织女星》《悼念玛丽·居里》等，有的隐含受事，如《客至》等。

三、结构理论审视下的中学语文篇名

篇名的语法构成往往有以下形式：1. 一般名词作篇名，有《春》《项链》《促织》等；专有名词作篇名，有《黄鹤楼》《三峡》《周处》《泰坦尼克号》《湘夫人》《蜀相》《虞美人》等。2. 短语结构作篇名，有介宾结构（《从百草园到三味书屋》《在声音的世界里》）、方位结构（《篱笆那边》）、同位结构（《我的叔叔于勒》《藤野先生》）、偏正结构（有《背影》《雨巷》《鸿门宴》《墙上的斑点》《语言的演变》《黛玉之死》等）、联合结构（有《蚊子和狮子》《浓烟和烟囱》《感受与思考》《想象与联想》《再现与表现》《个性与创新》《泪珠与珍珠》《美腿与丑腿》《山水与文化》《演剧与编剧》《语言与文学》《札记·随笔》《孔孟》等）。尹世超《有标题特点的“A 与 / 和 B”格式》一文涉及标题联合结构的典型格式“A 与 / 和 B”格式。3. 句子结构作篇名，如《愚公移山》《工之侨献琴》《盘古开天辟地》《晏子使楚》《塞翁失马》《唐雎不辱使命》《范进中举》《烛之武退秦师》《触龙说赵太后》《庄周买水》《陈奂生上城》《林黛玉进贾府》《杜十娘怒沉百宝箱》《庄暴见孟子》《宝玉挨打》《信陵君窃符救赵》。

我们认为，这些结构体现了篇名结构的凝练性：一、少用结构助词“的、地、得”；二、罕用时态助词“着、了、过”（尹世超 2001，P123）；三、运用活用或省略（省略“在、于”）等文言语法；四、隐含一些句法成分或语义成分。这里，不妨以常被人说起的《林教头风雪山神庙》这一篇名为例。有人从不同的争议角度概括出“省略说”“名词说”“动词说”“喻意说”“主词说”等五种，但是不管是哪一种，都不能脱离它所在的标题或篇名语境，正是篇名结构的凝练性才激活或衍生了以上各种篇名结构或意义的理解。

其实，结构理论的核心是替换和扩展。以上各种结构都可以通过替换和扩展的形式来理解。还有，有时为了节律的和谐，一些结构可以通过位置的置换来达到目的。如《记承天寺夜游》中的“记”置于篇名最前，除了增强“叙事性”外，主要是因为后面“承天寺夜游”为5音节，字段较长，而《桃花源记》《小石潭记》《醉翁亭记》《岳阳楼记》《石钟山记》《登泰山记》《病梅馆记》《变形记》《闲情记趣》（比较：闲情记趣→记闲情趣）、《菜园小记》《满井游记》《项脊轩志》《墨池记》《核舟记》等四音节、三音节的篇名读起来朗朗上口；而《五人墓碑记》《始得西山宴游记》《峡江寺飞泉亭记》恐怕主要是出于“称名性”而非“叙事性”的考虑。

第四节　语文教材异读词的规范与教学

从1956年起，我们国家开始推广民族共同语——普通话，至今卓有成效。普通话是现代汉民族的标准语，推广普通话不是消灭方言，而是消除沟通障碍，促进各地区经济文化的沟通与交流。当然，推广普通话不是一蹴而就的，在其过程中会出现一些读音不准、用字不确、语法不规范的现象。例如，由于方言差异的影响，用语中的不少字音便产生了一字多读或异读的复杂现象，这就加大了推广普通话的难度。因此，为了更好地推广和使用普通话，人们必须重视汉语中异读词的规范与教学。

所谓异读词，一般是一个词有两种或两种以上的读音现象。由于汉语词是以语素（字）构成的，所以异读词实质上就是由语素（字）的异读而产生词的异音现象，故而异读词也称之为异读字。考察异读词产生的原因，主要有三点：方言语音的影响、历史演变的影响以及文白异读的影响。推广普通话需要语言文字工作者对异读词进行审音，将有几个读音的异读词规范为一个读音，还要审定几种读音的具体情况。规范异读词的读音现象，有助于克服词的读音随意性，从而更好地推广和使用普通话。现阶段，在推广和使用普通话的进程中，学校教育一直是走在各行各业的前头，当然这与其所具有的性质、担负的育人任务是分不开的。因为语言文字规范化代表着一个国家和民族的文明程度，而其实现的途径主要是学校中小学基础教育，尤其是语文教育。

语文教材是青少年学习普通话的重要媒介和桥梁。在学校教育中，语文教师应以教材为本做好普通话的推广、普及工作。探讨语文教材中的异读词，这对青少年学好民族共同语，用好民族共同语有着十分重要的意义。

一、语文教材异读词的分布特点

语文教育在注重人文性的同时也强调其工具性。而工具性所体现的则是要求学生通过阅读材料掌握汉语的生字词。中小学语文教育都有学习、掌握生字词的要求，数千个生字词是学生阅读与写作的基础。语文教材生字词的编排是根据学生各个阶段的认知特点与规律，由易到难的。学习、掌握语文教材中的生字词是语文教学过程中的重要教学目标，而其中的异读词又是语文教学中要解决的难点。在探讨语文教材异读词正音法之前，首先对教材中的异读词分布情况作一统计，然后分析异读词在生字中的分布特点。

1. 数量分布特点

根据6册初级中学语文教材的生字词统计，再结合《普通话异读词审音表》(以下简称《审音表》)，语文教材生字词共有811个，其中异读词235个，占总数的28.97%。这个数量接近总数的三分之一，说明异读词在整个生字体系中占有重要地位。其中，七年级语文教材异读词比八、九年级的还多，这说明了教材编排人员的设计理念。学生进入高年级后，已经掌握了足够多的异读词，因此异读词的出现率便逐渐减少。根据总量的分布特点，教学活动中教师要注重初一新生的异读词教学，他们的认知能力正处于发展的高峰期，对新知识的接受能力也很强。同时，他们还没有如初三学生的升学压力。因此，这个阶段，教师要重视语文基础知识系统的建构与教学，要根据学生特点进行有目的的教学，帮助学生打好学习生字词的基础，尤其应把异读词的教学置于一个重要地位，因为它对于能否实现语文教学目标具有举足轻重的作用，而且低年级阶段学习、掌握了异读词，也为学生后阶段更好地学习阅读与训练写作扫平了障碍。

2. 类型分布特点

曹先擢先生（2002）说："《审音表》的审音对象是轻声问题、单音字（词、词素）和多音字（词、词素）问题、文白异读问题、破读音问题、连续标调问题。"根据审音对象，可以将审音表中的字音归纳为统读类、只音类和多音类三种，其中"统读类共586条、只音类共132条、多音类共121条"。语文教材中统读类词语149个，占所有异读词的63.4%。《审音表》字音后注明"统读"的，表明此字之前的其他读音现在已审定为一个读音，如蔼（ǎi）、隘（ài）、髀（bì）、勃（bó）、岑（cén）等，这些字已经没有异读音了。所谓只音类，指《审音表》字音后没有注明"统读"的，经审定仅为一个读音，如"把"字本有bǎ和bà两读，表中只列了bà这一读音，只有词语"印把子"才读bà。这类字语文教材中有44个，占所有异读词的18.72%。对于"只音类"异读词，教师应教给学生正确的认读方法。"多音类"是审定为多个读音的，有些字或有文白音几读，有些字或词性不同而使声调发生了改变，这些"多音类"的字词是异读词的核心，通常是语言文字工作者的审音重点。语文教材中"多音类"的有42个，占所有异读词的16.6%。

二、语文教材异读词的正音方法

语言文字工作者根据审音对象对异读词进行分类，又根据审音标准对异读词进行正音，这也为人们学习异读词提供了依据。正音之前，首先应该弄清楚正音对象是单音字还是多音字。其实，多音字往往成为学生学习异读词的障碍。而多音字的主要作用在于区别词义、词性和语体。针对这三点，学生认读时只要理解了便可以得到较好的识记与把握。

1. 以不同的读音区别词义

汉语中的词语大部分是多义词，一个词的多个义项除其本义外，其余义项通常是由本义引申发展而来的。语素之间的相互组合可以产生、发展出更多的新词语，而读音的差异又使意义之间相互引申，这样就使汉语的词汇量不断地扩大。也就是说，原来的读音已经不能容纳人们想要表达的意义，因此需要多种不同的语音来分担其词语承担意义的读音，这就导致了异读多音现象。

这类异读多音字在教材中是常见的，也是学生较易掌握的一类多音字。因为涉及字的意义，所以学生只要理解了字义便自然而然地掌握了字的读音。

如“降”字，当它为“下落”义时读 jiàng；而当它为“归顺，使驯服”义时则读 xiáng。学生根据这两种音义的差别再组词,第一个读音有“下降”“降雨”“降落”等词语,第二个读音则有“降服”“投降”“降龙伏虎”等。再如“殷”字，当它为“黑红色”义时读 yān，词语有“殷红、朱殷”；为“丰盛、深厚、周到”等义时则读 yīn，词语有“殷实、殷切、殷勤”等。

除多音字有区别词义的作用外，古汉语延续到今天汉语中的通假字也成了多音字，它也有区别词义的作用。通假字通常不用本字，而是临时借用音同或音近的字替代，这便导致了异读多音现象。如“隽永”的“隽”本读 juàn，因同“俊”又产生了 jùn 音，词语“隽秀”“隽茂”“隽拔”中的“隽”就与“俊”同音。“龟”本音为 guī，而在通假字中与“皲”同音，组成“龟裂”。中学生需要阅读浅易的文言文，通假字不是很多。根据数量统计，初级中学语文教材共有 62 个通假字，其中大多读音相同，只有少量读音与本字不同。因此，学生掌握这类多音字并不困难。方法是除了加强诵读外，学生如果弄清了通假的由来，掌握这类通假字也就容易了。掌握通假字对于阅读文言文有很大帮助，有助于深入领会文言句子的内涵意义。

由上可知，不同的读音具有区别词义的作用，这就要求学生平时识字认读或用字组词时，应把握规范的读音，唯有这样才能准确地理解词义。

2. 以不同的读音区别词性

汉语和英语的语法有着较大的差别。英语单词具有固定的词性，同一词性往往只能充当一种语法成分，词性改变其形态也就发生了改变。而汉语则没有形态，或者形态变化很少，这样汉语的词性变化则不需要改变形态，而是通过不同的语境以显示词的不同词性。因此，在不同的词组中，字的读音往往根据词的不同词性而有所差别，这也导致了词的异读多音现象。

汉语通常有 14 种词性，分为实词和虚词两大类。其中实词类最常见的三种是名词、动词、形容词。以语素组词时，不同性质的语素就构成了不同性质的词语。如“处”读 chǔ 时，具有动词性，可以组成“处置”“处分”等词；读 chù 时，具有名词性，可以组成“住处”“处所”“长处”等词。又如，“散”读 sǎn 时，具有形容词性，有“懒散”“零散”等词；读 sàn 时，具有动词性，有“分散”“涣散”“遣散”等词。还有不同的语素字音组词后，变成了实义和虚义的较大差别。如“将”读 jiàng 时，具有名词性，“将帅”“大将”；读 jiāng 时，具有副词性，“将要”“将会”等。

初级中学语文教材古文单元是学生学习的重要组成部分，而文言文往往成为一些学生学习的障碍。要想攻克学习上的困难，学生必须了解、掌握文言词语中的破读现象。破读现象实质上就是多音现象的反映。所谓破读现象，也即同一个词有时因词性变化而使其语音也随之发生音变的一种现象。如《孟子·齐桓晋文之事》中“德何如，则可王矣”，其中的“王”平时读阳平，但此句话中“王”的词性发生了变化，属于名词动用，因而其声调也就变成了去声。

破读所导致的异读现象在文言中可分为几类：(1) 名词用作一般动词，如“乃使其从者衣褐”中的“衣”，在句中作动词，破读为去声；(2) 作及物动词的使动用法，如“左右以君贱之也，食之以草具”中的“食”破读为 sì，这类名词作使动用法较常见，如前者“王”和“衣”字。

汉语中，声调是特有的可以区别词性进而区别词义的一种音位。因此，认读时要特别重视声调所起的作用。

3. 以不同的读音区别语体

语言和文字的数量不是对等的，文字的数量远远少于语言的数量。文字产生于语言之后，文字的发明使语言产生了书面语，因而语言就出现了书面语与口头语两种形式，亦即不同的语体。当然，从本质上说，书面语和口头语是没有根本差别的，但在某种程度上二者又是不同的。书面语的读音又叫文读音，它是写下来的语言，其载体文字比口头语要严谨规范；而口头语是说出来的语言，其载体语音灵活多变。因此，语体不同，其语言交际时所形成的常用词汇、句式结构、修辞手段等都有一些不同的特点。

书面语和口头语的差异也是导致异读多音现象的原因之一。就汉语而言，学者通常将这种差异谓之文白异读。语文教材中，有相当一部分多音字是文白异读。如常弄混的一个字“血”，它的书面语读 xuè，口头语读 xiě。一些科学术语如“血型”“血细胞”“血小板”，或著作中如“血泪”“血书”、“血雨腥风”等应读 xuè；平时口头用语如“鸡血”“血淋淋”就应读 xiě。除此之外，还有很多类似的词语也是学生常弄混的。如“给”的口头语 gěi，通常单用，但书面词语“补给”“供给”等就应读 jǐ。还有一些词语书面语用得很少，人们甚至忘记了其读音，如“葚”（rèn/shèn）“杉”（shā/shān）的书面语（括号内前一个音）就很少见。

为了正确区分文白异读的词语，还需要结合语体分析读音。日常交流时，我们可以留意自己及他人的口头用语与自己所学的字音有什么不同。当两者不同时，可能是书面语和口头语的差别。如“薄”字，口语里“我待你的情分可不薄（báo）啊”和书面语的“浅薄”“日薄西山”bó 的读音就有差异，我们只要查阅字典或词典便可了解并解决这类问题。

文白异读是异读词中最容易混淆的一种。要正确辨别读音，关键还是要多留意书面语体和口头语体的差别，并对文白异读的语音差异予以重视。除此之外，大家还可以学习一些固定词组的特殊读音，以举一反三法去把握合成词的不同读音。

三、语文教材异读词的教学建议

对异读词的教学，事实上在中学语文教材中通常体现为多音字的教学。多音字是教学大纲中首要的知识点，这部分内容属于大纲的识记类。过去对于识记类的知识最好的办法就是背诵，而现在应讲究科学的学习方法，教师的作用就在于让学生学会如何学习、掌握一定科学的学习方法。通过上述分析，可以发现异读现象的产生有着历史渊源和现实环境的多种因素。教师在教学过程中需采用科学的方法进行教学。以下针对语文教材中的异读词，提出几点教学建议以供参考：

1. 结合教材，依据课程目标进行教学

任何一门课程的教学都离不开相应的教材，教材的编撰通常是以学生阶段性的认知能力特点为基本依据。由于语文的学科特点，学生往往不注重教材的深入钻研。其实，教材上的知识是学生学习语文知识的基础，只有先将基础知识学好了，并进行课外阅读，才能进一步提升语文鉴赏能力。所以，教师应引导学生依据教材掌握基本的语文知识。

课程教学都制订了一定相应的教学目标。课程教学目标是教学活动的指针和导向。就语文这一学科而言，《课标》明确规定学生应“熟练地使用字典、词典独立识字，会用多种检字方法”。从这一课程教学目标来看，学生不仅要认识规定的汉字量，还要掌握识字认字的方法手段。这样的要求往往是最基础最根本的，教师和学生都不应忽视基本能力的培养。

那么，如何培养学生识字认读能力，进而促进学生能力的发展呢？对此，教师可依据《课标》中“独立识字”的要求，采用多种激励学生的方法，充分调动学生学习的能动性。比如，教师可以鼓励学生组成学习小组，在小组内展开多音字的收集整理工作，最后评选出收集最多的小组并给予他们奖励。还可以开展以记忆多音字为主题的班会，让学生互相交流记忆多音字的方法。这些活动虽重在过程，但最终目的是让学生在自我探索中提高识字认读能力。

教材和课程教学目标好比一个是途径，一个是航向，二者缺一不可。可是，当二者都具备之后，在实际教学过程中，还是会出现一些教学上的偏差。其原因在于有些教师往往高估学生的认知能力，再加上七年级语文教材是异读词出现的高峰，学生的掌握程度没有达到教师的期望值。对此，教师应找出学生问题所在，并根据学生的特点进行有针对性的教学改进。对于基础薄弱的同学要加强辅导，在学习上给予他们更多的鼓励；对于基础好的同学，则要督促他们将这种良好的认读能力保持下去。一句话，学生的掌握程度会出现个体差异，教师还是要因材施教。

2. 分类归纳，依据知识系统进行教学

各个学科都有自己的知识系统框架，知识点之间是互相联系的。异读词作为生字词中的一个难点，需要我们用科学的方法对待。然而，学生在认读生字词时采用的办法通常是死记硬背，学习异读词就更不用说了。由于它们通常是零散的个体，记忆起来也不方便。因此，需要教师为学生将异读词做个知识系统的分类。而分类的方法可以按异读现象的缘由分，也可以按语音标准分，还可以按异读现象的作用分。总之，分类的依据不同，学习的角度也就不同。

根据中学生的思维方式和认知能力，教师可让学生在《审音表》的基础上，先粗略地将异读词分为“统读类”、“只音类”和“多音类”。这样粗略分类的目的在于使学生构建一个学习框架。“统读类”的586条是单音字，只需学生确定单音字的读音即可。而“非统读类”的就是多音字，往往几个读音，需要学生辨别后识记。教学多音字的关键还是要教师“理顺比较乱的音义关系”，使学生真正做到“明理而后知音”。

对于“多音类”的异读词，教师教学时应按读音不同的作用给学生进行系统分类。其中，针对词性不同而导致的异读现象，教师应让学生明确词性的差异，处在什么样的位置或语境下才需要破读变调；针对语体不同而导致的异读现象，教师应让学生多留心书面语和口头语的差异，并举一反三地辨别这种差异；针对词义不同而导致的异读现象，教师首先要让学生弄清楚这个字有几个读音，然后分辨这些读音特定的语义条件。

例如，“和”一般情况下读“hé”，表示“跟着唱”义时读“hè”，如“和诗”；当打麻将或斗纸牌赢了时读“hú”，如“和牌”；表示“在粉状物中搅拌或揉弄使粘在一起”时读“huó”，如“和面”“和泥”；而表示“粉状或粒状物搀和在一起，或加水搅拌”时则读“huò”，如“和稀泥”。“和”字的读音很多，联系意义之后就好记了。教师还可以让学生采用连词成句等多种办法巧记多音字，如“和”的多种读音可以写成这样一段话来记忆：“小林和（hé）大林，都是好小伙儿；趁着天暖和，忙和（huó）泥抹墙；从不和（huò）稀泥，也不乱附和（hè）；更不爱麻将，从不喊和（hú）了。”用这种方法教学往往可以收到事半功倍的教学效果。

“只音类”异读词指的是审定时只审定一个读音。人们在遇到这些异读词时，往往不知道这个字的多音现象。学生学习“只音类”异读词时只需记这些特定词的读音就可以了。这些字在成语、姓氏和地名中读作另一种音。如“艾”的常用音是 ài，成语“自怨自艾”的“艾”才读 yì；“过”的常用音为 guò，姓氏中声调则改读 guō；“柞”的常用音为 zuò，只有地名才读 zhà。这些特殊的读音现象，实际上也是古音在今天汉语中的反映。“对于这一类词，我们应该教下去，学下去，保留下去。而对于那些意义没有什么差别，或异读错后不影响交际的异读则应该按照《审音表》加以规范。”教师教学这类多音字时，可单独列出这些字词特殊情况的读音，并让学生用记少不记多的方法记忆即可。这类特殊的多音字还有“埋（mán）怨”“阿（ē）胶”“执拗（niù）”“打烊（yàng）”等。为了让学生系统地掌握多音字，教师可给学生布置这类多音字的练习，以帮助他们强化记忆。

3. 精益求精，依据习惯规律进行教学

确定音义匹配关系的根据之一就是习惯。但是有些学生在学习生字词中认为自己读的音就是正确的，从而忽略多音字的存在，这种认读习惯需要摒弃。为了更好地掌握异读词，教师应培养学生良好的认读习惯。

培养良好认读习惯的前提是学生要有一个良好的学习习惯。教师不仅要教给学生知识，还应教给学生正确的学习方法。比如，看书听课时应做笔记。教师应教给学生正确的记笔记方法，将容易弄混的多音字按类别记在书本中同一位置，以便遇到相同的例子时可以查阅。此外，教师应督促学生平时说话也要注意正确运用多音字。这样，学生才能利用习惯规律提高自己的认读能力。

其次，依据习惯规律进行教学，教师不仅在口头上规范学生的读音，还应要求学生自己主动查找多音字的字音。每个学生都应有一本词典或字典，以备查找有关异读词的读音。查找字典，学生不仅能弄清模棱两可的字音，还能加深词义的理解。有些学生查字典时一看读音便匆忙把书合上，这样不是一种好的认读习惯。对于某些事情或现象，不仅知其然，而且知其所以然。感觉了的东西我们不一定理解它，只有理解了的东西，才能更深刻地感觉它。要看这个词的几个读音，每种读音的组词造句情况。这种方法虽然费时，但是让学生自己探索这个词的音义，印象会更深刻。

最后，教师平时应严格要求学生对待识字学习不能马虎了事，要及时检查更正自己的读音。教师应带头规范用字，严格要求自己的课堂语言，做到精益求精。只有这样，才能避免音误现象。教师以规范的用语授课，对学生来说不仅是听觉上的享受，而且还能潜移默化地受到标准音的训练，这又何尝不是一种好的教学方法呢?

现阶段，我国的语言生活发生了巨大的变化。特别是近些年来，在互联网广泛快速的传播下，新的语言现象层出不穷。其中，不少语言现象是不规范的。国家语委也意识到目前的《审音表》不能满足当下的需求，才启动了新一轮普通话审音工作。新时代的审音工作也体现了与时俱进的精神，具有新的思考，既要充分考虑北京语音的发展趋势，同时还要适当参考它在官话区及其他方言区的通行程度。

基于这一时代背景，在校中学生就更有必要学好普通话。尽管国家越来越重视语言文字的规范，但是一些偏远地区的学校，由于师资力量薄弱，至今仍未使用规范化的语言。众所周知，语言文字规范化程度如何，这是国家现代化建设成功与否的衡量标准之一。因此，规避不规范的语言现象仍是一个任重而道远的任务。

目前，在语言规范化工作中，学校要以教材为本，其中又以教师的教学最为关键，它有着引领作用。只有充分发挥教师的引领作用，学生才能学得好。为此，国家一方面要大力加强师资队伍建设，另一方面也要让教材始终适应社会发展的要求。只有这样，学校这一领域语言文字规范化工作才能促进全社会语言文字的规范化，从而加快我国现代化建设的发展步伐。

第五节 语文课堂的朗读教学

语文教学应该是语言和文学、文化等综合知识的教学过程，同时也应该是对母语的听说读写等各方面综合能力提升的过程。朗读教学是语文教学中一个有效的手段，能够培养语感，促进思考，激发学习兴趣，增强表达能力，使得学生的综合素养得到全面的提升。

对于朗读的重要性，广大的中小学教师早已有共识，但是对于如何真正实施有效的朗读教学，还存在着一些具体的问题。比如，在中小学语文课堂教学中，听到老师讲得最多的就是"下面请大家有感情地朗读课文"，而对于怎样才是有感情地朗读、如何才能读出作者的感情等等这些实际问题，上课的老师大都没有进行具体的指导。大概是觉得学生可以自己领悟吧。而实际上同学们的领悟是杂彩纷呈的，有的可能还是混沌一团，弄不清楚作品情感的起伏变化；有的可能是失之毫厘谬以千里，完全领会错误。没有具体的分步骤讲解指导，学生就可能无法理解有感情地朗读到底是怎么一回事。朗读教学不落实，学生的朗读能力也就无法得到提高。

一次师范生的教育技能实训课上，一位同学把《再别康桥》读得慷慨激昂。我说："你对于这首诗歌的情感基调的理解有些不对啊。"学生疑惑："老师，不是要有感情地朗读吗？"我问："那么怎样才是有感情地朗读呢？"学生说："大声啊！"看来，他并没有真正理解什么是有感情地朗读，简单地把有感情等同于大声了。这种问题的出现，不能完全归结于学生自身，大学生们身上出现的情况往往就反映出中小学教学中的一些问题。试着猜想，大概这个学生以前的老师只是叫学生们有感情地朗读，当他们大声朗读的时候并没有做出具体的关于轻重、停连、快慢等方面的指导，从而导致他一直误以为：朗读只要大声了，就是有感情的表现。这样类似的情况不在少数。所以，仅仅简单地用一个"有感情"的表述来指导学生朗读，实际上是一种无效话语。对于朗读的指导应该是具体、清晰的，与不同的文本相适应的，才能产生真正的效用。这也提醒师范生们在将来的教学中不能再简单地停留在"有感情"

的要求上，而应该根据实际的教学内容做具体的指导。因此，我们应该重视师范生朗读能力的培养和提高，这对他们将来的教学工作有积极的指导意义。

一、朗读能培养语感，激发学习兴趣

朗读是对优秀的书面语学习吸收的一个过程，有助于培养朗读者对于语音、词汇、语法等方面的语感。朗读对于文学作品的学习、品读、鉴赏也是一个潜移默化的过程。默读只动用眼和脑两种器官，朗读要动用眼、脑、口三种器官。朗读，不但要看，反复看，还要变为有声语言，从而增加了传入大脑皮层的刺激渠道，同时，更需要认真领会，准确表达文字作品的语词含义和精神实质。这样，对体味作品就提出了更高的要求，在深入体味中所得也就更多了。

朗读需要对原文进行反复阅读，需要对文章背景和作者生平做进一步的了解，更需要对文本的词句仔细斟酌反复体会，然后经过每个朗读者的个性加工成为各自独特的朗读作品。这个过程能凸显朗读者的情感表达方面的个性特征，更能体现朗读者在学习过程中的主体地位。

汉语较之其他语言来说比较特别，语调、重音、节奏、停顿位置的不同都有区别意义的作用。所以朗读所产生的声音效果能很好地配合作品中文字所表达的情感内涵，又反过来促进人们对作品本身有了更多领悟和思考，从而激发大家学习阅读文本的兴趣。

我们应该制定较为详细的朗读教学计划，把朗读的要求具体化，通过实践演练让学生真正理解在教学中怎样才是有感情地朗读。例如：我们在进行《烛之武退秦师》一文的教学时，先请同学尝试用默读、轻声朗读的方式，反复读几遍课文，斟酌字句，找出每句中自己着意要凸显的字词。再让学生实际演练，在演练中加以指导，凸显文本中词语的方式有很多种，可以用重读、拖长语音、停顿、变换语调等方式来加以强调。并且进一步思考说明凸显这个字词的原因。

以课文中的第一段为例：

（1）晋侯、秦伯围郑，以其无礼于晋，且贰于楚也。晋军函陵，秦军氾南。佚之狐言于郑伯曰："国危矣，若使烛之武见秦君，师必退。"公从之。辞曰："臣之壮也，犹不如人；今老矣，无能为也已。"公曰："吾不能早用子，今急而求子，是寡人之过也。然郑亡，子亦有不利焉！"许之。

通过自己的阅读和思考，学生们普遍都能找到自己想要凸显的字词。再经过同学们之间的相互补充，文句中的关键字词诸如：无礼、贰、军、危、必退、从之、辞、壮、犹、老、无能为、早、急、过、亡、亦、不利等等，都显现了出来。之前老师有要求，所以学生们大都会进一步思考这些文本中的字词背后所蕴含的更深层次的含义和问题。在教师的引导下，经过大家的共同探讨和研究，学生通过朗读来理解文本，极其简短精练的文字中，国事的危急、烛之武和"公"的形象等方面的内容都逐一清晰起来。

课程结束之后，有的学生说，以前都是老师自己讲课文，在讲述的过程中，老师自然会把重点字词专门挑出来着重进行讲解，不需要自己去动脑筋，也不强调朗读实践。所以刚开始被要求找句中要凸显的字词的时候，有些无所适从，渐渐地有了些感觉，会主动地去思考文字背后更为丰富的内涵。

这种将朗读教学和阅读理解文本相结合的方法，能让学生会主动地参与到探究文本语言背后丰富的内涵中去，有助于培养他们的语感，能激发学生自主学习的兴趣，有助于培养学生自主探究的学习能力。师范生学习到这样的教学方式也可以根据自己教学对象的不同，做出一些适当的改变运用到实际教学中去。当然这种以朗读促进语文课堂教学实效的方式应该是一个长期坚持、循序渐进的过程，不可能一蹴而就，还得根据学生的具体情况加以适当的改进和变化。

二、朗读有助于理解文本，提高对文学作品的审美感悟

朗读是最直观地亲近文本的一种做法，通过这种方式能最真切地贴近领悟作者的情感，感受到文本的语言之美。语文教学不但要引导学生了解课文

写了些什么，探寻怎么写的，更要着重引导学生去体会品味课文是如何表达情感的。即不仅仅要关注文本语言的内容，还要关注文本语言的表现形式和情感的表达。实际上这几者并不矛盾，课文的内容和情感是通过具体的语言形式表现出来的，没有对语言形式的分析理解，也就不可能对文本有更为深入的领悟。

有的师范生知道自己朗读不好，讲课的时候就从网上找来现成的音频作为示范朗读，可是有些找来的音频过于夸张并不优美，有些则将不同的作品全读成了一个腔调，可见这些音频并没有很好地理解作品文本本身的感情基调，至于怎样才是优美的朗读，可能连朗读者本人都没有搞清楚。这样的朗读没有进入到作者内心，和作品之间没有情感的交流，不值得效法和选用。一个语文老师，首先应该是一个优美朗读的示范者，在深入理解文本的基础上对如何朗读应该有深切的体悟。如果自己不能很好地做出示范朗读，就可能对网上找来的朗读音频的好坏都分不清楚，想以己之昏昏而使人昭昭，其结果必然是让学生更加搞不清什么才是真正的好的朗读。

朗读的前提是要领会文章的主旨大意，朗读需要用语音、语调的轻重缓急的变化来体现作者行文的内在主旨。例如朱自清先生的《背影》中有一段这样的文字：

（2）我看见他戴着黑布小帽，穿着黑布大马褂，深青布棉袍，蹒跚地走到铁道边，慢慢探身下去，尚不大难。可是他穿过铁道，要爬上那边月台，就不容易了。他用两手攀着上面，两脚再向上缩；他肥胖的身子向左微倾，显出努力的样子。这时我看见他的背影，我的泪很快地流下来了。

经过几次教育技能实训课上的朗读训练，同学们不但能够注意到文中通过有关父亲动作的“蹒跚”“慢慢”“探身”“爬”“攀”“缩”“倾”等语词，写出了父亲过铁道时的艰难，会在朗读的过程中将这些动词着意用不同的方式凸显，并且进一步开始有意识地寻找其他的文句中具有表现力的字词。例如，大家读到描写父亲穿着打扮的字句的时候，开始注意到其中的颜色、服装的款式，也会联想到前文“我”的“紫毛大衣”，并与父亲的着装加以对比，从而对于父亲的形象也有了更为清晰的认识。

朗读是体会民族语言之优美的重要途径。汉语的音乐性、汉语的特有声调，都使得汉语成为一种在声音上优美绝伦的语言。朗读既可以帮助学生们加深对文本的理解，同时也可以帮助他们感受我们民族语言的声音之美，从而培养他们对母语的亲近感。在朗读的过程中，可以体会作品中语言文字的魅力，将语言文字的美感、乐感和作者情感的高度统一融合起来。

课堂上的齐声朗读对于文本情感的表现往往效果不佳，未经过具体指导、训练的众人齐读，容易造成大声、拖长语音，无法凸显语句中的重点字词，难以展现语言的节奏变换等诸多问题，因而无法准确表达作者的情感起伏变化。前面提到的对《再别康桥》误读的同学，很可能就是在这种齐读的环境下消磨掉了耳朵的敏感，消磨掉了自己对文本的赏读和思考。徐志摩的《再别康桥》是一首依依不舍的离别诗，有些同学将全诗处理成大声；有些同学则基于诗篇开头的“轻轻的”反复出现的状况，给整首诗定了全部用轻柔语音的基调，这些做法都不可取。实际上细细品读，诗中诗人情感起伏是有变化的，朗读的时候语音的高低起伏的处理也应该有相应明显的变化。例如：

（3）轻轻的我走了，正如我轻轻的来；我轻轻的招手，作别西天的云彩。那河畔的金柳，是夕阳中的新娘；波光里的艳影，在我的心头荡漾。软泥上的青荇，油油的在水底招摇；在康河的柔波里，我甘心做一条水草！那榆荫下的一潭，不是清泉，是天上虹；揉碎在浮藻间，沉淀着彩虹似的梦。寻梦？撑一支长篙，向青草更青处漫溯；满载一船星辉，在星辉斑斓里放歌。但我不能放歌，悄悄是别离的笙箫；夏虫也为我沉默，沉默是今晚的康桥！悄悄的我走了，正如我悄悄的来；我挥一挥衣袖，不带走一片云彩。（《再别康桥》）

作品中，作者呈现出来的思绪和情感纷繁起伏。起初是“轻轻的”别离；其次展现的“金柳”“新娘”，一幅色彩明亮的画面出现在眼前，让人联想到了美丽和激动；渐次的“水底”“水草”则让人体味到了轻柔；之后的“寻梦”

是深沉的，“放歌”则是高亢的；继而笔锋一转，但是终究不能“放歌”，到了“别离的笙箫”有些低沉悠扬，转而“沉默”；终了又回归到了最初，“悄悄的”别离。学生们通过反复朗读，再进一步寻找每个小节中想要着重表达的语词，经过自己的思考琢磨，渐渐就能细细体会到了这种情感的变化，进而领会全诗的韵律之妙，节奏之美。例如：

（4）东～临/碣石，以～观/沧海。水/何～/澹澹，山岛/竦～峙。树木/丛～生，百草/丰～茂。秋风/萧～瑟，洪波/涌～起。日月/之行，若～出/其中。星汉/灿烂，若～出/其里。幸甚/至～哉！歌～以/咏～志。（《观沧海》）

这首诗四字一句，基本都是二二节奏的形式，有不少同学从头到尾都读成了一个调调，使得整首诗在整齐划一的语调节奏下变得单调乏味。曹操的《短歌行》也是类似的情况。《诗经》中这种四字句的诗也很多，倘若不清楚语音的快慢、轻重、长短变化对诗歌表达效果的影响，就会把这些诗歌从头到尾都读成一个节奏、一个调子。除了根据意义划分的节奏之外，还可以指导学生通过轻重、停连长短的不同来体现作者在作品中所表现出的情感跌宕起伏的变化（加点表示重读，波浪线表示稍作拖长）。当然，在不影响语意表达的情况下具体语词的轻重处理也可以略有不同，不必过于拘泥。教师用一、二句作示范，教会学生体味节奏不同带来的实际效果。学生通过在每个句子中尝试着变换重音和拖长语音的方式，找到合适的方式，使得整首诗歌的节奏错落有致，整齐之中富有变化。

以此作为范例，指导师范生运用类似的方法去处理诗词的朗读教学，将不同的朗读形式加以对比，进行比较朗读，情感表达呈现出来的效果则是非常明显的。

三、朗读有助于提高思维能力和表达能力

朗读绝不是有口无心、单纯的口部发音运动，而是动用眼、口、心、脑等器官的一种复杂的综合活动，是包含了丰富的脑部思维和心理情感的一种

综合活动。朗读者在看到文字语言的时候，要调动更多的生活经历和体验，才能引发起听觉想象。合理有效的朗读，有助于提高朗读者的思维能力。朗读者必须眼观、口读、耳听，增加了向大脑传送信息的渠道，有助于高度集中注意力，有助于加深对文本的印象，也有助于理解和记忆。教师引导学生朗读，实际上就是引领学生在认知、理解语言的基础之上进一步思考、品味作品语言的运用。

朗读有助于提高思维能力。优美的朗读可以使得文学作品形象生动起来，为了尽可能地还原作者的情感基调，这期间就需要朗读者细细揣摩比较体会，便于在理解文本的基础上理清自己的思路，增强思考的逻辑性，这样可以激发、提升朗读者的思维能力。有的师范生备课第一件事不是自己熟读原文，而是急于上网查找现成的精品教案，公开课 ppt 作为参考。网上的资料确实有很多值得参考借鉴的东西，但是再好的东西，如果没有经过自己的理解消化，始终无法达到内化的目的，照搬过来的难免生硬，也常常经不起推敲和追问。通过反复细读文本，朗读思考，之后，学生们才能有自己的发现、体会和提高。

汉语非常具有表现力，汉语体系中有非常丰富的动词。用置换的方法，与原文进行比对，就能发现原文的魅力所在。例如苏轼《念奴娇·赤壁怀古》的上阕：

(5) 大江东去，浪淘尽，千古风流人物。故垒西边，人道是：三国周郎赤壁。乱石穿空，惊涛拍岸，卷起千堆雪。江山如画，一时多少豪杰。

“东去”“淘尽”“人道是”“穿空”“拍岸”“卷起”这些都是词中的精要所在，也是朗读中常常会着重强调的语词。我们可以让学生尝试用其他的语词去逐一替换，再分析不同的动词所呈现出来的不同效果，最后发现换用别的动词效果都不好，进而从更深层次挖掘出作者所要表达的内在涵义。师范生只有自己深刻领悟之后，再去授课，在将来的教学中才能紧紧扣住文本中用词用语的特点展开教学。

对于较长的小说类的课文篇章，往往适合采取自主阅读和片段朗读相结合的方式。例如《林黛玉进贾府》一文，除了通常赏析文章时都能注意到的每个人物出场的不同的动作语言之外，有不少师范生在备课环节还通过朗读注意到了文章中的一些细节，在教师的引导下，体会到了作者从细处着手的表现力，开始尝试着用实训课上学到的朗读教学的方法，设计语文课的实际教学，有些问题则是常见的教案里面未提及的细节。例如：

（6）正房炕上横设一张炕桌，桌上垒着书籍茶具，靠东壁面西设着半旧的青缎靠背引枕。王夫人却坐在西边下首，亦是半旧的青缎靠背坐褥。见黛玉来了，便往东让。黛玉心中料定这是贾政之位。因见挨炕一溜三张椅子上，也搭着半旧的淡墨椅袱，黛玉便向椅上坐了。

通过朗读，三次出现的“旧”字反复刺激眼、口、耳多种感官，我们提醒大家进一步思考，为什么作者要反复提到这个“旧”，文本中的这个“旧”想说明什么？同学们思考后的答案很多，主要集中在：贾家并非新贵，这样的摆设和王夫人、贾政的身份、性格特征相符。学生能通过自己朗读发现的问题，自己尝试解答，主动表达的积极性很高。

学习是一个积极思考的过程，是将外在的知识、经验内化的过程。学生通过自己的思考发现了文章的独特之处，可以和教师进行共同的探讨，有了这种探讨的体验，学生不再处于被动听课的状况，而是迅速地产生主动学习的兴趣，并从中获得探索知识的乐趣。这种积极思考的状态，正是朗读促进思考的有效性的体现。

朗读还必然有助于语言表达能力的提高。

作为师范生，不但要提高自己的朗读能力，而且还要学习如何将这种朗读能力的培养和提高融入将来的中小学语文教学之中。

在实训课程上和指导实习的过程中，那些朗读能力比较强的同学，会恰到好处地处理朗读中的停顿、重音、语气、节奏，也会相应地正向迁移到实际的教学中，在讲课过程中语音、语调的处理富于变化，避免重复单一；他们的表达能力相对也较强，语言更为简洁流畅，少有拖沓。这使得他们在口语表达时显得更为自信，更善于和听课人进行沟通交流，能比较准确地捕捉住听者的反应，也更善于在公开场合抓住锻炼的机会，由此而形成一个良性循环，得到更多的锻炼和提高。

在多次朗读思考练习的训练过程中，越来越多的同学参与进来。朗读激发了大家思考的兴趣，更多地参与到讨论的环节中来，在体会探究的乐趣的同时，也更多地表现出乐于表达的状态。在朗读中将优秀的书面语逐步内化，掌握了轻重停连等情感表达的方式，在口语中有效地提高了语言表达的表现力。

朗读可以促进思考，有助于理解文本，便于领悟作品的美感，在字里行间获得丰富的情感体验，从而激发学习者主动探究的学习兴趣，更好地吸收优美的书面语，最终达到内化提高的目的，这也正是语文这一门人文学科所要实现的目标。因此，朗读教学应该是语文教学中提高学生综合素质的有效方法，恰当的朗读指导能引导学生探寻学习的方法，能促使他们将知识进一步内化，能有效地提高语文课堂教学的实效性。所以，对于师范生的教学实训方面，我们应该更加重视他们的朗读能力的提高。

第六节　文言文教学“读”教法

文言文是今人了解传统文化的钥匙，辉煌灿烂的五千年中华古文明都是用文言文记载下来的。不少文言文表达出某种高尚的思想情操，宏大的胸怀抱负，至今读来，仍有相当强烈的感染力，能够促人自省，催人奋进；同时，许多文言文优美、精湛的文笔有利于培养学生的语文素养，所以中学生应该加强文言文的学习和修养。2000 年修订的高中语文新大纲和新教材也加大了文言文的分量，把古代作品在教材选文中的比例提高到了 40%。这一比例的提高，就充分反映了人们对文言文教育重要性的认识。

一、统文言文教学的误区

目前，中学文言文教学的现状又是如何呢？不容乐观。几十年的传统文言文教学基本的教学模式始终是老师逐字逐句串讲，加上一点古汉语知识的介绍，学生则忙于记词义，记译文，“字字落实，句句清楚”。这样文言文教学课变成了地道的翻译课，违背了文言文学习的初衷，难以提高学生的语文素质，学生也没有积极性，课堂很沉闷，所以不断有人发出反对的呼声，并提出新的见解和方法，认为应该让学生在背诵中充分领略古老文明的博大精深，似乎唯其如此才能提高学生的语文素质。于是乎应和者如同过江之鲫，此起彼伏，连新版教材也积极响应，加强了文言文的“背诵”，且背诵不厌其多，几乎到了每课必背的地步。这种做法似乎确实给文言文教学带来了一片生机，沉闷了很久的教室又恢复了本应有的琅琅读书声。可是，又有谁想过这种表面的繁荣所隐藏的是什么吗？是痛苦，是学生的痛苦。可怜那些天真烂漫的青少年们，尽管他们有超人的记忆力，但要他们每学期背下几十篇远离自己生活实践、又生涩难懂兴趣寡然的古文，实在是不近人情，你说学生会不怨声载道吗？但在老师的压迫之下，不背也得背。于是乎学生只好利用一切可以利用的时间，一切可以利用的手段，达到背诵的目的，但这样做的结果如何呢？刘晓华（2002.10）作过统计，当初花费大量时间背诵了的《烛之武退秦师》、《谏太宗十思书》和《离骚》，几个月之后，留在孩子们记忆中的只剩下“居安思危，戒奢以俭”和“善使者实繁，克终者盖寡”等为数不多的几句了。投入巨大，效益几何？再则，在学生负担重到无以复加地步的今天，凭空增加这么多文言文的背诵任务，笔者难以明白这到底是减负还是加负？以笔者看来，在目前状况下，文言文教学已经走向了两个极端，一是过分地强调老师的解释，一是过分地强调学生的背诵，其结果只能导致学生的厌恶和反感，使语文园地中的这一瑰宝变成了学生的肉中刺，眼中钉。这不能不引起教育工作者的深思。

二、“读”文言文的四个层次

笔者根据自己的认识水平和多年的教学经验，提出中学文言文教学的新思路，概括成一个字，就是“读”。

读,就是指把诉诸视觉的文字语言转化为诉诸听觉的有声语言的活动。读,是学习文言文的金钥匙。吉林省特级教师魏治明说:"从诵读入手对文章内容的理解,在理解内容的基础上再进一步熟读以至背诵。这样循环往复,逐步加深体会,对一篇文章才能晓其理,感其情,品味其中精美之处。"

我们的古人早就明白了"读"的妙处,所以他们常常吟诵名篇佳作,特别是私塾授受,寒窗苦读,几乎全仰仗吟读之功,由得心应口到得心应手。"书声琅琅""口舌成疮"等词语就真实地记载了古人读书之状;而"读书百遍,其义自见""旧书不厌百回读,熟读精思子自知""熟读唐诗三百首,不会作诗也会吟"等词句则深刻地反映了读书的哲理。现代心理学告诉我们,在吟读状态下人脑的语言中枢、听觉中枢、视觉中枢、运动中枢等各部分会趋向活跃,各部分之间的信息交换会逐渐趋向有序的状态,从而促进智力的发育和学习效率的提高;而"听",只是凭借一条渠道传入大脑,留下的印象,远不如多条渠道来得深刻。这正如看舞台演出比看文字剧本收效更大,道理是一样的。

我们提出"读"文言文,要克服"字字落实、句句清楚"教学模式的缺点。教师讲得过多其实是限制了学生的思维,剥夺了学生思考的权利。有些文言文,它的好处、妙处难以分析出来,有些甚至是只可意会、不可言传的,这就只能靠学生自己读,反复地、有感情的吟读,然后才能悠然有所意会。我们提出"读"文言文就是要克服传统教学的弊端,充分发挥学生的思维能力和创造能力。我们的"读"文言文也不同于目前的"背",目前的"背"有点强人所难,违背了中学生的生理心理规律,其收效甚微;我们的"读"是要激励学生在优美的语言中充分吸收古代文化遗产的精髓,化古人的知识为学生自己的知识。

在这里,我们把文言文的"读"分为四个层次:通读,熟读,诵读和背诵。

1. 通读。通读就是要读懂。文言文所反映的时代与现代相去甚远,其词语含义与语法特点与现今的白话文差异较大,所以读文言文的第一步就是要读懂词句的含义,自然就包括生字、生词、成语典故、语句含义等等。我们所强调的字、词掌握与传统教学中的字、词教学方式大不相同，传统教学“字字落实、句句清楚”，把一篇完整的文章弄得七零八碎，且讲得过于烦琐，根本没有学生独立思考和理解的可能性。我们讲的词句的理解是部分服从于整体，核心是对整篇文章含义的理解，教师只是对较生僻的字、词、典故和较难理解的句子解释,大部分内容由学生在通读中自己解决。如“齐地方千里”“朝服衣冠”“吾与城北徐公孰美”等句子,教师只解释“方”“服”“孰”三个字，其余由学生自己解决。在通读之后，学生不一定懂得每个字、每句话的意义，这没关系，也很正常，只要他们懂得文章的大概内容就行了。事实上，很少有人能一次把文言文全部看懂，只有通过多次反复地读才会懂，即所谓“书读百遍，其义自见”。这使我想起，学外语时，老师常告诉我们看外语文章时不要局限于某一个词或几个词的不认识，不要每碰到生词就查字典，应该跳过生词往后看，直到对整篇文章有个大致的了解，再回头看生词，此时也许你会豁然开朗，或可以猜出生词的大意，我想这种方法应用到读文言文的过程中也未尝不可。通读一般不出声，其实可以叫默读。

2. 熟读。熟读就是要用有声语言把书面文字较流利地读出来。在熟读阶段，要求学生念准每一个字的发音，学会字、词之间正确的停顿，把每一句话相对较流利而不是吞吞吐吐地读出来。这一阶段教师的示范很重要，一般经过第一阶段学生自己的通读，然后教师示读一遍，领读一遍，再学生自读一两遍，之后，大部分学生都能较准确流利的读文章了。

3. 诵读。诵读就是要读出感情，读出古人之情或读者之情，应该说这是读文言文的较高境界。叶圣陶先生指出:“有很多地区……往往不注意读，随口念一遍，就算是读了，发音不讲究，语调不揣摩，更不用说表示逻辑关系，传出神情意态了。这是不能容忍的。”诵读者不是文章的旁观者,不能冷漠地、客观地“和尚念经，有口无心”；诵读应该积极地、热忱地感受作品，必须有动于衷地、倾注身心地体味作品。一个字、一个词，在诵读者的心目中，不应该仅仅是白纸黑字、抽象的概念，而应该同时又是有生命的客体，有活力的形象。诵读者应该读出古人那深邃的思想，高尚的情操，美好的憧憬，纯真的心灵，博大的胸怀；诵读也要能激荡着读者的胸怀，陶冶着读者的性情，在高尚的精神享受中，在生动的美感愉悦中，提高读者的精神境界，从而修身养性，其乐无穷。要达到诵读的最高境界，先得把握作品的基调，即作品的总的态度感情，总的色彩和分量。要把握基调又得了解作者和作品的背景，作者处于哪个具体的历史时期，哪种社会条件，作者创作时的心情和环境等等因素。例如对李白和杜甫所处时期不同的了解，可知李白诗歌激越奔放的浪漫主义气息和杜甫诗歌忧国忧民的现实主义态度这一总的基调；但同一人在不同环境之下也有不同的心情，所以杜甫也有“漫卷诗书喜欲狂”的欣喜，而李白也有“白发三千丈，缘愁似个长”的悲伤。对同一作品，不同的人依自己的生活经验会有不同的感受，所以，在这一阶段，老师固然要示读，但更主要的让学生自己读，指导学生在诵读过程中注意领会作者的思想，通过多次诵读，学生的感触会越来越深，读得会越来越生动、传神。

4. 背诵。背诵是诵读的直接结果，不是对读者的苛求。背诵的目的，是为了加深对诗的体会，传达出诗的意蕴，在背诵的过程中，不应停留在文字上，而应力求做到：全文熟稔于胸，全身心都沉浸于文章的意境之中，把全文化为一个有机的整体，融会贯通。这与传统教学中的背诵是不同的，传统的背诵是作为教育的目的，为背诵而背诵，这样违背了学生的主观心理规律，成为学生的负担，其结果是事倍功半。我们不强迫学生背诵哪篇具体的文章，我们只是引导学生多诵读课文，强调读好、读出感情，读得多了，自然有很多名句，甚至有时整段、整篇都能背下来。叶圣陶先生提出：“令学生吟诵，要使他们看作一种享受，而不看作一种负担。一遍比一遍读来入调，一遍比一遍体会亲切，并不希望早一点能够背诵，而自然达到纯熟的境界。抱着这种享受的态度是最容易得益的途径。”当然，我们也鼓励学生背，学生可以根据自己的兴趣爱好选择文段背诵。教师也应该言传身教，笔者就经常在学生面前随时背诵一两段优美的文句，教师的示范作用很重要，最能激发学生的兴趣，根据笔者的调查，凡是教师在学生面前背诵过两三次的文章，大部分学生都能背诵。

三、“读”文言文的教学实践方法

“读”文言文的四个层次层层递进，顺其自然，绝无强迫之嫌。笔者把这种观点付诸实践，在教学中形成了两种方法，即：以教带读法和以比促读法。

1. 以教带读法。即通过教学来带动学生读，教的目的也是让学生会读，整个课堂以老师为指导，以学生为中心，以诵读为主线。笔者是如此处理课堂教学的：首先是老师讲解作者状况和写作背景，形成文章的基调；然后是学生通读全文，注意字、词和文章大意；再是教师讲解较难懂的字、词、句，并找出每句话中有提示作用的关键词写在黑板上；最后是读，读又包括老师示读、带读和学生自读。学生自读的样式很多，先是看着书本读，再是一只眼看书本一只眼看黑板上的关键词读，然后是关上书本只看黑板上的关键词半读半背，最后是关上书本也擦掉黑板上的关键词背；除了齐读之外，也叫个别同学朗诵，要求读出感情。这样的教学很能激起学生的热情，学生始终处于课堂的核心，效果很好。

2. 以比促读法。即通过比赛来促进学生对读文言文的兴趣。笔者经常举行各种形式的文言文朗诵比赛，参赛者是学生，评委也大部分是学生，这样更是大大地激发了学生读文言文的热情。

这就是笔者多年文言文教学的一些心得体会，但愿能给沉闷的文言文教学天地注入一丝生机。

第七节　语文教学中的标点符号问题

语文是一门基础性学科，是学习其他学科、从事其他工作的工具。它不仅传授语言文字方面的基础知识，还担负着传承民族文化的重要任务。语文教育是一种具有工具性与人文性的教育。2011 年教育部制定的《语文课程标准》对其性质作了明确的规定：“语文是工具性与人文性的统一。”语文教学对学生的影响不是简单地局限于语文学科之中，还影响到学生其他学科能力的发展，甚至影响到他们人生价值的形成。

语文教学，在中小学具有不可代替的作用。近年来，语文教学虽然取得了一定的成绩，但也存在一些问题，如标点符号在语文教学中的缺失就是其中的一个方面，而且至今也未引起人们的重视。未引起关注的问题并不等于它不存在，更不是不需要解决。21 世纪伊始，我国就启动了语文新课标的改革，而语文教学中标点符号缺失这一问题一直没有得到根本性的解决。

标点符号作为语文教学中不可或缺的部分，应摆在一个恰当的位置。而实际上，语文教师基本上忽略了这一知识点的教学。教学的不重视，无形中给学生带来一定的负面影响。所以，学生习作大都一逗到底，或者除了逗号就是句号，甚至连一些报纸杂志也出现标点符号使用失范的现象。面对此种状况，人们不仅要予以重视，还应采取行之有效的措施，尽快地解决这一问题。

一、标点符号在书面表达中的重要作用

“标点符号是辅助文字记录语言的符号，是书面语的有机组成部分，用表示停顿、语气或词语的性质和作用。”这是 1996 年国家颁布的《标点符号用法》对其概念意义所做的精确表述。这个表述阐述了标点符号和文字之间的关系。记录语言是以文字为主，标点符号为辅的，但二者都是书面语不可分割的组成部分，相互之间是不可替代的。因此，标点符号在书面语的表达作用是不可抹掉的。

1. 标点符号在分层停顿中的作用

我们知道，一个外貌出众，衣着整齐，干净利索的人，会给人留下一个好的印象，标点符号对于文章来说大概也有这样的作用。如果一篇文章没有标点符号，会是一种什么状况呢？这样，不仅表达者无法清楚地表达自己的思想，而且接受者也难以准确地把握其中传达的信息。

例如，有这样一位学生，其习作有思想，有文采，颇具文学功底。一次，学校举行习作比赛，其习作的立意、内容、用词等方面都很不错，而评委却

毫不客气地将它刷掉了，原因不为别的，就是没有正确使用标点符号。后来，他将这篇习作正确地加上标点，其段落层次便一目了然，成了一篇不可多得的好习作。

有件趣事也很能说明问题。一家书局给鲁迅先生稿酬时，只计文稿的实际字数，不计标点与空格。鲁迅知道后，一次帮这家书局翻译文稿时就把译稿从头到尾连接起来，没有章节段落之分，也不留空格，不加标点。稿子送去之后没多久，书局就将译稿退回来了："请先生分一下章节和段落，加一加新式的标点符号。"

事实说明，标点符号是书面语表达语法关系的重要手段，在分层停顿中具有举足轻重的重要作用。

2. 标点符号在表情达意中的作用

标点符号作为一种书面符号，配合文字以表达人们的思想情感，也是具有不可低估的作用。著名教育家叶圣陶（1942）曾经说过："现在的书籍报刊都分段落，加标点，从著者方面说，在表达的明确上很有帮助；从读者方面说，阅读起来可以便捷不少。"同样的文字，加上不同的标点符号，其表达的意义或情感也不一样，有时甚至相反。

例如，抗争时，日寇对我除了武力进攻外，还实行经济封锁。当时沦陷区的一些墙上出现了这样的标语：

（1）有粮不卖给八路军吃！

不久，这些标语中加有一个逗号，成为：

（2）有粮不卖，给八路军吃！

一个小小的逗号，就把标语的意义全部扭转过来了。

又如，我国古代流传下来一个耳熟能详的典故：

（3）下雨天留客
天留我不留

这本是主人下的逐客令。但客人却赖着不走，将它读成：

（4）下雨天，留客天。留我不？留！

此处利用“停顿”这一语法手段构成语义双关，将逐客令转而变为“留客令”。

据说，开国之初，某西方大国首脑在与周恩来总理交谈时，以“对牛弹琴”蔑视中华人民共和国与周总理。而周恩来在“对牛弹琴”的“对”字后加个逗号，使得这个态度傲慢的家伙弄巧成拙，反辱自己，从而维护了国家的尊严。

标点符号在表情达意方面的重要，正如郭沫若（1956）所说的：“标点之于言文有同等的重要，甚至有时还在其上。”例如，《为了忘却的纪念》在听到柔石“身上中了十弹”之后，“我”只说了一句“原来如此！……”句中的感叹号和省略号极大地丰富了语意的内涵。“！”表达了“我”心灵深处强烈的震惊、痛惜、哀伤以及出离愤怒的思想情感；“……”不仅蕴含着“我”因极度悲愤而无法言表的情状，更隐藏着难以尽述的千言万语，深含着满腔怒火无处申述却又不甘的复杂心理，从而收到“此时无声胜有声”的艺术效果，给读者留下了无限的想象空间。

二、标点符号在语文教学中长期缺失的原因

有学者说：“全篇行文只用逗号和句号，即段内全部是逗号，段尾（或只在文末）用一个句号；有的干脆‘一逗到底’，或者‘一点到底’，即用一个既不像逗号也不像顿号的符号随意一点。”这样随意圈点的现象，不单在中小学和大学的学生中司空见惯，甚至在一些从事文字编辑工作的人中也会出现。出现这种状况，语文教学是负有一定的不可推卸的责任。

那么，造成这种状况的原因是什么呢？我们认为有以下几个方面：

1. 语文教学带有一定的功利性

标点符号从小学起就是语文教学的内容。《语文课程标准》中，虽总目标没有提出对标点符号的具体要求，但在第一至第三学段阶段性的“阅读”与“写作”目标中都提出了具体而明确的要求。比如，“认识课文中出现的常用标点符号。在阅读中体会句号、问号、感叹号所表达的不同语气。”（第一学段“阅读”）“根据表达的需要，学习使用逗号、句号、问号、感叹号。”（第一学段“写作”）“在

理解语句的过程中，体会句号与逗号的不同用法，了解冒号、引号的一般用法。”（第二学段“阅读”）“根据表达的需要，正确使用冒号、引号等标点符号。”（第二学段“写作”）……

不过，相对于整个课标内容而言，有关标点符号的论述不足1%，200来个字符显得微不足道。另外，如今的教学上方还悬着“升学”这把利剑，分数起着决定性的作用。所以，在实际的教学中，教师教学的重点主要集中在考分所占的比重以及考题出现的频率上。再者，近些年来，各种语文测试、语文竞赛甚至中考、高考中都淡化了标点符号，仅偶尔出现一两个选择题。为了提高学生考试的成绩，教师大多重视常考的、分值大的知识点，忽视考试中不常出现或分值很小的标点符号，也就毫不奇怪了。

2. 语文教学内容定位的偏差性

语文教学究竟教什么，怎么教一直是大家关注的焦点。而标点符号的教学，自古以来就从未有人把它当作一个重要内容实施过。

我国古代书面语不用标点符号，阅读时大都在该停顿或断句的地方点一点，即所谓“句读”。古人重视人文思想教育，讲究的是人的思想教化功能，至于语言知识，他们认为“读书百遍，其意自见”，诵读成自然。对于标点符号，韩愈在《师说》中说：“彼童子之师，授之书而习其句读者，非吾所谓传其道解其惑者也。”认为教学生文中“句读”，不是“传道授业解惑”的师者。“句读之不知，焉惑之不解，或师焉，或不焉，小学而大遗，吾未见其明也。”在他看来，“传其道解其惑”是教学中的“大学”，而标点符号则是“小学”而已。

清末民初，我国借鉴西式标点创制了一套标点符号。然而，在约一个世纪的语文教学实践中，标点符号始终未曾有过明确的定位。对于标点符号，教学时有时无，或偶尔突出，或一笔带过。而最近几年，人们基本上淡化了标点符号，就连国家颁布的《语文课程标准》，其课程总目标都未曾提及这一内容。有关语文教改问题的期刊论文，也很少有人谈起语文教改中的标点符号问题。

古往今来定位的偏差性，使之成为语文教学中的一个盲点，也就在情理之中的了。

3. 标点符号系统的缺乏性

在语言研究这一领域中，标点符号一直处于一个十分薄弱的环节。尽管标点符号在书面表达中出现率很高，也没有人否定它的作用，但是至今还未有人把它当作一门独立的学科来研究。标点符号或依附于文字学中，或依附于语法修辞里，缺乏独立的系统性。标点符号的系统，在实际的语文教学或教材中也未得到体现。在语文教材的教学内容上，大都没有编排标点符号的专项教学，即便是个别教材上编排了，也是一些标点符号知识的集中介绍。在语文教学中，教师面对繁重的教学任务，课堂上不讲标点符号。教材内容系统的缺乏，教师教学的长期缺失，使得学生对其具体用法不甚了解，因而出现种种问题也就不足为奇了。

三、改变标点符号在语文教学中缺失的有效途径

书面语的正确表达离不开标点符号的正确运用，它与文字符号一样是构成书面语的重要因素之一。据调查，在学生习作中，标点符号的出错率明显高于遣词造句的出错率。近几年书报刊物编校质量检查也表明，出版物上的标点差错率也远远高于错别字。标点符号使用存在的种种问题，尽管不能一味归咎于语文教学的失误，但还是负有一定责任的。

古人云:“过而能改，善莫大焉。”(《左传·宣公二年》)那么，语文教学中该如何弥补标点符号的缺失呢？我们认为，应该通过以下途径：

1. 加强教师的自身素质，充分发挥教师的主导作用

“教者也，长其善而救其失也。”(《礼记·学记》)教师作为教学活动的组织者、引导者，不仅应发挥其主导作用，还要不断地加强自身的知识储备和理论素养，真正提高自己的专业水平和业务能力。

面对标点符号在语文教学中的缺失现状，教师还应认识其严重性和危害性，要通过宣传、教学等实际行动扭转这种被动局面；教师还应转变已有的旧观念，重新认识标点符号的作用，确立标点符号的教学目标，并根据实际编

写符合教学目标、切合学生认知规律的教材。俗话说：给人一杯水，自己得有一桶水。作为教育者，教师在不断提高自己运用标点符号能力的同时，又将其知识融于语文教学之中。诚能如是，语文教学将会产生事半功倍的效果。

2. 采取有效的教学方法，努力培养学生的学习兴趣

有人说，兴趣是最好的老师。兴趣在学习中起着基石作用，古今中外不少专家学者对此有过论述。（俄）教育家乌申斯基曾经指出："没有任何兴趣被迫进行的学习会遏制学生掌握知识的意图。"（美）教育家布鲁纳也认为："学习是一个主动的过程，对学生学习内因的最好激发是对所学材料的兴趣。"还在两千多年前，我国大教育家孔子就有过真知灼见："知之者不如好之者，好之者不如乐之者。"（《论语·雍也》）就教师而言，采取有效的教学手段对于培养学生的学习兴趣是有积极意义的，它可以激起学生强烈的求知欲。当然，不同的教学内容，所采取的教学方法也不一样。如标点符号这样的教学内容，教师就应采用一些富有情趣的教学方法来启发、诱导学生，从而引发他们的学习兴趣。

实际上，通过生活中一些相关的故事来讲授标点符号是最有效的。例如，有一吝啬财主聘用教书先生时，规定膳食，写下合约，要对方签字。其内容是："无鸡鸭亦可无鱼肉亦可青菜一碟足矣。"按照财主的理解："无鸡鸭亦可，无鱼肉亦可，青菜一碟足矣。"但教书先生却不是这样解读的，而是："无鸡，鸭亦可；无鱼，肉亦可；青菜一碟足矣。"于是第一吨饭时，教书先生便大叫起来，说财主违约，使得财主追悔莫及。这个故事，不仅幽默风趣，更为重要的是它能使学生认识到标点符号的重要性，从而激起他们学习的兴趣。

此外，还可采用编歌谣的方法教学标点符号，这样既朗朗上口，又便于记忆，有利于提高学生的实际运用能力。

大文豪托尔斯泰曾经说过："成功的教学所需要的不是强制，而是激发学生的兴趣。"教师应该发挥自己的聪明才智，根据学生的认知水平和教学的实际内容，采取各种有效的教学方法，使学生从"要我学"转变为"我要学"。如果有了浓厚的学习兴趣，就一定能够取得良好的教学效果。

3. 建立新的教学模式，充分调动学生的积极性和主动性

“要改变单纯灌输式的教育方法，探索创新型教育的方式方法，在尊重教师主导作用的同时，更加注重培育学生的主动精神，鼓励学生的创造性思维。”我国传统的教学模式只强调教师的主导地位，而对学生的能动性、自主性和创造性往往被忽视。新的形势发展要求改变那种传统的教学模式，代之而起的是学生自主学习、自主创新的主体精神，提高他们的学习能力和创造能力。正如著名教育家苏霍姆林斯基所说的：“在学校里，重要的不是学得多少知识和技能，而是学会一种会学习的能力，拥有自己去学习的能力。”心理学家皮亚杰也认为：“一切真理都要学生自己获得，或者由他重新发现，至少由他重建，而不是简单地传递给他。”教授标点符号也是这样的。作为引导者，教师在发挥主导作用的同时，应正确处理好“教”与“学”的关系，设法与学生开展全方位的双边活动，充分发掘他们的一切潜能，因为“在每个孩子心中最隐秘的一角，都有一根独特的琴弦，拨动它就会发出特有的音响，要使孩子的心同我们讲的话发生共鸣，我们自身就需要同孩子的心弦对准音调。”（苏霍姆林斯基语）如果这样，语文教学就能真正达到教师的主导性与学生的主体性实现完美结合的理想境界。

语文界泰斗吕叔湘先生说：“语文教学一半是科学，一半是艺术。”语文教学标点符号长期缺失这一问题明显地摆在我们面前，这就需要广大语文教师、学生身体力行，并与其他从事语言文字工作的人员一起去改变那种局面。语文教师在加强自身素质的同时，转变自身观念，不仅自我重视标点符号，还教育学生认识标点符号的重要性。此外，需加强教材教法的研究，不断改进教学方法，建立新型的教学模式，充分调动学生的积极性、主动性，提高他们的创新能力。只有社会、教师、学生三方共同努力，才能使标点符号在语文教学和实际工作中真正发挥它应有的作用。

第六章

本硕论文写作指导

第一节 本科课程论文写作指导

今天的中国大学无疑是获得了前所未有的发展，但所存在的问题也是不可忽视的。人们常常喜欢把中国的大学生和外国的大学生相比较，“会考试”被称为中国大学生的特长，而缺少个性和创造力被称为中国大学生的“通病”。虽然这些批评有失公正，但今天的大学生缺乏实践能力却是不争的事实。造成这种缺失的原因是多方面的，其中教育理念的落后无疑是很关键的因素，以课程考核方式来说，无论是老师还是学生，都习惯于传统的“闭卷考试”，这样老师省事，学生适应，皆大欢喜，但其后果就导致了学生个性和创造能力的丢失。提高大学生创造力的途径很多，本科课程论文的写作应该说是一种操作性比较强的方式。

本科课程论文也可以叫本科教学论文或小论文，是指大学本科生在学习了某一门课程之后，专门探讨、研究与本课程相关的具有一定学术价值或亟待解决的问题，就此发表自己独到的见解，并遵从学术论文的写作格式、条理清楚的用文字表述出来的议论文章。中国的学生普遍没有“论文意识”，不知道论文的意义何在，核心何在。论文究竟该怎么写？写什么？甚至大多数教师都并没有真正意识到课程小论文的意义，即使有时布置点小论文也往往流于形式，并没有起到实质性的作用。在新的教育理念下，应该提高我们的教育者和受教育者对课程论文的认识，加强对课程论文的指导。

一、本科课程论文的价值

1. 论文是对课程的综合考察

论文的写作是一种复杂的劳动，不但能考查学生对知识的掌握程度，也能加强学生综合运用各种知识的能力。一位大三同学如此说论文：“真正用心去写一篇论文可以收获很多。你要查很多资料，看很多书，还要不断地思考。”

传统的考试往往以检验学生的记忆能力为主，所以考前三天通宵达旦背笔记已经成了大学中一道“不和谐的风景”，而写一篇论文则要求学生广泛地阅读相关书目，查找各种资料，并进行仔细地分析、辨别，使学生的知识和能力趋向统一。要把某个问题讲清楚，学生必须综合运用该课程甚至其他课程所学过的基本理论和基础知识。如写“鲁迅的语言特点研究”，首先必须通读鲁迅的所有作品，其次得对现代汉语的概况有个大致的了解，知道语言特点体现在哪些方面，在具体分析时甚至还得联系鲁迅当时的时代特点，总之，需要学生大量地阅读、理解和思考。在运用理论分析思考问题的同时，还能锻炼学生的语言表达和语言组织能力。论文写作是一个学生主动学习和探索的过程，其效果很明显不是单纯“说教”式、“考试”式教学所能达到的。

2. 论文能培养学生的创新意识

创新是一个民族进步的灵魂，是一个国家兴旺发达的不竭动力。我们的大学生应该具有强烈的创新意识，这是时代的要求，但我们现在的教育模式有太多的整齐划一，所有的学生都接受同一套说理，都接受同一套试卷，都受着同一个标准答案的约束。这样的模式不是激发和呵护学生的创造天性，而是照着整齐划一的模式，朝着整齐划一的方向去“塑造”学生。学生是不能被“塑造”而只能被“培育”的，“塑造”的过程往往就是扼杀学生个性和创造天性的过程。如果我们的大学教学还是停留在传统的“灌输式”教学，考核方式还是停留在千篇一律的闭卷考试，那么我们培养出来的永远只能是“考试高才生”，这样的学生固然“很听话”，但也就没有了自由思想，没有了创新意识。我们应该让学生在自由的思想天地里，用其特有的观察力，去思考、去发现、去阐述自己的见解，勇做知识的发现者，逐渐培养学生的求异思维和创新能力。例如，学生在学习过程中常常会产生与书本上结论不相一致的看法，但由于迷信书本和慑于被老师轻易否定，往往不敢大胆提出自己的看法，久而久之，就丧失了创造精神。其实教材并不是“圣经”，教材上的说法并不都是亘古不变的。毕竟教材只是代表了某个人或某些人的观点，任何人在科学道路上的探索都是有限度的，对世界的认识是有限度的，因此任何教材都难免会有局限性。我们应该鼓励学生用科学的眼光去看教材，一旦发现教材中有问题就及时提出来，老师的任务就是引导学生通过自己写论文来解决问题，为学生提供一个驰骋想象，畅所欲言的天地，这样能最大限度地培养学生的自主意识和创新意识。

3. 论文能培养学生的动手能力、分析问题和解决问题的能力

当代大学生动手能力差已经成为不争的事实，眼高手低几乎成为普遍现象，因为在目前的教育体制下大学生更多的是被动地“接受教育”，而主动解决问题的机会并不多。论文写作恰是弥补这一缺陷，让学生自己动手解决问题，这在一定程度上可以提高学生的动手能力，锻炼学生分析问题和解决问题的能力。每一篇小论文其实就是需要学生解决一个小问题，要有效地解决问题，首先必须调查问题，然后从不同的角度来对问题进行全面分析，最后寻找解决问题的方法。例如，要写一篇“南昌市公交广告”的论文，学生首先必须得对南昌市公交车上的广告进行调查搜集，然后从多个角度分析这些公交广告的特点，找出其优点和缺点，最后提出公交广告效益最大化的具体思路，这其中的每一个步骤都需要学生自己动手解决。通过这样的训练，学生的动手能力自然会得到提高，逻辑思维能力也会加强。而且也使他们走出象牙塔，和现实的社会紧紧联系在一起，同呼吸，共命运，增强其社会责任感和使命感。

二、本科课程论文的目标

本科课程论文与一般意义上的学术论文有所不同。学术论文是就某一领域中比较前沿或亟待解决的问题发表自己独创性的见解，往往要求选题具有一定的前沿性，观点具有创新性，而且往往具有一定的理论性，每一篇学术论文的目标就是要解决一个具体的问题。本科课程论文则只是手段而不是目的，就是说本科课程论文的目标不是要求学生写出高水平的学术论文，而主要是使本科生掌握基本的论文写作技能，具有一定的“论文意识”，培养他们初步的科研意识。

1. 使大学生具有基本的论文写作能力

基本的论文写作能力应该算是大学生应具有的一种基本能力，但据笔者调查，有相当一批大学生面对论文都是一筹莫展、无从下手，甚至有些低年级的硕士研究生都不知道怎么写论文，他们对论文写作知之甚少，甚至连格式都不知道。有很多本科学位论文的初稿就是一份读书笔记，更有甚者干脆就从网上“copy”一份交差。这与人们对大学生的预期目标相距甚远，为什么会这样呢？很明显这是由于平时锻炼不够的缘故，“闲时不烧香，急来抱佛脚”。这是学校、老师和同学自身三方面共同的疏忽所造成的。一般学校并不重视本科课程论文，大多数老师在平时授课时也不讲授写作论文的基本方法、格式和规范问题，也很少布置课程小论文让学生接受论文锻炼，而学生一般也很少涉及专业论文，因此共同导致了学生论文写作上的“无能”。大学应该重视本科课程论文，通过课程论文对大学生进行论文“启蒙”，培养学生基本的论文写作能力，让学生掌握论文写作的基本程序和方法。

2. 培养大学生初步的科研意识

所谓科研意识是指关注、了解、熟悉以及参与科研活动的意识。中国的大学生普遍没有科研意识，学校和老师也很少进行这方面的培养，大多数人都认为科研是科学家和研究人员的事情，与大学生相距很远，大学生的主要任务是学习知识。其实，这种认识带有很大的局限性，既是对科研认识的不足，也是对大学生本身认识的不足。

科研活动既包括科研人员的专门性研究活动，也包括各行各业人员在生产、工作中发现问题、解决问题和总结规律等的活动。陶行知先生说：“处处是创造之地，天天是创造之时，人人是创造之人。”创造是不用选择时间、地点和人物的，只要具有科研意识，任何人都可能成为创新人员，关键是要具有科研意识、问题意识，善于发现问题、解决问题。江泽民同志也说过：作为一个 21 世纪的大学生，要提高自己创新能力，增加自己的人才附加值，就应该积极参加课外科研活动，在培养科研意识上下功夫。

本科课程论文的一个重要的目标就是培养大学生初步的科研意识。因为真正写好一篇课程论文，学生必须查阅很多相关资料，了解该课题的研究现状，把自己融入到真正的科研活动中去，科研意识就是在科研实践中产生的。高等院校应该重视本科课程论文，把课程论文当作培养大学生科研意识的一种有效的途径。

三、本科课程论文的写作

本科课程论文的写作在程序上和一般的论文写作没有很大的差别，基本步骤是：先选题，然后是查找并分析、研究相关资料，再提出自己解决问题的方法、思路，最后谋篇布局成文。我们不打算详细论述其写作过程，而只是就其中几个需要强调的问题说说自己在教学过程中的一些感受。

1. 精心辅导是前提

刚刚离开中学的大学生，其论文意识几乎等于零，我们不能苛求他们一下子能写出很好的论文，这需要学生不断的练习，老师不断的指导，所谓“冰冻三尺，非一日之寒”。但从目前情况看，本科课程论文大多流于形式，往往是老师布置论文任务，学生东拼西凑或网上下载，然后老师打个等级就算完事，这样的做法肯定有违课程论文写作的初衷。在学生论文写作过程中，教师要精心辅导。论文辅导与一般的作业辅导不一样，论文辅导至少要包括两个方面内容。

其一，普遍性辅导和重点辅导相结合。从目前的普遍情况看，大学生对论文都是望而却步。下面的打油诗就非常形象地说明了这个问题：“我为论文忙，忙到发了狂；本本时时开，脑袋空空荡；抄袭本不敢，无奈时间短；资料飞漫天，拼接也很难；怎能捣糨糊，还得自己写；要点一二三四五，论文写得好辛苦！”因此老师要对大学生进行普遍的宣传性辅导，要克服学生的畏难情绪，增强其写作论文的自信心。要使学生明白，论文并不那么高深，论文其实就是对某个问题发表自己的见解和看法，是学生学会分析问题、解决问题的一种途径，论文写作能力是他们将来走进社会所必须具备的一种基本能力。在普遍性辅导的同时又要注意抓好重点辅导，对写作水平差的学生进行专门辅导，增强其写好小论文的信心，对写作基础好的学生和写得好的小论文进行鼓励，要求其深化主题，反复修改，争取写出优秀小论文。

其二，书面批改和面对面辅导相结合。论文的批改不同于一般的作业批改，不能只打个等级或评语就完事，而应花费较多的时间和精力，尽量做到面对面的辅导。当面指出学生论文中的可取之处和存在的主要问题，指导学生对论文进行多次修改，让学生在不断的修改过程中学会写作论文的方法，学会分析问题、解决问题的方法。要让学生明白一个道理，论文都是改出来的，不断修改才能出好论文。

2. 留心处处皆学问

大学生写论文一个最大的问题就是找不到论题，一提起论文似乎就给人一种“深奥”“高深莫测”的感觉。在他们看来，写论文就是做学问、搞研究，这是大学者、大专家做的事，是高高在上的事业，与我等芸芸众生毫无关系，很明显，这是学生的误解，其实知识就在生活里，学问就在我们的身边。著名语言学家邢福义先生常常告诫后辈说“留心处处皆学问”，学问就在我们的身边，关键是要勤于观察生活，敏于观察生活。小论文的选题不必理论性太强，最好选与生活联系最紧密的题目，这样更能吸引学生的兴趣。只要勤于观察生活，论题其实到处都有，极其普通，我们都见过、听过，可能别人抓住了，却从我们身边溜走了。例如，我们都知道“红颜、红粉、红袖、红裙”这些词指美女，但有多少人问过为何这些词都指代美女，为何都有一个“红”？如果能这样问，论题也就出来了，如果能把这个问题回答清楚了，一篇论文也就出来了。

3. “各抒已见”显价值

我们写论文都讲究一个原创性，也就是说，一篇论文的价值在于它是否具有自己的发明创造。如果一篇论文几千字写下来没有一点自己的东西，这样的论文就不会成其为论文了，最多只能说是资料的收集。但在这个问题上往往存在一个走向极端的认识误区，以为任何一篇论文都得有很大的发明创造，都得惊世骇俗，本科学生大多认为自己的水平还达不到这个高度，所以就不敢动笔了。其实论文只要是发表了自己对某个问题的独特的见解，或提出了解决某个问题的方法、思路就是有价值的。因此老师要经常鼓励学生就一些问题发表自己的意见，正确的意见要肯定，不正确的意见也不能一棍子打死，而是要鼓励，甚至要允许发表“不正确”的意见，特别是人文社会科学，只要学生能自圆其说，学生把这些自己的见解条理清楚的表达出来就是论文了。

4. 思路清晰是关键

黄侃在《〈文心雕龙〉札记》里说，“作文之术诚非一二言能尽，然挈其纲维不外乎命意修辞二者而已。”这话的主要意思是说写文章无非是两件事：一是“命意”，即要有值得论说的思想内容，二是“修辞”，即要有能表情达意的语言策略。作为论文，如果没有自己的思想观点则没有存在的必要和价值，但如果没有很好的语言策略，也同样出不了很优秀的论文。语言和思维密不可分，思维依托语言而存在，语言状况反映思维状况。如果语言表述不清楚，则说明思路不清晰，即使作者的观点惊天地泣鬼神也无济于事，在别人听来总是云里雾里。一篇优秀的论文不但要观点新颖，而且要语言明白，思路清晰，逻辑严密，能够产生“不可战胜的逻辑力量”。

思路不清晰往往是问题没有考虑清楚的表现，因此，在发现了一个好的论题之后，不要急于动笔，而是要以“百搜不厌、百集不烦”的态度，尽可能充分地占有资料，分析资料，对论题进行严密的推理、论证，只有把问题想清楚了才能写清楚。论文写作中最忌讳那种“脚踏西瓜皮，滑到哪里算哪里”的态度，在真正动笔之前就应该对问题的前因后果有全盘系统的考虑。

5. 学术规范很重要

学术规范是指在科学研究过程中，研究者、研究的组织者和管理者以及研究成果的传播者，在实施科学研究、管理和组织，以及成果传播等相关活动时，对科学研究真实性、实质性原则的自觉遵循以及对于违反这些原则所应采取的态度。对于学术不规范现象，舆论界通常以“学术腐败”称之，毋庸置疑，“学术腐败”正成为学界“难言的痛”。“学术腐败”的产生当然与学术评估体系有直接的关系，但与学人本身的学术道德也有不可割断的联系。

对本科课程论文来说，学术规范包括两个方面，一是学术道德，二是论文格式。

学术规范意识的培养、学术道德的建立是一个长期的过程，应该从本科开始就对学生进行相关教育，使他们树立起正确的学术道德观，这既是社会发展的需要，也是个人发展的需求。我们经常听到一些因为剽窃论文而被取消学位的报道，原广州师范学院物理系学生陈某因硕士论文剽窃而被取消学位，南京航空航天大学一位女博士因学位论文存在严重抄袭现象而被取消学位，很明显，这是学术道德沦丧的结果，如果从本科开始就加强学术道德教育，也许就不会出现这样痛心疾首的事情。大学有责任也有义务让学生了解学术规范，这种学术规范意识的培养就是从课程小论文开始的，让学生本着尊重自己和他人的原则认真独立完成课程论文，不能让学生一开始就养成一种随便应付交差的态度，要坚决杜绝剽窃的不正之风。可以说，小论文虽小，但意义却大，要告诫学生，论文一定要自己写，要在写小论文、解决小问题中找到学习的乐趣，找到实现自我价值的成就感，要让学生感到剽窃别人论文既是对别人劳动的不尊重，同时也是自己道德的丢失，要培养学生具有剽窃论文的羞耻感。

本科课程论文学术规范的第二个方面是论文格式规范。与中学作文不同，论文在格式上有较规范的要求。论文基本组成成分至少应包括：论文摘要，关键词，正文，注释和参考文献。摘要是以高度浓缩的方式陈述论文的核心内容，关键词是反映论文最主要内容的术语，正文是报告作者对问题的研究过程和结果，注释主要是对正文的概念、说法等的补充说明、解释等，参考文献是文中观点概述或直接引用的具体出处，注释与参考文献都有固定的格式。

在某种意义上，对本科课程论文来说，应该把学术规范放在第一位，遵守学术道德、掌握论文写作的基本方法和程式对本科生至关重要。

本科课程论文在高校教学中占有不可或缺的地位，这应该引起学校、教师和学生足够的重视，应该让学生在大学阶段培养起学术道德观念，掌握论文写作的基本程式和方法，争取能写出一两篇比较优秀的文章，这样我们的大学培养出来的学生将会具有更强的分析问题、解决问题的能力，更能适应社会的发展。

第二节 顶岗实习背景下大学生教育论文写作指导

为了贯彻落实党的十七大关于“加强教师队伍建设，重点提高农村教师素质”的要求和《国家中长期教育改革和发展规划纲要》的精神，2010 年 6 月，教育部、财政部决定从 2010 年开始实施“中小学教师国家级培训计划”（教育部〔教师 2010〕4 号通知），简称“国培计划”。其中，在中西部 23 个省市实施的“农村骨干教师置换培训”是“国培计划”项目中的一个重要组成部分。这一项目的实施采取了一种全新的教师教育的模式，即：以高校在校师范生到农村中小学顶岗实习，同时置换出中小学一线的骨干教师到高校参加脱产研修学习（简称“顶岗实习、置换培训”）。这就意味着大多数师范类应届毕业生将被派往条件非常艰苦的中小学进行长期而深入的教育实习活动，即为顶岗实习。以江西师范大学为例，2010 年 10 月中旬，派出近 1600 余名师范生，分赴宁都、崇仁等 10 个项目县 309 个学校进行顶岗实习，涉及语文、数学、英语、政治、体育、美术、信息技术、音乐、地理、生物等 10 个学科领域，顶岗实习时间至 2011 年 1 月中旬才结束，为期三个月，而且从 2011 年开始，实习时间将长达一个学期。

相比传统实习，顶岗实习表现出一些新的特点。第一，传统实习一般只有 40 来天，学生还没有完成角色转换，实习期限就到了；而顶岗实习则为期三至六个月，充足的时间能使学生全身心地投入到教学实践中去，能更全面地把握教学的各个环节，能更好地总结教育教学规律。第二，顶岗实习是用大学生置换在岗教师，这就意味着是以教师职责来要求实习生的，期间实习生的日常工作程序、岗位要求、管理制度与该学校教师完全等同，完全承担工作岗位规定的责任和义务，所以具有较强的责任心，能全身心地投入教育教学之中，也能更深入地了解教师的职责所在。第三，相对于在岗的教师而言，顶岗实习生尽管缺乏经验，但他们有较高的理论修养，又因为身份的特殊性，所以他们不会保守，不会因循守旧，而是具有锐意进取的创新精神，这将会为中小学教育教学带来新鲜的血液。在这种新的背景之下，我们觉得有必要培养顶岗实习生撰写教育论文的意识和能力，让他们从理论上对自己的教育教学过程进行全方位的审视。

一、顶岗实习生撰写教育论文的意义

广义的教育论文是以教育科学理论为武器，对教育科学领域中的有关问题、现象进行比较系统、专门的研究、探讨而提出新的观点，得出新的结论，或站在新的角度做出新的解释的一种理论性文章，或者是阐释具体研究成果的理论性文章。教育论文所涉及的领域非常广泛，对于初出茅庐的顶岗实习生来说，可以就教育教学实践中所遇到的问题进行理论探讨，也可以对教育教学的经验进行理论上的升华。

顶岗实习生撰写教育论文意义非常重要，大致说来可以概括成以下几方面：

第一，能让顶岗实习生站在理论的高度全方位审视自己教育教学的过程，能使他们更快地成长起来。

顶岗实习生在顶岗实习的过程中一定会遇到很多问题，也会有一些成功的经验。如能让学生从理论上探讨这些问题和经验存在的原因，这样自然能加强他们以后解决类似问题的能力，也能使他们的成功经验更快地推广开去。一个优秀的教师不仅仅是一个经验式的教书匠，而应该是能从理论上对自己的教育教学进行客观分析的科研人员，所以如果能培养顶岗实习生撰写教育论文的意识和能力，那他们成长的就会更快更好，离优秀教师的距离也就越来越近了。

第二，能培养学生理论联系实践的能力、分析和解决问题的能力。

顶岗实习生虽然已经花了三年的时间系统地学习了专业知识，但一走上实习岗位就会发现现实的教育实践和在大学里所学的理论知识有差异，这就容易出现某些通病，有人无所适从，有人消极逃避，有人则眼高手低。为什么会这样呢？因为目前的教育体制下大学生更多的是被动地接受教育，主动解决问题的机会并不多，所以当他们独立面对问题时表现出不适应也就可以理解了。我们觉得，教育论文的撰写或许可以在一定程度上弥补这一不足。因为论文写作的过程其实就是解决问题的过程。要有效地解决问题，首先必须调查问题，然后从不同的角度来对问题进行全面分析，最后寻找解决问题的方法。学会了写教育论文的方法也就学会了解决具体教育问题的方法。

第三，能在一定程度上解决本科毕业论文浮华剽窃的弊病。

目前有关本科生毕业论文的一个令人尴尬而又不争的事实是言之无物甚至剽窃成风。为什么会这样呢？很明显这是由于平时锻炼不够的缘故。大学生本来应该具备最基本的论文撰写能力，可从目前情况来看，一般学校在日常教学过程中并不重视论文的撰写教学，只是到临毕业时才仓促下达撰写毕业论文的任务，而其实学生根本不懂论文撰写的基本方法，甚至连格式都不懂。况且，大学生写毕业论文的时间与实习、找工作的时间是相冲突的，说白了就是大学生没有多少时间花在写论文上面。在这种背景之下，不剽窃又如之奈何？在顶岗实习背景之下，如果学生能根据教学体会认真写好一篇教育论文，这不正是一篇很好的毕业论文吗？又何必另外去拼凑或剽窃文章呢？真是一举多得啊。

二、顶岗实习生教育论文的撰写

顶岗实习生撰写教育论文在写作程序上和一般的论文没有很大的差别，基本步骤是：先选题，然后查找并分析相关资料，再提出解决问题的方法、思路，最后谋篇布局成文。对于其完整的写作流程我们不打算详细的展开论述，而只是就其中几个关键性的问题谈谈我们的看法。

1. 选题要注重现实意义

撰写教育论文其实就是在进行一项科学的研究。任何科学研究都始于问题。发现并提出有意义的问题，是任何一项科学研究的开端。提出一个有价值的问题,本身就是一项极为重要的研究工作。伟大的科学家爱因斯坦(Albert Einstein)对此曾有过一段精辟的论述:“提出一个问题往往比解决一个问题更重要，因为解决问题也许仅仅是一个数学上或试验上的技能而已，而提出新的问题,新的可能性,从新的角度去看待旧的问题,都需要有创造性和想象力,而且标志着科学的真正进步。”

对于顶岗实习生来说，选题不应该偏向理论性太强的问题，而应该紧紧扣住自身的教育教学实践，应选取大家最容易碰到的、现实意义最强的问题。比如:在班主任工作中怎么对待后进生的问题、怎么对待单亲家庭孩子的问题，怎么对待性格内向孩子的问题，如何树立榜样的问题，等等;在教学过程中某些教学方法的运用问题，某篇具体课文的教学问题，怎样激发学生课堂答问的积极性问题，等等。总之，教育教学过程中的问题有很多。著名语言学家邢福义先生常常告诫后辈说“留心处处皆学问”，学问就在我们的身边，关键是要勤于观察，敏于观察。只要顶岗实习生具有问题意识，真正沉入了教育实习之中，是很容易可以找到选题的。

2. 解决问题要理论和实践相结合

找到了某个问题之后，就要解决问题。把解决问题的思路讲清楚就是一篇论文。值得注意的是，教育论文不是教案，也不是教学日志或经验介绍，而是要从理论上对问题进行高层次的思索。也就是说，教育论文应该具有一定的理论性，要把理论和实践相结合，而不能完全是个人感觉和经验的表白。比如有实习生在深入了解农村学生的现状后发现，今天的农村小学中有大量的留守儿童存在，特殊的家庭环境使这些学生在性格方面表现出诸多缺陷，对这个问题的探讨就是一个很好的选题:“农村小学留守儿童健全人格培养的问题”。这个选题很有现实意义，但要解决这个问题就不能只凭感觉和经验，而是应该理性地思索诸多问题。如:第一，什么是健全的人格，培养健全的人格需要哪些最基本的要素;第二，留守儿童有些什么样的行为特征和性格特征;第三，是否所有的留守儿童都有人格缺陷问题;第四，怎么有效地培养留守儿童的健全人格，等等。这些问题的解决有的需要做田野调查，有的则需要进行理论思考，要大量地查阅国内外的相关研究成果，要充分地了解、吸收别人的研究结论，这样才能为自己解决问题提供很重要的理论基础。

3. 行文要符合学术规范

学术规范是指在科学研究过程中，研究者、研究的组织者和管理者以及研究成果的传播者，在实施科学研究、管理和组织，以及成果传播等相关活动时，对科学研究真实性、实质性原则的自觉遵循以及对于违反这些原则所应采取的态度。

就大学生撰写教育论文而言，学术规范的主要问题是遵守学术道德。我们应该从大学生开始就培养学术规范意识，使他们树立起正确的学术道德观，这既是社会发展的需要，也是个人发展的需求。我们经常听到一些因为剽窃论文而被取消学位的报道，原广州师范学院物理系学生陈某因硕士论文剽窃而被取消学位，南京航空航天大学一位女博士因学位论文存在严重抄袭现象而被取消学位，很明显，这是学术道德沦丧的结果，如果从本科开始就加强学术道德教育,也许就不会出现这样痛心疾首的事情。因此在撰写教育论文时，不能让学生养成一种随便应付交差的态度，要坚决杜绝剽窃的不正之风。论文虽小，但意义却大，要告诫学生，论文一定要自己写，要在写小论文、解决小问题中找到学习的乐趣，找到实现自我价值的成就感，要让学生感到剽窃别人论文既是对别人劳动的不尊重，同时也是自己道德的丢失，要培养学生具有剽窃论文的羞耻感。

符合学术规范另一方面是符合论文格式规范的要求，即撰写的论文各部分应该完整，包括：摘要，关键词，正文，注释和参考文献。同时，作为教育论文的规范，还有体例的规范、结构的规范、段落的规范和语言的规范等。也就是说，要让大学生在撰写教育论文的过程中真正学习论文写作的基本方法和要求，让他们具备最基本的论文能力，这也是创新型人才培养的基本要求。

总之，在顶岗实习背景之下，培养大学生撰写教育论文的意识和能力，能使顶岗实习取得更好的效果，增强学生理论联系实践的能力、分析和解决问题的能力。从另一方面说还能有效地培养大学生的科研观念，也为本科毕业论文的撰写提供了坚实的基础。

第三节 理论先行的研究生论文写作指导

当前语言学专业的硕士研究生论文写作水平明显在不断提高，有一点是值得我们注意的，那就是所有语言类论文写作除了语料调查翔实、描写全面外,还要有一定的理论深度。也就是好的论文不但要有语言事实的调查和描写，还要有一定的理论支撑。

一、论文写作水平对课堂教学改革的要求

语言学专业的各门课程，一直以“内容抽象、艰深、枯燥乏味，学生学习费时费力”而成为全国各高校教学中的一个突出问题。这一状况不仅在本科教学中存在,就是在语言学专业的硕士研究生教学中也同样存在。究其原因，除了语言学学科特点本身原因外，还有就是选择这个专业的硕士生们未必是对语言学真正感兴趣的同学，尤其是从别的专业调剂过来的同学。所以，直接后果就是部分学生的语言学专业基础不扎实，专业小论文及学位论文撰写没有深度，甚至许多人为了完成学业，而不惜冒天下之大不韪——抄袭来完成。这一现象无论对研究生自己，还是对导师乃至学校都会造成不良影响。因此，研究生教学改革势在必行。

二、目前课堂教学改革的尝试

语言学专业的论文写作离不开语言学专业的课堂教学，为了避免研究生论文写作抄袭现象，提高研究生专业论文写作水平，从事语言学研究的专家学者们早已开始思考并不断改革教学方法、教学策略，提出了一些很有新意的研究生教学改革方案。

第一，开放式教学——研讨式教学法。如，顾红、孙光民（2003）提出了“由师生共同参与的研讨式教学法”。这种方法能够“使教与学有机统一，从而达到教中学、学中教、教学相长的目的”。这里也只是教与学关系，没有涉及论文写作的问题。由于本人在上海师大语言研究所合作过两年，上海师范大学语言研究所的师生们一直采用另外一种开放式的教学方法——语言学沙龙的形式，不限专业不限学校只要对所涉及的主题感兴趣的老师或学生都可以参加，每次围绕一个主题展开讨论，主题可以是老师或学生提出来，然后以这位老师或学生为主讲，其他人对其观点、提出来的语言现象等进行讨论。为了更好地把这一主题所涉及到的语言现象分析到位，参加者或提供用例，或对某些用例提供语感，或提供文献，或是提供理论参考等。其实就是对某一个论文题目，全体师生集思广益，最后由主讲人即主题提出人整理成篇，效果非常突出。这样的教学实践模式，确实做到了论文写作不抄袭，且有一定的理论高度，往往投稿中标率也非常高。

第二，专题式教学模式。正如孙力（2010）指出“研究生教育转型已经成为当今教育发展的必然。专题式教学成为应用型研究生培养的重要方式。加强专题设置的关联性和教学协同，突出专题论辩研讨，是扬专题教学之长、避其之短的有效方法。”如果能把不同专题设置得关联性强，不同教师专题教学也能做到协同完成，并能实现本专业的师生对某专题进行研究式讨论，确实能够扬专题教学之长。如果是同一个教师也许能够实现不同专题的相关性思考，也能做到老师与学生的研究式讨论，但是不同老师就很难实现专题的真正关联。也就是说，不同老师所设置的专题往往是标题有可能相关联，但实际讲授过程中会缺乏系统性，无法把几个专题很好地关联起来，难免重复或不衔接，缺乏连贯性，造成学生专业知识基础不扎实，知识结构不系统等情况。

第三，有人认为把多媒体教学手段运用于教学中也是一种教学模式的改革。近年来，教师不再是一本教案，一支笔，变成了电脑与投影相结合的多媒体教学形式。教学形式的变化为学生接收新信息、新知识等，提供了多种感官冲击，收到了良好的教学效果。不过时间一长，也就像有人所说的，也只不过把“黑板”变成现成的“电子版”而已。当然“电子版”明显略胜一筹。无论是哪种“版”，都是教学的辅助手段，不能成为教学的模式。

更多的研究生教学方法、模式，往往会因导师而异。

总之，现今的教学模式、教学方法，最突出的特点是不再囿于教材，将听、读、写、观等多种手段充分运用到语言学教学中来，让学生更好地接受专业知识。我们也发现绝大多数教学改革主要是在“授业”阶段；而且一般的教学改革模式，又不能完会解决对学生来说最关键的、最核心的问题——毕业论文及专业小论文的撰写，如何才能做到既不抄袭，又能有一定的理论深度。这也是目前研究生及研究生导师们最关心、最需要解决的问题。

为此，我们提出把教学过程与论文写作相结合的教学模式，以实现论文写作不抄袭，又能达到一定的理论高度这一目的。

三、理论先行的研究生论文写作指导

在近十年的研究生毕业论文指导过程中，我们一直思考并不断试验的一个课题就是：研究生毕业论文及专业小论文的撰写，如何才能做到既不抄袭，又能具有一定的理论深度？思考到现在，思考与试验的结果就是：“立足语言事实，理论先行，最后指导实际研究”。如何让学生认识到“理论先行”的重要性，如何让学生认识到“理论先行”的实用价值，从而激发学生学习语言理论与语言研究的兴趣这一问题，成为目前语言类研究生教学改革势在必行的重要目标。

在具体操作过程中，我们也是几经改革，不断探索。在教学方法上，如以什么形式讲授什么的理论，如何做到专业理论与专业实际相结合，即如何讲授的问题；对于某些语言现象，用什么样的理论来解释，即如何运用理论来指导研究实践的问题。也就是如何做到“立足事实，理论先行，指导研究”这一实际问题。

1. 导师先有“理”

如何让学生的论文有“理”可依，导师们首先要有“理”，并把“理”讲清楚，这里的“理”就是语言学相关理论知识。

备课阶段：我们以陆志韦（1987）《现代语言学流派》、刘润清（1995）《西方语言学流派》、范晓（1996）《三个平面的语法观》、张敏（1998）《认知语言学与汉语名词短语》、束定芳（2000/2008）《认知语言学概论》、萧国政（2009）《现代语言学名著导读》、科姆里（2010）《语言共性和语言类型》等理论著作，作为理论参考教材进行备课。把其中的主要语言学流派及主要理论观点、原则、方法进行归纳总结，使之条分缕析。同时，在理论教学过程中，把语言学理论与具体语言或多种语言分析相结合，对每一个理论观点我们都尽可能地在实际语言中找到其可能的解释实例，即尽量做到“探求理论”与“立足语言事实”相结合。从而解决学生论文习作时无“理”可依的现象。

2. 学生须懂“理”

如何让学生懂“理”，导师们要在教学方法上进行改革。

教学阶段：在具体教学过程中，我们不再局限于对具体语言如汉语或汉语某方言的具体语言现象的分析描写上，而是让理论先行，同时把理论与具体语言实际相结合。这是因为，学生对自己母语（某方言）已经比较熟悉了，更何况大学本科四年还学习了现代汉语古代汉语《语言学概论》《文字学》等专业课程。对中文专业毕业的研究生来说，可以实现理论先行。至于跨专业过来的学生，也没关系，因为我们会在第一个学期让他们从上面四门课中选修两门与研究方向有关的本科生课程。在具体教学模式上，我们以理论专题讲座和沙龙讨论相结合的形式进行。如对主要的语言学理论/流派及主要观点、原则等需要精讲的部分，我们以专题讲座为主，并辅以学生自主理论学习，让学生在联系语言实际的基础上，对教师布置的相关理论/自己感兴趣的理论整理出自己的观点，或让学生自己阅读部分语言学相关论著，然后发现问题，在沙龙中集中讨论。这样不但把学生的学习由被动变主动，而且把学生的问题让学生们讨论并解决。老师只是从中进行点拨，引导，以达到学生自主进行理论学习的目的。换言之，就是让每个学生都有机会参与进来，让学生不只是理论知识的接受者，也让他们成为传授者之一，进而激发他们学习的主动性。结果是，所有主讲的人都对其主讲的理论内容理解非常深刻，同时对感兴趣的部分理论也能做到十分了解。如此方法不但让学生掌握了本专业的理论知识，还可以帮助他们提高一定的理论修养，为以后语言研究提供理论保障。当然最显著、最直接的成绩就是专业论文的写作有理论保障。

3. 学生要知“理”

对汉语语言学经典论著进行精读，让学生知“理”。

阅读训练：对汉语语言学领域中的大家公认的经典论著进行精读、并作好读书笔记（包括发现的问题）。其中包括，王力的《汉语语法史》、朱德熙的《语法讲义》《语法答问》、吕叔湘的《汉语语法分析问题》、丁声树等的《现代汉语语法讲话》、陆俭明的《八十年代中国语法研究》《汉语和汉语研究十五讲》、邢福义的《汉语语法学》、陆丙甫的《语言类型学与功能解释》、沈家煊的《不对称和标记论》、刘丹青的《语序类型学与介词理论》、张敏的《认知语言学和汉语名词短语》、陈保亚的《20 世纪中国语言学方法论》等，也包括语言学大家们的相关论文的精读。经典就是榜样，而榜样的力量是无穷的。不但习得他们论文著作中的语言知识、理论方法，还要学习他们在论著中的“巧安排”（论文写作布局），最后对某些问题或观点要敢于质疑，并提出质疑的理据及解决办法等等。如孙淑娟同学（2008）对“V 下去”格式中的插入宾语“O”的位置不同与人们的认知路径有关，万小罗同学（2012）觉得汉语中的称物词命名符合人们的共同的认知模式，郝敏同学（2010）发现“领主属宾句”在三个平面上存在不对称现象，苟曲波同学（2011）发现汉语中“动词宾语与动词之间存在句法语义上的不对称现象”等，或是课堂老师讲解或通过阅读文献时发现问题并进行思考从而形成毕业论文的。

4. 学生会用“理”

让学生对汉语语言学（史）相关论著及不同版本的现代汉语教材进行比较，实现学生的用“理”。

写作训练：目前的情况是，一所高校一般只使用一种现代汉语教材，这就造成一所学校的学生对相关语言学理论知识的学习、理解单一化。因为在不同时期的汉语语言学（史）著作中，包括不同版本的现代汉语教材中，其编著者所用的语言学理论是有所不同的。所以，指导学生学习汉语语言学（史）相关著作，比较不同现代汉语教材，不但可以加深了解汉语的基本知识，还可以了解编著者所运用的理论，同时，还能帮助学生更好的学习哪些理论在汉语不同时期或汉语某一时期主要受哪些理论的影响。为研究生习得如何把语言理论同现实的语言实际相关联提供了很好的写作思路。同时，还可以发现同一语言事实为什么会有不同的分析方法和解释理论。有一小师妹就是对不同版本的黄廖本现代汉语进行对比，发现问题完成了一篇硕士学位论文的写作。

每门专业课结束之前都会要求学生提交一份本学期相关理论知识的专业小论文，或者是综述性质的或者是感兴趣的实际语言问题。我们的做法是：一般先让学生之间互相阅读，提出问题，然后利用沙龙或学期末最后两至三个课时对学生们的小论文及提出的问题进行集中讨论，如果时间不够，还可以利用周末集中讨论。几门专业课学习下来，学生首先学会了发现问题，其次会查阅文献并能综述，总结不足，然后是对查找出来的语料进步分析归纳，最后能试用理论进行解释整理成文了，并能够做到论文格式相对规范。

上述每一步训练都能很好参与并完成的同学，一般情况他们的学位论文，往往在论文盲审中是优多，良少，绝对不会不合格，更不会出现因为抄袭而被退回的现象。

总之，以上是在研究生教学和研究生毕业论文指导工作基础上的经验总结，是在调查分析多种语言学理论后，在充分备课的基础上，在实际语言理论教学过程中，有意识让学生进行论文写作训练，从而实现“立足事实、理论先行”教学策略，并最终实现指导论文写作研究的目的。

第四节　汉硕学位论文选题指导

硕士学位论文是硕士研究生所学基础知识、基本理论、专业技能、实践工作和职业道德的综合反映，硕士论文质量的高低是衡量硕士研究生专业水平的一项重要指标。论文选题是论文写作中非常重要的一项内容，选题质量的高低与论文水平的高低具有非常密切的联系。汉语国际教育硕士是国务院学位办 2007 年设置的专业学位型硕士，至今已有 12 年，全国已有 100 多所高校设置了该专业，培养了上万名毕业生。随着我国对外开放程度的不断提高，特别是一带一路战略的不断拓展，世界各地学习汉语的人将会越来越多，对汉硕人才的需求也将更加扩大，可以预见，未来汉硕的规模还将进一步扩大。随着人才培养数量的增加，其培养的质量也倍受关注，学位论文作为衡量人才质量的一项重要指标，自然值得深入探究。

学界已有多人从不同视角分析了汉硕学位论文的问题。马艳华（2010）、丁安琪（2011）分别提出了多条汉硕学位论文的评价标准。肖溪强、颜明（2012）提出了拓宽汉硕学位论文选题范围的诸多措施。刘弘、杨喆（2013）探究了学术型的对外汉语硕士与专业学位型的汉语国际教育硕士在论文选题方面存在的共性和个性。王若江（2014）讨论了汉硕论文选题的学术性、先期经验的普遍性以及如何处理超越导师知识范围选题等问题。亓海峰（2015）在分析 96 篇国内优秀汉硕论文选题的基础上提出了汉硕学位论文选题的基本方法。周小兵（2017）探讨了汉硕论文的设计与写作，总结出学生应当利用真实、客观的材料写出能够解决实际问题的文章。张幼冬（2017）分析了中外汉硕论文选题情况，指出两者在选题上的特点及原因。也有一些硕士论文探究了汉硕论文的选题及写作问题。上述研究都有一定的真知灼见，对汉硕论文的选题及写作具有一定的指导意义，但这些探讨在研究对象的选取上都具有一定的局限性，他们或研究某一高校的汉硕论文，或研究某一区域的汉硕论文，或研究某一年或某几年的汉硕论文，或研究某一种类型的汉硕论文，研究对象的局限性自然会影响研究结论的普适性。我们试图尽可能全面调查汉硕论文的选题情况，在此基础上提出优化汉硕论文选题的有针对性的策略和建议。

一、汉硕学位论文选题现状调查

2007 年国内开始设置专业学位型的汉语国际教育硕士，最初大多数高校都是两年制的，所以 2009 年开始有第一批汉硕毕业论文。我们通过中国知网搜集了 2009-2017 年的汉硕（中国学生）毕业论文选题共 8852 条。这些选题从宏观上可以分成三大类：第一是教学类选题，这类选题主要探讨汉语国际教育的课堂教学及其相关问题，比如《韩国留学生“比”字句教学策略研究》《对外汉语教学“同义词辨析”研究》《柬埔寨汉语教材〈华文〉课文分析》等。此类选题数量最多，在所有选题中所占比重最大，我们共搜集到教学类选题 6505 条，占所有选题的 69.2%。第二是偏误习得类选题，此类选题主要讨论外国学生学习汉语知识的基本规律及存在的偏误问题，如《外国学习者汉语新词习得状况研究》《美国留学生汉语能愿动词的习得顺序考察》《外籍儿童汉字学习策略研究》《韩国留学生“有”字句偏误分析》等。此类选题数量也不少，我们共搜集到偏误习得类选题 2515 条，占所有选题的 26.8%。第三是汉语本体研究类选题，此类选题主要讨论汉语知识的结构、功能等方面特征，如《近十年（2000 年 -2009 年）汉语新词语研究》《“A 点儿”与 V 的语序问题考察及功能分析》《平潭闽南方言岛亲属称谓排行》《〈雷雨〉反问句研究》等，我们共搜集到本体研究类选题 378 条，占所有选题的 4%。

教学类选题在汉硕论文选题中所占分量最重，这符合汉语国际教育硕士的专业学位性质。教学涉及的问题非常广泛，我们把所有的教学类选题分成 11 个小类，具体包括语言要素教学类、教学方法类、教学设计类、语言技能类、教学技术类、课堂管理类、教材类、测试评估类、教师类、文化类、国别类。

1. 语言要素教学类选题

语言要素指构成语言的一些基本元素，汉语国际教育领域的语言要素教学主要包括语音教学、词汇教学、语法教学，我们把汉字教学的内容也归入了语言要素教学类选题的范围。如《马达加斯加初级汉语语音教学初探》《泰国大学生汉语声母教学研究》《对泰汉语教学中的惯用语教学》《对外汉语同音同形词教学研究》《对外汉语情态补语教学》《对外汉语假设复句教学设计》《慕课模式下对外汉语汉字书写教学探索》等都属于语言要素教学类选题。我们共搜集到 1719 条语言要素教学类选题，占所有教学类选题的 26.4%。

2. 教学方法类选题

教学方法类选题主要是讨论某些具体教学方法、教学模式以及语言理论如何应用于汉语国际教育课堂，如《体演文化教学法在对外汉语中级口语教学中的运用研究》《语块理论与惯用语的对外汉语教学》《对外汉语口语课任务型教学法研究》《基于图式理论的对韩中级汉语听力教学研究》《主题式教学模式在高级汉语综合课中的应用研究》等。教学方法类选题是汉硕教学类研究中非常重要的一项内容，这方面选题数量也比较多，我们共搜集到此类选题 1694 条，占所有教学类选题的 26%。教学方法类选题涉及内容比较广泛，既有成熟的教学方法，如任务型教学法、情景教学法、全身反应教学法、听说教学法、交际教学法、体演文化教学法、趣味教学法、游戏教学法、语素教学法等，也有一些教学模式，如一对一式、互动式、协同式、体验式、合作学习式、支架式、主题式等，还有的把某些语言理论灵活运用于教学过程中，如图式理论、构建主义理论、字本位理论、语境理论、语块理论等。

3. 教学设计类选题

即对某个知识点、某篇课文或某个单元进行教学设计的研究，如《“动 + 名”搭配及教学方法设计》《〈北京的四季〉的教学设计》《初级汉语综合课课堂教学设计初探》《初级汉语口语课堂交际活动设计》等。教学设计类选题也许在理论上并无明显特色，但能解决教学过程中的具体，具有较强的实用性，所以也属于汉硕论文选题的范畴。我们共搜集到 777 条问题教学设计类选题，占所有教学类选题的 12%。

4. 语言技能类选题

即针对如何提升留学生语言使用技能方面的选题。汉语国际教育不仅仅是教会留学生基本的汉语知识，关键是要教会他们运用汉语进行交际的能力，所以语言技能类选题也是汉硕论文的主要内容。语言技能类包括听、说、读、写四方面的能力，我们共搜集到此类选题1135条，占教学类选题的17.5%，如《对外汉语初级听力语块练习考察与设计》《对留学生中级口语成段表达能力进行的教学探究》《初级汉语阅读微技能教学方法研究》《高等汉语水平留学生写作中的问题调查及训练策略》。

5. 教学技术类选题

此类选题主要探讨现代信息技术在汉语国际教育教学中的运用或辅助作用问题。汉语国际教育教师常常会借助多媒体、影视、微信、微博、互联网等现代传媒进行辅助教学，对这些现代教学技术展开研究很有必要。我们共搜集到221条教学技术类选题，占所有教学类选题的3.4%，如《面向韩国学生的汉语语音多媒体教学设计》《基于网络系统的对外汉语口语教学设计》《博客辅助对外汉语教学的研究》《影视片段在对外汉语口语教学中的应用》《微信在对外汉语教学中的应用研究》《远程教学在对外汉语教学领域的应用研究》等。

6. 课堂管理类选题

课堂管理是教师为了完成教学任务，从而采取的调控人际关系、和谐教学环境、引导学生学习的一系列教学行为方式。管理好课堂是有效开展教学活动的基石，研究课堂管理有利于提升教师的课堂管理能力，能有效提升教学效果。汉语国际教育领域的课堂管理类选题主要探究教师如何有效协调、处理课堂内的各种关系或突发事件等问题，如《初级阶段哈萨克斯坦留学生课堂管理浅析》《对外汉语课堂非预设事件及应对策略探析》《对外汉语教学中的课堂冲突与解决对策》等。我们共收集到41条课堂管理类选题，占所有教学类选题的0.6%。

7. 教材类选题

教材是教学的最重要基础和依托，教材的优劣将直接决定教学效果的好坏。教材研究是教学研究中的重要内容。汉硕论文教材类选题主要讨论教材的内容设置、编排、使用、不同教材的比较，以及教材的本土化等相关问题，如《医学汉语教材课文内容设置研究》《对外汉语教材感谢言语行为编排研究》《双语班〈汉语〉教材使用调查研究》《印尼泗水华文教材使用情况调查研究》《〈发展汉语〉和〈汉语教程〉量词编排对比研究》《两岸对外汉语教材之教学语法的对比研究》《韩国汉语学院〈高级汉语〉教材研究》等。教材类选题数量比较多，我们共搜集到 1354 条，占所有教学类选题的 20.8%。

8. 测试评估类选题

主要讨论汉语国际教育教学领域的考试及与考试相关的评估问题。测试评估是检验教学效果的一种重要手段，对其展开研究能有效地服务于教学，这方面的选题我们共搜集到 199 条，占所有教学类选题的 3.1%。此类选题主要讨论的是“HSK”“新 HSK”及其他相关考试的试题内容、试题设计、考试实施、成绩评价等问题，如《HSK 考试词汇研究》《HSK 作文教学的初步研究》《新 HSK 六级阅读理解试题研究》《新 HSK 在韩国京畿道地区实施情况的调查研究》《基于 OPI 的高级汉语学生的词汇测试及分析》《汉语 L2 口语的文本特征及评分模型初探》《马来西亚彭亨大学汉语班成绩测试的评价分析》等。

9. 教师类选题

教师是教学的具体实施者，教师的水平高低、教学状态直接决定教学效果的好坏，所以教师也是教学研究的重要内容。从我们搜集的汉硕论文选题看，汉语国际教育领域的教师类选题主要涉及教师的课堂表现、教师的跨文化适应、教师培养等方面的问题，教师的课堂表现指教师在教学过程中展现出的知识储备、教学话语、提问、纠错、反馈、非语言等能够影响课堂教学的因素。我们搜集到的教学类选题共 352 条，占所有教学类选题的 5.4%，如《论对外汉语教师课堂语言艺术》《初级汉语口语课新手教师课堂提问研究》《对外汉语优秀教师的反馈语研究》《中级汉语口语课教师课堂纠错行为个案研究》《初级汉语课堂中教师体态语使用情况研究》《塔吉克斯坦中方汉语教师跨文化适应研究》《赴泰汉语教师的文化休克应对策略》《赴泰汉语教师志愿者培训工作调查分析》《泰国师范类大学本土汉语师资培养研究》《汉语教师志愿者培养途径研究》等。

10. 文化类选题

此类选题主要讨论文化现象教学和文化差异、文化冲突等方面的问题。汉硕论文涉及的文化教学问题包括语言文化、文学作品文化、艺术文化、宗教与思想文化、节日与习俗文化、名称文化、地方文化、建筑文化、中医文化、交际文化等诸多内容，如《对外汉语文化教学策略与技巧》《留学生书法文化课程调查与设计》《围绕川菜文化的教学设计》《儒家文化传播与对外汉语教学研究》《中泰佛教文化比较与教学》《中国对外古典园林文化教学方法探析》《对外汉语委婉语教学中的文化性研究》《泰国太极拳活动课教学设计》《生肖文化教学课程设计》《汉语菜肴名称的多视角考察及教学构想》《中美饮食文化差异及其教学研究》《中泰语言教学中的文化差异》《对外汉语教学中的文化冲突及教学策略》等。我们共搜集到文化类选题 788 条，占所有教学类选题的 12.1%。

11. 国别类选题

即具体针对某个国家的汉语教学问题展开的相关研究，如《韩国汉语高考教材语法项目研究》《日本学生汉语称谓语教学研究》《泰国春武里府晚县小学汉语教学现状调查报告》《马德里汉语课堂教学调查研究报告》《墨尔本文法学校汉语教学调研报告》《美国留学生商务汉语短期班教学初探》《匈牙利初级汉字教学方法浅析》等。我们共搜集到国别类选题 1982 条，占所有教学类选题的 30.5%。国别类选题覆盖了亚洲、欧洲、美洲、非洲、大洋洲等六大洲，其中亚洲国家研究的选题最多，约占所有选题的 75%，其次是美洲国家和欧洲国家的选题，分别占了约 10% 和 9%，非洲国家的选题约占 4%，大洋洲国家的选题约占 2%。

除了上述 11 类选题外，还有一些无法统一归类的选题，如《基于“一带一路”战略框架下的中亚留学生 CSP 课程设置问题及对策研究》《华中师范大学汉语预科教育情况调查》《基于对外汉语教学的汉语角活动研究》，此类选题约占 1.9%。

二、汉硕学位论文选题现状的反思

我们搜集到的 8852 条汉硕论文选题中，教学类选题占 69.2%，偏误习得类选题占 26.8%，汉语本体研究类选题占 4%。6505 条教学类选题中，语言要素教学类选题占 26.4%，教学方法类选题占 26%，教学设计类选题占 12%，语言技能类选题占 17.5%，教学技术类选题占 3.4%，课堂管理类选题占 0.6%，教材类选题占 20.8%，测试评估类选题占 3.1%，教师类选题占 5.4%，文化类选题占 12.1%，国别类选题占 30.5%，另有其他选题占 1.9%。选题整体上体现了汉硕论文的特征，但从各类选题的数量情况也可以发现一些带普遍性的问题。

1. 部分选题与汉语国际教育硕士的实践型属性相偏离

目前我国有科学型和专业学位型两种不同性质的硕士学位，两种学位在人才培养的目标上有明显差别，前者重视人才的理论探究能力，后者重视人才的实践操作技能。两类硕士的毕业论文要求也有明显差别，科学型硕士论文往往需要就本学科领域中的某个知识或理论展开深入的探究，要求具有较强的学理性和前沿性；专业学位型硕士论文主要解决学生在专业实践过程中遇到的具体问题，主要强调其在操作层面的实践价值。汉语国际教育硕士属于专业学位型硕士，具有明确的职业指向，即专门培养国际汉语教师，其人才培养的目标是直接服务于汉语国际教育的一线教学。汉硕学位论文应充分体现应用型人才培养的要求，其学位属性决定了毕业论文的选题应该以实践型、应用型为主，选题应该有明显的实践问题意识，即选题都应该来源于一线教学中遇到的问题和困惑，目标是要解决教学中的问题，主要选题方向应该是汉语作为第二语言教学技能、跨文化交际能力、汉语及中华文化国际传播能力等内容。汉硕培养方案的课程设置基本都是围绕着教学、习得和文化传播展开的，其核心课程如“汉语作为第二语言教学”“国外汉语课堂教学案例”“第二语言习得”“跨文化交际”等，这和科学型硕士的“语法学”“词汇学”“音韵学”“社会语言学”等课程设置明显不同，这种差别决定了汉硕学生的知识结构与科学型硕士有明显差别。另外汉硕学生的学制时间也和科学型硕士有差别，首先，有部分高校的汉硕是两年制的，其次，部分高校的汉硕虽然也是三年制的，但多数学生都有一年左右的时间出国从事教学实践，所以汉硕学生并不能像科学型硕士一样有充足的时间完成一篇学术性很强的学位论文。所以汉硕论文不应该像科学型硕士论文一样做纯理论性探索，不应该提倡汉硕学生写语言本体研究的论文，《“A点儿”与V的语序问题考察及功能分析》等本体研究类选题应该是“语言学及应用语言学”“汉语言文字学”等传统的科学型硕士的论文选题。但我们的调查显示，目前汉硕论文中有4%的本体研究类选题，尽管占比并不是很高，但绝对数量也并不少，共有378条，我们认为，这些选题并不符合汉硕的人才培养目标，偏离了汉硕的实践型属性。

2. 教学类选题的小类分布不均衡

在总共6505条教学类论文选题中，11个小类的占比差异非常大，占比较大的语言要素教学类选题、教学方法类选题都达到了26%，而教师类选题、教学技术类选题、测试评估类选题、课堂管理类选题占比基本都在5%以下，特别是课堂管理类选题只占0.6%，小类分布极不均衡。应该说，各类选题都是汉语国际教育教学过程中的重要问题，都值得深入研究，其选题应该基本均衡才是科学合理的，即使有所差异，也不应该差异如此悬殊。各小类内部也表现出一定的分布不均衡。例如，复句研究中，并列复句和假设复句都占13%，条件复句、选择复句和转折复句都占8.7%，递进复句和因果复句则都只占4.4%；在句式研究中，疑问句占85.2%，祈使句则只占7.4%，陈述句和感叹句也都只占3.7%；在句法成分研究中，补语占67.4%，定语占14%，状语占10.9%，主语和宾语占2%，插入语占3.3%；在语言技能类选题中，“说”技能的选题占53%，其他“听”“读”“写”技能的选题都在15%以下；在文化类选题中，语言文化类选题占46%，交际文化类选题占15%，艺术文化占12%，其他文学作品文化、节日习俗文化、宗教思想文化、名称文化、建筑文化等选题占比都非常少；在国别研究中，亚洲国家研究的选题最多，占

75%，美洲国家研究占10%，欧洲国家研究占9%，非洲和大洋洲国家研究占比都非常少。这些选题数量的差异当然有其客观原因，有些语言单位本身的习得难度较大，所以研究得就比较多，比如补语和疑问句相比于同类句法单位确实更难习得，但大多数情况下各小类选题之间在习得难易度和问题重要性方面并没有明显差别，如各类复句、听说读写技能、各类文化现象、国别研究等，这些选题内部的数量差异体现了研究的不均衡性，在一定程度上体现了汉硕选题的无序性，缺乏全国性的宏观引导。

3. 教学类选题存在重知识轻应用、避难就易的倾向

在所有教学类选题中，语言要素教学类选题占26.4%，教学方法类选题占26%，教材类选题占20.8%，文化类选题占12.1%，教学设计类选题占12%，这些选题内容都具有明显的知识性，可以称为知识性选题。此类选题其研究对象材料的搜集比较方便容易，其写作内容中很大一部分都是语言知识的介绍或梳理，写作难度相对较小。特别是教学设计类选题占12%，这个比例明显偏高，尽管汉硕论文可以写教学设计，但教学设计毕竟相对比较简单，作为学位论文，应该有一定的深度，所以不应该提倡以教学设计作为毕业论文。全国770多条教学设计类选题显示了汉硕论文选题避难就易的倾向。而课堂管理类选题只占0.6%，教师类选题也只占5.4%，此类选题的知识性相对较弱，应用性明显比较强，可以称之为应用性选题。此类选题在研究材料的获取上相对较为困难，比如课堂管理中典型案例的获取以及教师的课堂表现等都完全只能依靠写作者慢慢去收集，难度明显增加，而且过程缓慢而漫长。很明显，应用性选题的教学指导意义非常强，特别对新手教师的帮助非常大，但目前这方面的研究明显欠缺。

4. 教学类选题对课堂问题关注不够

教学的核心环节是课堂。课堂问题是教学类研究的最重要内容之一，可研究的内容非常多，包括学生在课堂上的反应、教师对课堂的把控、教师的上课技巧和艺术、课堂的整体氛围、课堂突发事故等等。目前汉硕论文中有关课堂问题研究的选题数量非常少，主要涉及课堂管理类选题和教师的教学

表现类选题，二者分别占所有教学类选题的0.6%和3.2%，这个比例非常低，毕竟教师是教学活动中最核心因素之一，也是决定教学成败的关键性因素之一，这里面可讨论研究的问题非常多。

5. 对文化问题关注不够

汉语国际教育硕士专业学位研究生的培养目标非常明确，“主要培养具有熟练的汉语作为第二语言教学技能和良好的文化传播技能、跨文化交际能力，适应汉语国际推广工作，胜任多种教学任务的高层次、应用型、复合型、国际化专门人才。”概括来说就是要培养两方面能力，一是汉语作为第二语言教学能力，二是中华文化国际传播能力。可见，汉语国际教育教学领域中，文化问题与教学问题同等重要，但从汉硕论文选题数量来看，文化类选题只占教学类选题的12.1%，占所有汉硕论文选题比例更是只有8.9%，这个比例与汉语国际教育教学领域中文化问题的重要性完全不能匹配。特别是在当代国际形势错综复杂的背景之下，文化问题成了部分别有用心的人指责我国汉语国际传播政策、责难孔子学院正常办学的借口，我们更应该加强汉语国际教育视野下的中华文化特征及文化传播策略研究，特别要强化如何消减“中华威胁论”“中华文化入侵”嫌疑方面的研究。

三、优化汉硕学位论文选题的建议

上文所述，汉硕论文选题整体上符合汉语国际教育硕士的专业特征和学位属性，但存在的问题也非常明显。之所以存在问题，一方面是因为管理部门缺乏宏观的统筹指导，另一方面也与熟练型汉硕导师队伍匮乏有关，当然学生的消极应付态度也是非常重要的原因。我们从三方面提出优化汉硕选题的建议。

1. 汉硕教指委应该切实加强宏观指导

硕士学位论文都是学生根据自己的专业兴趣、专业视野、实践经历来确定选题的，从个人的微观层面来看，不管是专业学位型硕士论文还是科学型硕士论文，只要符合专业要求，选什么题目都可以。但从宏观的社会需求来看，专业学位型硕士论文在选题上不同于科学型硕士论文。科学型硕士论文选题往往是由学科热点和导师兴趣决定，选什么题目不需要管理部门的宏观指导，结果是有的领域研究多有的领域研究少，比如在语言诸要素研究中，语法的选题最多，研究最充分，这种倾向尽管从语言研究的社会应用来看，不一定很好，但整体来说不影响整个语言学领域的研究。专业学位型硕士不一样，它需要系统全面解决实践中的问题，不能厚此薄彼，漏掉任何一个环节都会使实践出现纰漏。汉硕论文的选题就应该全面覆盖汉语国际教育教学中的所有环节，不能轻视和忽略任何一个方面。学生个人选题往往带有随意性和偶发性，一般会选择一些常见的、难度比较小的题目来写，这无可厚非；但以全国汉语国际教育专业学位研究生教育指导委员会为代表的国家管理部门应该在充分调研的基础上加强这方面的指导，可以编写汉硕学位论文选题指南，引导汉硕学生加强对汉语国际教育教学领域中薄弱环节的研究，这样既能有效服务教育教学实践，又能减少汉硕论文选题的低水平重复，开拓高质量选题的范围。

2. 导师应该提高专业认识，加强专业学习

我国汉硕培养时间并不长，但学生增速非常快，培养规模非常大。从2007年开始试验性招生以来，截至2017年，共有110所高校招收汉语国际教育硕士，我们搜集到的汉硕毕业论文达8852条，相信实际毕业论文的数量要超出这个数字。但汉硕导师队伍的建设速度远远跟不上人才培养的需求，很多汉硕培养单位的部分导师并没有汉语国际教育教学的研究经验和海外教学经历，笔者调查某省属师范大学的汉硕导师队伍，目前共有11位汉硕指导教师，其中只有5位导师具有出国教学经验，相信这代表了部分高校的现状。很多汉硕导师都是从事语言本体研究的，也有从事文学类研究的，他们往往凭借指导学术型硕士的经验来指导汉语国际教育硕士，对专业学位型硕士论文定位不太明确，自然会导致理论和实践的脱节。要想有效指导汉硕论文，导师就应该加强对汉语国际教育专业硕士学位的认识，加强这方面的学习，国家和学校管理部门也应该加强这方面的培训，只有这样，才能使汉硕论文

选题体现出汉语国际教育的特色，体现出教学实践价值，从而提高汉硕论文选题质量，提高汉硕人才培养质量。

3. 应该培养汉硕学生的问题意识

上文分析，汉硕教学类选题存在重知识轻应用倾向，因为知识性选题比较好写，套路比较成熟，材料好找，创新也相对容易。比如“结果补语的对外汉语教学研究”这个选题，首先罗列结果补语的类型，这个有现成的知识点；然后调查留学生习得结果补语的偏误情况，这方面材料国内有多个语料库可用，搜集起来很轻松，最多再设计个问卷进行调查；然后分析原因，这些原因往往千篇一律，无非就是母语负迁移、教师没讲清楚、学生没学好等等；最后提出应对性的教学策略，提出的策略也往往大而无当，泛泛而谈，没有针对性，不解决实际问题。这样写出来论文往往既无多少学术含量，也不能解决实际问题。要提高汉硕论文的选题质量，就应该强化学生的问题意识，引导学生解决教学中的真问题。周小兵（2017）提出，汉硕论文选题时，一定要确定是否发现了什么具体的行业问题，能否通过研究找到具体可行的解决方案，优秀的选题一般要符合三个条件，一是实践中的真问题，二是有普遍性，三是尚无解决方案。大多数汉硕学生都具有汉语国际教育教学经历，或者在国内给留学生上过课、参与过留学生的相关管理工作，或者在国外当过汉语教学的志愿者，他们在课堂教学实践和跨文化交际过程中一定遇到过各种各样的问题，应该鼓励和引导学生对这些问题进行深入挖掘，探究解决问题的切实可行的方法策略。

总之，我国汉语国际教育硕士人才培养规模非常庞大，增速也非常快，由此带来的人才培养质量不得不引起关注，其中学位论文的选题和写作是人才培养中的重要一环。目前汉硕论文选题整体上符合专业特征和行业需求，但其中也存在着较明显的问题，需要多方面共同努力，实现最大程度的优化。

参考文献

（按音序法排列）

1.［德］爱因斯坦《爱因斯坦文集》第 3 卷，商务印书馆，1976.

2. 北京大学中文系《现代汉语》，商务印书馆，2004.

3. 北京大学商务汉语考试研发办公室编《BCT 商务汉语考试大纲 · 前言》，北京大学出版社，2006.

4. 鲍怀翘、林茂灿《实验语音学概要》，北京大学出版社，2014.

5.《辞源》，商务印书馆，1980.

6. 陈鼓应《庄子今注今译》，中华书局，1983.

7. 陈绂《谈汉语陪伴性物量词的由来及其应用原则——兼谈对外汉语教学中的量词教学》，《语言文字应用》1998（04）.

8. 陈清《以人为本的交互教学与实践》，《天津市财贸管理干部学院学报》2005（02）.

9. 陈红英、任群英、朱小晶《因地制宜、突显地域文化——对外汉语教学江西地域特色探讨》，《九江学院学报》2010（02）.

10. 陈青松、张先亮、聂志平《"语言学概论"课程中用例选择和使用的原则》，《中国大学教学》2012（06）.

11. 储诚志《语气词语气意义的分析问题》，《语言教学与研究》1994（04）.

12. 曹先擢《普通话异读词审音表（二）》，《语文建设》2001（07）.

13. 曹先擢《普通话异读词审音表（三）》，《语文建设》2001（07）.

14. 曹先擢《普通话异读词审音》，《中国语文》2002（01）.

15. 曹先擢《浅谈普通话异读词审音的研究》，《语言文字应用》2008（03）.

16. 曹建召《2004—2006 年小学语文教育研究综述》，《语文教学通讯》2007（04）.

17. 崔永华《教师行动研究与对外汉语教学》，《世界汉语教学》2004（03）.

18. 崔利斯（沙永玲、麦奇美、麦倩宜译）《朗读手册》，南海出版公司，2009.

19. 程明轩《论狭隘的教育功利化的表现及其危害》，《新疆教育学院学报》2005（03）.

20. 程书秋《地方文化语境的综合利用与对外汉语教学》，《黑龙江高教研究》2008（12）.

21. 常峻《试论教师的主导作用与学生自主性学习》，《上海大学学报》2007（03）.

22. 车乒、岳格妮、陈琳《基于"对分易"教学平台的对分课堂知识内化过程实现》，《产业与科技论坛》2017（04）.

23. 董同龢《汉语音韵学・序》，中华书局，2004.

24. 邓演平《大学"课桌文化"的调查与研究》，《湖南大学学报（社科报）》2004（01）.

25. 邓斌菊《网络背景下高职生理学整体性与碎片化教学研究概论》，《心理医生》2016（12）.

26. 丁安琪《汉语作为第二语言学习者研究》，世界图书出版公司，2010.

27. 丁安琪《教师对留学生自主学习能力培养状况的调查研究》，《语言文字应用》2011（04）.

28. 窦桂梅《跟着窦桂梅学朗读》，广西师范大学出版社，2015.

29. 杜玉波《将中华优秀传统文化融入大学教育教学全过程》，《中国大学教学》2016（07）.

30. 冯忠良《结构一定向教学原理与实践》（上册），北京师范大学出版社，1992.

31. 冯帅《碎片化阅读——语文教学的新思路》，《小学教学参考（语文版）》2016（13）.

32. 伏学凤《初、中级日韩留学生汉语量词运用偏误分析》，《语言文字应用》2007（S1）.

33. 方小凤、陈海深《整体性视野 梯度式建构——例谈解决语文"碎片化"教学的设计思想》，《语文月刊》2015（07）.

34. 郭沫若《沸羹集・正标点》，新文艺出版社，1956.

35. 郭绍虞《文心雕龙注》（下），人民文学出版社，1958.

36. 郭锡良、唐作藩《古代汉语》，天津教育出版社，1991.

37. 郭德俊、田宝、陈艳玲、周鸿兵《情绪调节教学模式理论建构》，《北京师范大学学报（社科版）》2000（05）.

38. 郭吉成《拒绝碎片化，呼唤语文味——以〈像山那样思考〉教学为例》,《语文建设》2013（07）.

39.［俄］高尔基《论文学》，人民文学出版社，1978.

40. 高尔基《高尔基选集》（第二卷），人民文学出版社，1983.

41. 高增霞《语气词“吧”的意义再探》,《山东师范大学学报》2000（01）.

42. 高晶《语文教学体系中的语言学知识》,《语文学习》2012（01）.

43. 桂诗春《应用语自学与中国英语教学序》，山东教育出版社，1988.

44. 桂建生《教育科研论文撰写指导》，中南大学出版社，2006.

45. 顾红、孙光民《研究生课程教学方法改革与实践》,《北京工业大学学报》2003（04）.

46. 龚亚夫、罗少茜《任务型语言教学》，人民教育出版社，2003.

47.［美］格赖斯《言辞用法研究》，外语教学与研究出版社，2012.

48. 胡明扬《北京话的语气助词和叹词》,《中国语文》1981（06）.

49. 胡建刚、周健《留学生标点符号书写偏误》,《语言文字应用》2003（03）.

50. 胡锦涛《在中国科学院第十三次院士大会和中国工程院第八次院士大会上的讲话》，人民日报，2006.6.6.

51. 胡蔚涛《从大学生汉语状况看加强汉语教育的紧迫性》,《衡水学院学报》2006（03）.

52. 胡安顺《古代汉语》（上），陕西师范大学出版社，2018.

53. 洪诚《中国历代语言文字学文选》，江苏人民出版社，1982.

54. 黄侃《文字声韵训诂笔记》，上海古籍出版社，1983.

55. 黄绍清《人文社科论文写作指津》，香港天马图书有限公司，2002.

56. 黄伯荣、廖序东《现代汉语》（下册），高等教育出版社，2006.

57. 黄伯荣、廖序东《现代汉语》，高等教育出版社，2011.

58. 黄伯荣、廖序东《现代汉语》（上册），高等教育出版社，2017.

59. 黄天树《说文解字通论》，北京大学出版社，2014.

60. 何兆熊《语用学概要》，上海外语教育出版社，1989.

61. 何杰《现代汉语量词的分类》,《现代汉语常用量词词典》，山东大学出版社，1991.

62. 侯友兰《高等师范院校现代汉语课改革的思考》,《绍兴文理学院学报》

1999（01）.

63. 韩景熙《中韩名量词对比研究》,《济南大学学报》2002（03）.

64. 韩雪屏《言语知识新视点》,《语文学习》2004（05）.

65. 贺阳《语言学概论教学与理论运用能力培养》,《中国大学教学》2015（11）.

66.［清］江永《音学辨微》，中华书局，1985.

67. 金辉《自主学习理论及对外汉语教学最佳模式的研究》,《山西财经大学学报（高教版）》2001（02）.

68. 金珍我《汉语与韩语量词比较》,《世界汉语教学》2002（02）.

69. 金珍我《韩国学生借助母语中的汉字词习得汉语词的利与弊》,《中国语文学论集》第36号.

70. 荆贵生《古代汉语》（上册），武汉大学出版社，2008.

71. 姜士伟《浅析人才培养模式的概念、内涵及构成》,《山东省青年管理干部学院学报》2008（02）

72. 康健《汉语异读词及其教学》,《语言与翻译（汉文）》2002（02）.

73. 康永忠《作文教学要引导学生写真话》,《文学教育（下）》2008（03）.

74. 孔凡成《语境教学：语文教学的发展方向》,《语文建设》2014（02）.

75. 吕叔湘《关于中学语文的种种教学问题》,《语文学习》1980（01）.

76. 吕文华《对外汉语教学语法探索》，语文出版社，1994.

77. 吕必松《在对外汉语教学的定性、定位、定量问题座谈会上的发言》,《世界汉语教学》，1995（01）.

78. 吕必松《对外汉语教学学科理论建设的现状和面临的问题》,《语言文字应用》1999（04）.

79. 厉兵《汉字异读问题纵横谈》,《语言文字应用》1993（03）.

80. 李宇明、唐志东《儿童反复问句和“吗”“吧”问句发展的相互影响》,《中国语文》1991（06）.

81. 李宇明《论母语》,《世界汉语教学》2003（01）.

82. 李宇明《我国的语言生活问题》,《渤海大学学报（哲社版）》2005（01）.

83. 李如龙《也谈现代汉语课程的改革》,《语文建设》1998（05）.

84. 李伯黍、燕国材《教育心理学》，华东师范大学出版社，2001.

85. 李正存《标点符号出错原因及对策》,《天津教育》2002（Z1）.

86. 李泉《对外汉语教学理论和实践的若干问题》,《对外汉语研究的跨学科探索》，北京语言大学出版社，2003.

87. 李泉《汉语国际教育硕士培养目标与教学理念探讨》,《语言文字应用》2009（03）.

88. 李长伟、徐莹晖《功利主义教育目的与人的工具化》,《内蒙古师范大学学报（教科版）》2004（09）.

89. 李丽丽《在对外汉语教学中培养学生的口语交际能力》,《云南师范大学学报（对外汉教版）》2005（01）.

90. 李春红《从当代视角看“以人为本”思想》,《科教文汇》2006（11）.

91. 李宁《论现代汉语规范化的重要性》,《文学教育》2010（02）.

92. 李小军《有关语气词“尔”研究的几个问题》,《古汉语研究》2011（04）.

93. 李竹平《提升语文教师专业素养至关重要——读〈新课程语文教学论〉有感》,《人民教育》，2011（17）.

94. 李琪《中学语文语言知识的调查与研究》，广西师范大学硕士论文，2014.

95. 李无未《中文核心能力素质:〈说文〉与〈广韵〉》,《中国大学教学》2016（08）.

96. 卢卓群《怎样写汉语小论文》,《高等函授学报（哲社科版）》2000（04）.

97. 陆俭明《关于中学语文教学中语言知识的分布与教学问题》,《语言文字应用》2002（01）.

98. 陆俭明《汉语教员应有的意识》,《世界汉语教学》，2005（01）.

99. 刘大为《语言知识、语言能力与语言教学》,《全球教育展望》2003（09）.

100. 刘珣《有关对外汉语教学学科理论建设的两点感想》,《海外华文教育》2003（01）.

101. 刘晓然《汉语量词短语的词汇化》,《语言研究》2006（01）.

102. 刘云《“语言学概论”课程教学改革刍议》,《咸宁学院学报》2010（02）.

103. 刘仁增《语用：语文教学的价值重塑与范式重构》,《课程·教材·教法》2014（06）.

104. 骆明弟《试论韩国学生心理因素对汉语学习的影响及应对策略》,《中国人文科学》2003（12）.

105. 林桂军《论文规范指导与研究方法》，对外经济贸易大学出版社，2004.

106. 毛泽东《给陈毅同志谈诗的一封信》,《人民文学》1978（01）.

107. 孟虹《德国高校汉语口语课差异教学初探》,《汉语学习》2004（02）.

108. 孟子敏《句末语气助词“也”的意义及其流变》,《语言教学与研究》2005（03）.

109. 倪宝元《语言学与语文教育》，上海教育出版社，2001.

110. 欧捷《先见森林 后见树木——思想政治教学从“碎片化”向“整体化”的转变》,《新课程导学》2014（33）.

111. 彭泽润、邱婧、方安琪《大学“语言学概论”课程问题和对策研究》,《通化师范学院学报》2010（03）.

112. 钱中文《巴赫金全集》第5卷，河北教育出版社，1998.

113.［清］阮元《经籍籑诂》，成都古籍书店，1982.

114. 任晓彤《高等师范院校古代汉语音韵教学探索》,《内蒙古师范大学学报（教科版）》2011（09）.

115. 饶佩《整体性教学：从理念走向实践——从“碎片化”到“整体化”——中小学课堂教学的现状与应然取向》,《福建教育》2015（05）.

116. 饶佩《从“碎片化”到“整体化”》,《福建教育》2015（19）.

117. 荣维东、杜娟《语文教育亟待语用转型与体系重建》,《中国教育学刊》2015（05）.

118. 斯大林《马克思主义与语言学问题》，人民出版社，1953.

119. 四川大学中文系《中国当代文学研究资料·曹禺专集》（上），四川大学出版社，1979.

120.［宋］司马光《切韵指掌图》，中华书局，1986.

121. 邵敬敏《语气词“呢”在疑问句中的作用》,《中国语文》1989（03）.

122. 邵敬敏《量词的语义分析及其与名词的双向选择》,《中国语文》1993（03）.

123. 沈家煊《语用学和语义学的分界》,《外语教学与研究》1990（02）.

124. 孙荻芬、边境、姚守梅、吴东、杜志兵《关于“中学生语言学习现状调查报告”》,《语言文字应用》1998（02）.

125. 孙德金《教育叙事研究与对外汉语教师发展——北京语言大学对外汉语教学名师访谈录编后》,《世界汉语教学》2010（03）.

126. 孙力《寓教于“议”：创造性思维方法与研究生课堂教学的融合》,《学位与研究生教育》2010（03）.

127. 孙晓燕《标点符号使用现状及思考》,《江苏教育通讯》2010（04）.

128. 施良方《教学理论：课堂教学的原理、策略与研究》，华东师范大学出版社，1999.

129. 苏宝荣《语言理论研究与语文教学》，《河北师范大学学报》2002（06）.

130. 宋永培《〈说文〉对上古汉语字词的系统整理》，《齐鲁学刊》2003（05）.

131. 宋永培《〈说文〉对上古汉语字词的系统整理》，《说文与训诂研究论集》，商务印书馆，2013.

132. 宋永培《说文与训诂研究论集》，商务印书馆，2013.

133. 桑哲《提高语文素养，重视母语教学——专访南京大学中文系鲁国尧教授》，《现代语文》2006（04）.

134. 唐作藩《音韵学教程》，北京大学出版社，2013.

135. 温洪隆《先秦作品选读》，华中师院中文系，1979.

136. 王力《汉语史稿》，中华书局，1980.

137. 王力《古代汉语》，中华书局，1981.

138. 王力《汉语语法史》，商务印书馆，1989.

139. 王力《古代汉语》（第一册），中华书局，2018.

140. 王念孙《广雅疏证》，江苏古籍出版社，1983.

141. 王念孙《读书杂志》，江苏古籍出版社，2000.

142. 王维成《语用环境、语体风格和修辞学体系》，《杭州大学学报》1988（01）.

143. 王丽《中国语文教育座谈会纪要》，《中国语文教育忧思录》，教育科学出版社，1998.

144. 王宁《汉语语言学与语文教学》，《中国社会科学》2000（03）.

145. 王宁《语言学在语文教学中的作用》，《语文建设》2002（03）.

146. 王宁、孙炜《论母语与母语安全》，《陕西师范大学学报（哲社科版）》，2005（06）.

147. 王远新《双语教学与研究》，中央民族大学出版社，2002.

148. 王宇红《朗读技巧》，中国广播电视出版社，2002.

149. 王利兵《教育行动研究：意义、制度与方法》，浙江大学出版社，2003.

150. 王路江《对外汉语学科建设新议》，《语言教学与研究》，2003（02）.

151. 王汉卫《量词的分类和对外汉语量词教学》，《暨南学报》2004（02）.

152. 王劲松《课桌文化的语体特征》，《修辞学习》2005.（12）.

153. 王劲松《课桌文化中仿拟运用的审美趋向》,《当代教育论坛》2007（07）.

154. 王步高、张申平、杨小晶《我国大学母语教育现状——三年来对全国近300所高校“大学语文”开课情况的调查报告》,《中国大学教学》2007（03）.

155. 王步高、张申平、杨小晶《我国大学母语教育现状及对策研究》,《中国大学教学》2007（03）.

156. 王路江《汉语国际推广与对外汉语研究生教育的创新》,《学位与研究生教育》2008（11）.

157. 王元华《语文教学本质上是语用教学》,《人大复印资料（中学语文教与学）》2008（11）.

158. 王元华《语用视野下的语文教学》，北京师范大学出版社，2012.

159. 王元华《语用学与基础教育语文课程改革》,《课程·教材·教法》2014（09）.

160. 王淑红《汉语言环境下留学生自主学习能力的培养》，汉语国际教育标准与多元化教学——第九届国际汉语教学研讨会，中国北京，2008.

161. 王建勤《第二语言习得研究》，商务印书馆，2009.

162. 王国维《人间词话》（彭玉平编著），中华书局，2010.

163. 王君琚、闫强《碎片时间的应用现状与发展趋势分析》,《北京邮电大学学报（社科版）》2011（02）.

164. 王海芩《多音字教学策略》,《课程教材教学研究》2015（06）.

165. 王竹立《如何应对碎片化学习挑战》,《教育教学资料》2016（03）.

166. 王尧美、张进军《韩国大学中文教育教材研究》,《中国人文科学》第29辑.

167. 王一平、梁万基《谈中韩教师汉语教学上的合作教学（team-teaching）模式》,《中国人文科学》第25辑.

168. 武占坤、王勤《现代汉语词汇概要》，内蒙古人民出版社，1983.

169. 魏永红《任务型外语教学法：认知心理学视角》，华东师范大学出版社，2004.

170. 吴言《教育叙事：校本研究的可行性选择》,《职业技术教育（教科版）》2004（04）.

171. 吴书锋《赣文化旅游资源的开发利用》,《江西财经大学学报》2008（5）.

172. 吴淑敏《快乐“见林”自主“见树”——初中物理“碎片化”教学向“整体化”教学转化的思考》,《中学理科园地》2014（03）.

173. 吴慧、崔雄赫《基于任务型的对外汉语口语教学探索》,《中国语文学》第52辑.

174. 汪国胜《语言教育论》，华中师范大学出版社，2006.

175. 万献初《说文学导论》，武汉大学出版社，2014.

176. 徐晶凝《语气助词“吧”的情态解释》,《北京大学学报》2003（04）.

177. 徐德培、刘楚群《高校本科课程论文研究》,《湖北教育学院学报》2007（10）.

178. 徐默凡《语用学视野下的语文教学改造》,《语文建设》2015（19）.

179. 肖亚西《基于任务教学法的对外汉语口语教材研究》，上海师范大学硕士学位论文，2007.

180. 肖庚生、徐锦芬、张再红《大学生社会支持感、班级归属感与英语自主学习能力的关系研究》,《外语界》2011（04）.

181. 肖学文《知识碎片化背景下增强高职思政课堂实效的对策》,《科教导刊旬刊》2016（07）.

182. 谢奇勇《关于“语言学概论”课程教学内容几个问题的讨论》,《中国大学教学》2012（01）.

183. 谢建红《语用学的语言观对语文教学理念的启示》,《语文建设》2015（11）.

184.［汉］许慎《说文解字叙》，中华书局，2013.

185. 叶圣陶《精读指导举隅·前言》，商务印书馆，1942.

186. 叶振东、贾恭惠《毕业论文的撰写与答辩》，杭州大学出版社，1995.

187. 叶蜚声、徐通锵《语言学纲要》，北京大学出版社，2010.

188. 叶蜚声、徐通锵《语言学纲要》，北京大学出版社，2011.

189. 叶根娟《单元整体：走出“碎片化教学”的泥淖》,《语文教学通讯》2015（06）.

190. 杨伯峻《古汉语虚词》，中华书局，1981.

191. 杨晓萍《教育科学研究方法》，西南师范大学出版社，2006.

192. 杨剑桥《汉语现代音韵学》，复旦大学出版社，2012.

193. 杨淑萍、王德伟、张丽杰《对分课堂教学模式及其师生角色分析》,《辽宁师范大学学报（社科版）》2015（05）.

194. 佘应源《语文到底“姓”什么？》,《中学语文教学》2001（10）.

195.［宋］佚名《韵镜》，江苏教育出版社，2005.

196. 严大力、李勇谨《信息时代传媒的“碎片化”趋势及媒体新生态的应对之道》,《湖南大众传媒职业技术学院学报》2007（09）.

197. 乐鸣《对当前语文课堂教学从现象到理论的辩证思考》,《语文教学研究》2007（11）.

198. 中共中央马克思、恩格斯、列宁、斯大林著作编译局《斯大林论马克思主义和语言问题》，人民出版社，1972.

199. 中华人民共和国教育部《义务教育语文课程标准》，人民教育出版社，2011.

200. 中华人民共和国教育部《语文课程标准》[DB/OL]，人教网，http：//www.pep.com.cn，2012.2.6.

201. 中华人民共和国教育部《义务教育语文课程标准（2011 版）》，北京师范大学出版社，2012.

202. 中华人民共和国教育部《普通高中语文课程标准（实验）》，人民教育出版社出版，2013.

203. 中国社会科学院语言研究所《现代汉语词典》，商务印书馆，2016.

204. 张志公《现代汉语》，人民教育出版社，1982.

205. 张志公《传统语文教育教材论》，上海教育出版社，1992.

206. 张志公《语文教育论集》，人民教育出版社，1994.

207. 张志公《张志公论语文 · 集外集》，语文出版社，1998.

208. 张传宗《加强语言教学才能从根本上提高教学效率》,《课程 · 教材 · 教法》1995（05）.

209. 张传宗《加强语言教学是语文教改的当务之急》,《课程 · 教材 · 教法》2001（10）.

210. 张传宗《构建以语言教学为核心的语文教学体系》,《课程 · 教材 · 教法》2011（03）.

211. 张伯江《疑问句功能琐议》,《中国语文》1997（02）.

212. 张红梅《我国高等教育由精英型向大众型转变过程中的质量观探讨》,《高等教育研究》2003（12）.

213. 张艳华《韩国学生汉语介词习得偏误分析及教学对策》,《云南师范大学学报（对外汉教研究版）》2005（03）.

214. 张幼冬《任务型教学法在对外汉语教学中的实践》,《中国学》2006（12）.

215. 张小峰《先秦汉语语气词“也”的语用功能分析》,《古汉语研究》2008（01）.

216. 张颂《朗读学》，中国传媒大学出版社，2010.

217. 张学新《对分课堂：大学课堂教学改革的新探索》,《复旦教育论坛》,2014(05).

218. 张格波《“碎片化”教学现象剖析及调整对策》,《中学数学杂志》2014(09).

219. 曾毅平《“语言学概论”课程建设的若干问题》,《语言教学与研究》2001(01).

220. 钟志贤、刘春燕《基于信息技术的任务型外语学习环境设计》,《电化教育研究》2004(07).

221. 周英洁《解读大学“课桌文化”》,《天中学刊》2006(05).

222. 周丽霞、肖桂香《来华留学生的适应状况与改革建议——基于对江西4所高校来华留学生的调查与分析》,《海南大学学报(人社科版)》2009(08).

223. 周红、周继圣《解决韩国学生“开口难”问题的认识与实践》,《中国言语研究》第13辑.

224. 赵金铭《汉语作为外语教学能力标准试说》,《语言教学与研究》2007(02).

225. 郑浩、李节《培养现代语文能力，过好现代语文生活——国家语委副主任、教育部语文文字信息管理司司长李宇明教授访谈》,《语文建设》2008(05).

226. 郑振峰、宋文辉、李冬鸽《现代语言学和中学语文教学》,《河北师范大学学报》2009(09).

227. 朱德熙《语法讲义》，商务印书馆，1982.

228. 朱学伟、朱昱、徐小丽《基于碎片化应用的微型学习研究》,《现代教育技术》2011(11).

229. 朱虹《全面深化本科教育教学改革》,《江西师范大学学报(哲社科版)》2015(04).

附录

一、本书依托的省级教学改革课题

1. 2009 江西省高等学校教学改革研究课题："师范类本科毕业论文写作指导研究"（刘楚群）

2. 2012 江西省学位与研究生教学改革研究课题："研究生学位论文写作与教学策略——以语言学专业为例"（曹跃香）

3. 2012 江西省高等学校教学改革研究课题："汉字学教学改革和师范生能力培养的研究"（佘光煜）

4. 2013 江西省高等学校教学改革研究课题："高师语言学理论与基础语文教学实践问题研究"（肖九根）

5. 2014 江西省学位与研究生教学改革研究课题："揭开'绝学'面纱，继承传统文化——关于研究生课程《音韵学》教改问题的几点思考"（肖九根）

6. 2017 江西省学位与研究生教学改革研究课题："现代师门文化与人才培养"（刘楚群）

二、本书依托的校级教学改革课题

1. 2006 江西师范大学教学改革研究课题："'以人为本'理念下的现代汉语教学新思路"（刘楚群）

2. 2010 江西师范大学教学改革重点研究课题："基于任务型的汉语国际人才培养模式研究"（吴慧）

3. 2014 江西师范大学教学改革研究课题："社会文化视域下来华留学生自主学习能力提高与教学模式构建"（吴慧）

4. 2015 江西师范大学教学改革研究课题："《说文解字》与古代汉语教学改革"（李福言）

5. 2016 江西师范大学教学改革研究课题："语言生活理念下'语言学概论'教学改革"（刘楚群）

6. 2016 江西师范大学教学改革研究课题："'大道'致简与'案例'教学——语言类课程教学改革"（曹跃香）

7. 2017 江西师范大学教学改革研究课题："立足于中小学语文教学的古代汉语课程教学改革研究"（余光煜）

8. 2017 江西师范大学教学改革研究课题："基于对分教学模式的普通高校《古代汉语》教材、教案编写与研究"（李福言）

后记

新世纪以来，高校教育改革方兴未艾。为了适应时代发展的要求，江西师范大学文学院汉语教研室的老师们一直在努力探索汉语教学改革问题，不仅获批了十多个省、校级教改科研项目，而且还积累了不少教学或教改方面的研究成果。在文学院中国语言文学和汉语国际教育两个省一流专业建设过程中，汉语教研室为了总结经验，进一步提高教学效果，决定出版老师们的教学教改研究成果，由刘楚群、肖九根负责书稿统筹、方案设计、主题确定、内容选择等方面的工作。

为了发挥大家的术业专长，征稿先不定主题，不限内容，不论文体，也不设制统一的篇章结构纲目，老师们可以就教学方面的各类问题畅所欲言，各抒己见。

经过紧张而有序的工作，我们征集了四十多篇稿子，其内容涉及有关汉语教学教改问题的方方面面，如母语教育、汉语教学教改、汉教人才培养、语言学与语文教学、论文指导等问题，这就像散落于花草丛中的珠子一样，其大小、形状、色泽各不相同。于是，我们按照教研室提出的“打造精品，提升学术水平”的原则标准，围绕汉语教学教改这一主题，对稿子内容一一甄辨、遴选，并以学术专著的格局设计全书的组织结构，对其内容进行大整合、大修改、大编排。

在设计过程中，为了规范、统一书稿的体例格式，以下作者参与协助了这一工作：刘楚群负责第一章，吴慧第二、四、六章，肖九根第三、五章，曹跃香第六章第三节，最后由肖九根负责全书的统规工作。

书稿的每个章节主要由以下作者执笔：刘楚群、陈波第一章，刘楚群第二章第一、三、四节，第四章第一节，第五章第六节，第六章第一、二、四节；肖九根第三章第五、六节，第四章第六节，第五章第一、二、三、四、七节；吴慧第四章第二、三、五、七、八、九、十节；曹跃香第二章第二节、第六章第三节；李福言第三章第一、二、三节；李小军第三章第四节；徐静第四章第四节；余光煜第五章第五节。以上各章内容，大多为江西省高等学校教改项目或江西师范大学教改项目的研究成果（项目详见附录），其中有些章节曾刊载于国内外学术刊物，这次用于书稿作过较大删改。

书稿似乎如期完成，实则还未尽善。虽然征集了几十篇稿子，但是还有不少尚未采用。究其原因：一是书稿篇幅所限，稿子已征而未采用；二是内容符合要求，稿子属于外文的而未采用；三是虽涉教学内容，但稿子类似于访谈、感悟、随笔等风格迥异的散文体而未采用。此外，还有部分老师珍藏的稿子尚未示出，也无缘采用，这不得不说有点遗憾。

一切尘埃落定，书稿出版之际，静而思之，不禁有几句话想说一说。

20世纪30年代，大教育家梅贻琦出任清华大学校长时有句名言："所谓大学者，非谓有大楼之谓也，有大师之谓也。"毫无疑问，一个大学拥有大师级教育家，无论对其精神传承还是人才培养都有重要作用。不过，大学里这样大师级人物毕竟是少数，绝大多数还是普通的教育工作者。作为大学的教育工作者，尤其是师范大学的教育工作者，其肩负的使命有二：一是人才培养，二是学术研究，这就像战车上的两轮须齐驾并驱，缺一不可。惟其如此，方能自由地驰骋于教育领域的理想王国。而要肩负起这两大使命，教育工作者就要不忘初心，具有一种工匠精神，不仅要认真做好"传道授业解惑"的人才培养工作，还要努力做好与之相应的科研工作，不失时机地总结和吸取教书育人方面的经验教训。

有人言：诲人者，无止境；为学者，亦无止境。在人才培养和学术研究的道路上，唯有遵循“博学之，审问之，慎思之，明辨之，笃行之”这一法则，才能达到那至善至美的理想境界。今天，大学有不少这样的教育工作者，数十年或毕其一生甘于寂寞，坚守固土，无私奉献。有的教育工作者，为了求取“真经”，经年累月地默默耕耘，“为伊消得人憔悴”，尽管衣带渐宽，乃至苍颜皓首，也无怨无悔，这无疑是工匠精神的可贵体现。新的时代，冀望有更多富于工匠精神的教育工作者出现！

当然，在书稿付梓之际，最想说的还是感谢：感谢江西师范大学文学院领导的关心和支持，如果没有学院经费的大力支持，书稿就难以出版！感谢汉语教研室老师们的协同作战，如果没有老师们的辛勤劳动，书稿就会成为无米之炊！感谢江西人民出版社李陶生校友的热情帮助，如果没有陶生从中穿针引线，书稿就不会这么快问世！感谢前哲时贤贡献自己的聪明才智，如果没有他们提供的精神食粮，书稿也就难以找到那些宝贵可资参考的文献！

“行是知之始，知是行之成。”负责本书的筹划设计工作，于我而言，是一个极为难得的机会，也是一次颇有意义的实践尝试。在此感谢教研室委以重任，让我接受一次教育和洗礼，也为学院学科建设尽点绵薄之力！

由于水平所限，书中定存不足乃至舛误，敬请方家批评指正。

以上略述数语，聊作后记。

肖九根

2019 年 10 月 12 日